区域经济
理论研究丛书

重庆市教委

重庆市教育委员会人文社会科学研究项目
“成渝地区双城经济圈发展能级跃升机制及实现路径研究”
（项目号：25SKGH192）

成渝地区双城经济圈交通能级与经济能级耦合关系研究

Research on the Coupling of Transportation Energy Levels and Economic Energy Levels in the Chengdu-Chongqing Economic Circle

王成福　李海燕 —— 著

经济管理出版社
ECONOMY & MANAGEMENT PUBLISHING HOUSE

图书在版编目（CIP）数据

成渝地区双城经济圈交通能级与经济能级耦合关系研究 / 王成福，李海燕著. -- 北京 ：经济管理出版社，2025. -- ISBN 978-7-5243-0198-1

Ⅰ. F512.77；F127.7

中国国家版本馆 CIP 数据核字第 20250GU532 号

组稿编辑：王　洋
责任编辑：王　洋
责任印制：许　艳
责任校对：王淑卿

出版发行：经济管理出版社
（北京市海淀区北蜂窝 8 号中雅大厦 A 座 11 层　100038）
网　　址：www. E-mp. com. cn
电　　话：（010）51915602
印　　刷：唐山玺诚印务有限公司
经　　销：新华书店
开　　本：720mm×1000mm/16
印　　张：17
字　　数：281 千字
版　　次：2025 年 8 月第 1 版　　2025 年 8 月第 1 次印刷
书　　号：ISBN 978-7-5243-0198-1
定　　价：98.00 元

前　言

探索交通与经济的关系，经历从“关联”到“能力”再到“能级”的演化过程。“能级”源于物理学，被广泛运用于社会学中，能级具有能量（能力）及级别大小之意。城市能级作为能级理论的热点之一，实指城市功能能级，表征城市某一细分功能或综合功能能量及级别大小。现今，城市能级前沿性研究成果包括旅游能级、产业能级等，是对城市某一细分功能能级的聚焦研究，如何科学测度各细分能级是其中的重点与难点。交通能级和经济能级从属于城市某一细分功能能级研究范畴，在城市能级中处于基石和主导地位，因此，对交通能级和经济能级展开研究也十分必要。目前，经济能级的内涵已有一定的阐释，但经济能级测度问题还有待突破；交通能级的研究还处于起步阶段，可探索空间较大。因此，在理论上迫切需要对交通能级和经济能级的内涵及测度等问题进行阐释和研究。在实践中，交通能级和经济能级现象及问题越来越成为政府和社会关注的焦点。2023 年 1 月，重庆市政府就指出成渝地区双城经济圈面临需大幅提升城市能级、基础设施能级、产业能级等六大能级的问题，成渝地区双城经济圈交通能级和经济能级就是其中亟待提升的问题。本书围绕“提升成渝地区双城经济圈交通能级和经济能级”这一重要问题，基于交通与经济互动关系开展系统研究。

首先，界定和阐释了交通能级与经济能级的内涵。交通能级表征某地理空间的交通功能级别大小，可用该空间交通“移动性”“可达性”及其对外部地区的辐射影响程度来表达；“经济能级”表征某地理空间的经济功能级别大小，可用该空间的“生产水平”“生活水平”“生态水平”及其对外部地区的辐射影响程度来表达。

其次，构建交通能级和经济能级的测度模型。本书基于“场源”与“场”相互依存性构建交通能级和经济能级的测度模型，从“内部综合发展水平”与“外部联系水平”双向角度构建测度模型，突破传统单向割裂视角，揭示交通能级和经济能级的本质与规律。

再次，实测成渝双核 2000～2019 年交通能级和经济能级测度值，总结演化规律并分级。利用各线路设计通行能力规范及 Arcgis10.8 软件等量化出微循环、内循环、外循环的移动性和可达性数据，利用多维效用并合模型，计算出交通能级测度值；由于经济能级测度模型的非完备性及各指标间的非独立性，利用统计年鉴等收集各指标数据，对模型进行统计学和实证的双重检验与优化，并利用综合权重模糊积分法，计算出经济能级测度值。研究发现：①成渝双核交通能级与经济能级呈现不断发展、演化、积累或跃迁的向上攀升态势。②2000～2019 年，成都与重庆的交通能级都经历了 3 次等级跃迁，重庆的交通能级始终领先于成都，两者基本保持一个等级差的平行距离。背后的底层逻辑是，重庆较成都拥有长江黄金水道这一初始赋能。③2000～2019 年，成都与重庆的经济能级也都经历了 3 次跃迁。重庆 2005 年跃迁到与成都同一等级后，成渝双核开始完全同步，连跃迁时点（2011 年，2016 年）也完全一致，这种双核同步现象符合西部双龙头的定位现实，成渝双核的经济能级一直落后于北京，实证了成渝双核需要提升能级的事实。④经济能级从内部经济发展水平（PLE）和外部经济联系水平（OI）上细分，成都在 PLE 上有优势，重庆在 OI 上有优势，两者错位互补，可成为破解“瑜亮情结”的契机。

最后，为避免成渝双核交通能级与经济能级的低水平协调问题和实现动态预测，利用耦合协调模型和 VAR 模型对两者的测度值进行静态演化和动态预测的耦合关系实证研究。研究表明，第一，从静态演化的耦合关系来看，成渝双核交通能级与经济能级总、分系统耦合协调度都存在共性和差异。共性为：成渝双核交通能级与经济能级总、分系统的耦合协调性都处于不断攀升优化，向高水平演进的特征；差异为：①近二十年来重庆总层级的耦合协调度一直优于成都；②成渝双核总层级耦合协调性高水平演进的驱动因素不同，成都为交替推拉型，2014年为分水岭，前期为交通驱动型，后期为经济驱动型，而重庆一直为交通驱动型。③成都分层级耦合协调性表现为微循环>内循环>外循环，2019年成都微循环处于良好协调阶段，内循环处于中级协调阶段，外循环仅处于轻度失调阶段；而重庆为内循环>外循环>微循环，内循环最强达到了双驱动优质协调水平，微循环是三循环中最弱的，说明重庆内部发展极端不均衡，符合重庆“大城市”+“大农村”的现实。第二，从VAR模型的动态脉冲响应预测的耦合关系来看，本书双重证明了交通能级与经济能级具有长期的均衡关系，符合交通能级与经济能级耦合关系实际；同时证明了交通能级是经济能级的单向格兰杰因果，能预测未来的经济能级，反之则不成立。

成渝地区双城经济圈交通能级和经济能级的提升路径为：第一，基于ESDA模型分析成渝地区双城经济圈的辐射现状及特征，说明需分步骤分阶段实施，目前，提升成渝双核交通能级与经济能级是关键环节和突破口；第二，从成渝双核视角，在外循环层级，成都需交通与经济双优化；第三，在内循环层级，重庆铁路路网需优化，成都省际互动经济需提升；第四，在微循环层级，重庆公路路网需重点优化；第五，从成渝双城经济圈整体视角，成都经济圈应利用成都经济驱动优势，借道川南翼铁路，进入水运时空圈，做好铁水联运，共享成渝地区双城经济圈水运外循环优势；第六，重庆经济圈，应利用重庆交通驱动优势，培育川东北翼作为经济腹地，承接重庆都市圈制造业辐射转移，促进成渝地区双城经济圈一体化。

目　录

第一章　绪论

第一节　研究背景与研究意义

一、研究背景

理论研究问题的提出既可以来源于理论研究前沿，也可以来源于实践，或者是理论与实践的交叉与融合。能级问题的提出和研究也是如此。

“能级”源于物理学，表示事物的能量与级别大小，目前被广泛运用于社会学中，城市能级作为能级理论的热点，最早是由孙志刚（1998）从“城市功能”研究中引入“能级”一词，提出“城市能级”概念。因此，城市能级实质是城市功能能级。城市功能又可以细分为政治功能、经济功能、文化功能、社会功能、交通功能、旅游功能等功能，目前对城市某一细分功能能级的研究成为前沿，如学界对经济能级、旅游能级、产业能级等展开研究，其中，如何实现科学测度各细分能级成为难点问题。交通能级和经济能级从属于城市某一细分功能能级研究范畴，在城市能级中处于基石和主导地位，是城市能级中两个重要的细分能级，显然，作为重要前沿，对交通能级和经济能级展开研究也十分必要。目前，张颢瀚（2003）、江若尘等（2022）完成了对经济能级的内涵诠释，但如何科学测度经济能级还有待突破；黄承锋（2020）首次提出“交通辐射能级”一词，但交通能级内涵等还有待深入。因此，在理论上迫切需要对交通能级和经济能级的内涵、机理及测度等问题进行阐释和研究。

社会经济发展中各种能级现象被越来越多的人重视和强调，尤其在中央及各级地方政府的纲领性文件中频频出现。在 2021 年 3 月《中华人民共和国国民经济和社会发展第十四个五年规划和 2035 年远景目标纲要》和 2021 年 12 月《“十四五”现代综合交通运输体系发展规划》两份国家纲领性的文件中，累计 6 次提到“能级”一词，前者从城市功能的角度强调提升超大特大城市中心城区城市能级的问题，后者从综合交通的角度提出四大增长极等需提升全球互联互通水平和辐射能级等的问题。同样，在各级地方政府的“十四五”纲领性文件中，“能级”也作为高频词汇不断出现，如以各级地方政府的“十四五”规划纲要文件为蓝本，统计“能级”出现的频次：北京 8 次、上海 9 次、南京 10 次、重庆 4 次、成都 29 次等，这些文件涉及社会经济发展各个方面能级提升问题，尤其交通能级和经济能级提升问题，更是各级规划文件重点强调的内容。由此可见，在实践中能级问题，尤其交通能级和经济能级问题，成为社会、政府关注的焦点。

2021 年 2 月，在《国家综合立体交通网规划纲要》这一国家权威规划纲要文件中，首次将成渝地区双城经济圈升格为中国经济四极之一，与“十三五”期间的京津冀、长三角、粤港澳大湾区的三“极”相提并论。“十四五”开局之年的这一举措，正是成渝地区双城经济圈在双循环背景下，国家对其综合战略区位的精准判断与战略布局，未来成渝地区双城经济圈将成为带动中国经济新一轮增长的重要引擎，有升级成世界级城市群的潜力。2023 年 1 月，在重庆市建设成渝地区双城经济圈工作推进大会中重庆市政府也强调“推动成渝地区双城经济圈建设走深走实，需实现城市能级大幅跃升、基础设施能级大幅跃升、产业能级大幅跃升、改革开放能级大幅跃升、生态环境保护能级大幅跃升、生活品质能级大幅跃升”6 大能级提升问题，将之分类，城市能级作为城市总功能能级，而基础设施能级从狭义的角度主要指交通功能能级，而其他 4 种能级可以归并为广义经济功能能级，因此，从中体现出成渝地区双城经济圈交通能级和经济能级就是其中亟待提升的问题。

可见，针对成渝地区双城经济圈交通能级与经济能级提升的问题是一个理论与实践交叉融合的问题，亟待深入研究。理论上需要对交通能级和经济能级的内涵、机理及测度等问题展开研究；实践上需要解决成渝地区双城经济圈交通能级与经济能级提升的问题。鉴于交通和经济两者互动共生关系为学界共识，表明对于成渝地区双城经济圈的交通能级和经济能提升问题，不是仅仅研究单向提升的问题，而是研究双向良性互动提升的问题，研究二者耦合关系成为必然，旨在促成成渝地区双城经济圈交通能级和经济能级形成优质双驱动提升。

二、研究意义

（一）理论意义

（1）丰富和拓展了能级理论基础。本书基于城市能级某一细分能级界定的通用范式，实现了对交通能级和经济能级的内涵界定及机理阐释研究，从而丰富和拓展了能级理论。

（2）推动了交通与经济规律性关系研究新进展，有利于揭示交通与经济本质性规律。论文通过对交通能级和经济能级耦合关系的研究，开启了交通与经济规律性关系研究的新阶段即“能级”关系阶段，推动了交通与经济规律性关系研究理论深度与广度。

（二）现实意义

（1）有利于指导实践中的能级测度。基于“场论”的交通能级与经济能级的测度模型构建，不仅有利于实现对成渝双核交通能级和经济能级的真实测度，而且有利于指导实践中旅游能级、产业能级等各种能级的科学测度。

（2）有利于为促成成渝地区交通能级与经济能级的优质双驱动提升，提供相应的政策参考建议。基于成渝地区双城经济圈的交通能级和经济能级耦合关系的实证研究，有利于得出提升成渝地区交通能级和经济能级的指导性建议，从而促成成渝地区双城经济圈交通能级与经济能级的优质双驱动提升。

第二节　研究目标、研究内容及研究对象界定

一、研究目标

鉴于研究交通能级、经济能级的内涵、机理、测度及关系等问题既是理论阐释的迫切需要，也是该理论所涉的能级现象及问题等社会关切的实践需要。针对成渝地区双城经济圈交通能级与经济能级亟待提升的现实问题，本书以“场论”为基础，基于能级理论，围绕成渝地区双城经济圈交通能级和经济能级展开研究，旨在回答和解决以下问题：①交通能级和经济能级的内涵阐释问题；②构建交通能级与经济能级的测度模型；③成渝地区双城经济圈交通能级和经济能级测度及耦合关系研究。

二、研究内容

（一）理论基础研究

（1）以能级理论研究为基础，通过对城市能级即城市功能能级研究的继承与迁移，聚焦城市细分功能能级研究前沿，阐释交通能级与经济能级的内涵。

（2）能级作为场论的外在表现，场的基本理论是其底层逻辑，结合场论中“场”和“场源”互相依存性，“场”和“场源”作为物质存在的两种基本形态，同等重要。从“场源”+“场”的视角构建交通能级和经济能级的测度模型。

（二）成渝双核交通能级与经济能级测度及耦合关系实证研究

（1）通过对成渝地区双城经济圈发展现状进行分析，并结合探索性空间数据分析（ESDA）进一步研究成渝地区双城经济圈 53 个研究对象在第二产业的辐射现状，得出成渝地区双城经济圈呈现成都、重庆都市圈双场核弱辐射的结

论，证实成渝地区双城经济圈发展需分步骤、分阶段的特征，目前的关键环节在成渝双核，从而回答为什么本书聚焦对成渝双核的交通能级与经济能级的研究。

（2）根据构建的交通能级与经济能级测度模型，对2000~2019年成渝双核的交通能级和经济能级进行测度，并根据测度结果进行分级，总结其变迁的规律和特征。

（3）成渝双核交通能级与经济能级耦合关系研究。利用耦合关系的静态演化，对4对总分层级的耦合度和耦合协调度进行量化并总结其演化规律与特征；同时利用耦合关系的动态预测，对交通能级和经济能级的测度结果进行基于VAR模型耦合关系规律总结及预测。从静态演化和动态预测中总结规律与特征，以期找到交通能级与经济能级优质双向驱动提升的突破口。

三、研究对象界定

本书的研究对象主要是成渝地区双城经济圈的交通能级和经济能级，为了便于研究，有必要对研究范围进行明确界定。

（1）本书研究的主要地理范围是“成渝地区双城经济圈”。对“成渝地区双城经济圈”整体研究主要倚重于定性研究，辅以少量定量研究，对成渝双核的聚焦研究以定量研究为主。“成渝地区双城经济圈”作为内外循环的核心枢纽，本书选取国内省际（自治区、直辖市）区域作为内循环互动区域，依托西部陆海大通道、中欧班列通道等通道所辐射欧洲区域为其外循环互动区域，主要体现对古丝绸之路的传承。

（2）本书研究的交通是指狭义交通，常被习惯表述为交通运输，仅指实现客货空间位移服务的运输，不包括实现信息空间位移服务的通信（管楚度，2000）。而在交通运输系统中，本书主要研究交通基础设施（公路、铁路、水运、空运、管道）及实现各种运载目的的运输工具，所提供的各种产品和服务的功效与作用，是一种功能视角，即交通功能。同样，本书的经济也是从经济功能的角度理解。

（3）由于耦合系统之间相互作用、彼此影响、彼此共生和能量互传的关联关系，正是交通和经济两系统的现实写照，故而本书引入耦合关系研究，研究交通能级和经济能级的相互作用与能量互传，从耦合度和耦合协调度，研究两者间的相互作用力及整体良性协调问题，从而促成两者的双向提升。

（4）从研究时间上，本书研究时段为2000～2019年。起点时间选择为2000年，因为从2000年伊始我国开始实施西部大开发战略，之后，中国的西部地区尤其以成渝双核为代表的地区进入了历史上经济增长最快的时期，以及社会民生改善最快的时期，是最有可能观察和捕捉到交通能级与经济能级从量变到质变并跃迁到新层级轨道的时期。因此，论文以此时间节点为研究起点，追溯西部大开发以来，成渝地区双城经济圈的发展变迁；而终点时间选择为2019年，主要原因在于2019年之后的交通能级与经济能级数据，受公共卫生事件的扰动较大，处于非常态化的数据，需要剔除。鉴于上述原因，本书最终将时间界定为2000～2019年，跨度20年。

第三节　研究思路与研究方法

一、研究思路

首先，本书基于能级理论相关研究成果，提炼出城市能级与城市某一细分功能能级界定的通用范式，将之继承迁移，界定出城市两个重要细分功能能级：交通能级与经济能级。其次，结合能级研究更为底层的理论框架场论中的“场源”+“场”的特性，从更高层级构建了交通能级与经济能级的测度模型，并对通过文献梳理集成的经济能级测度模型进行统计学和实证的双重验证与优化。再次，通过对成渝地区双城经济圈发展现状及辐射特征的分析，验证成渝地区双城经济圈呈现“双场核”弱辐射的定性特征，从而说明该区域交通能级与经济能级提升呈现分步骤和分阶段的特点，目前，解决问题的关键环节和突破口在提升成渝双核的交通能级与经济能级，因此本书将构建的测度模型用于对成渝双核的交通能级与经济能级的测度及耦合关系的实证研究。最后，根据实证总结的演化规律和特征，得出研究结论并提出相应的优化建议。本书的研究思路和技术路线如图 1.1 所示。

二、研究方法

（1）规范研究法。通过梳理能级、城市能级、交通能级和经济能级的相关文献，回答交通能级和经济能级应该是什么的问题，并构建两者的测度模型。通过梳理两者关系的文献，回答两者关系实质是耦合关系的问题，以及提升能级应该从两者耦合关系良性互动的角度双向提升。

（2）实地调研法。从经济能级和交通能级双向视角走访调研。交通能级角度，通过实地走访渝新欧、陆海新通道公司、四川省人民政府口岸与物流办公室、成都市交通局等，并通过电访成都投促局、重庆机场集团等，收集一手资料、数据和素材，从而为研究成渝双核交通能级现状及问题打下基础。经济能级角度，通过实地走访调研成渝地区双城经济圈引进“大院大所大企”的创新中心运营情况以及部分科技企业，了解该区域创新链与产业链协同问题、人才引进和培育的问题，从而为研究成渝双核经济能级现状及问题，收集一手资料和素材。

（3）实证研究方法。本书通过收集、梳理和测度成渝双核 2000~2019 年交通能级和经济能级，实证成渝双核交通能级与经济能级的耦合关系静态演化及动态预测，并基于能级测度模型中“内部综合发展水平”与“对外联系水平”的异质性，进一步深挖一层，实证研究双核交通能级与经济能级分层级耦合度与耦合协调度的问题，即外循环、内循环、微循环三循环的耦合度和耦合协调度的问题。

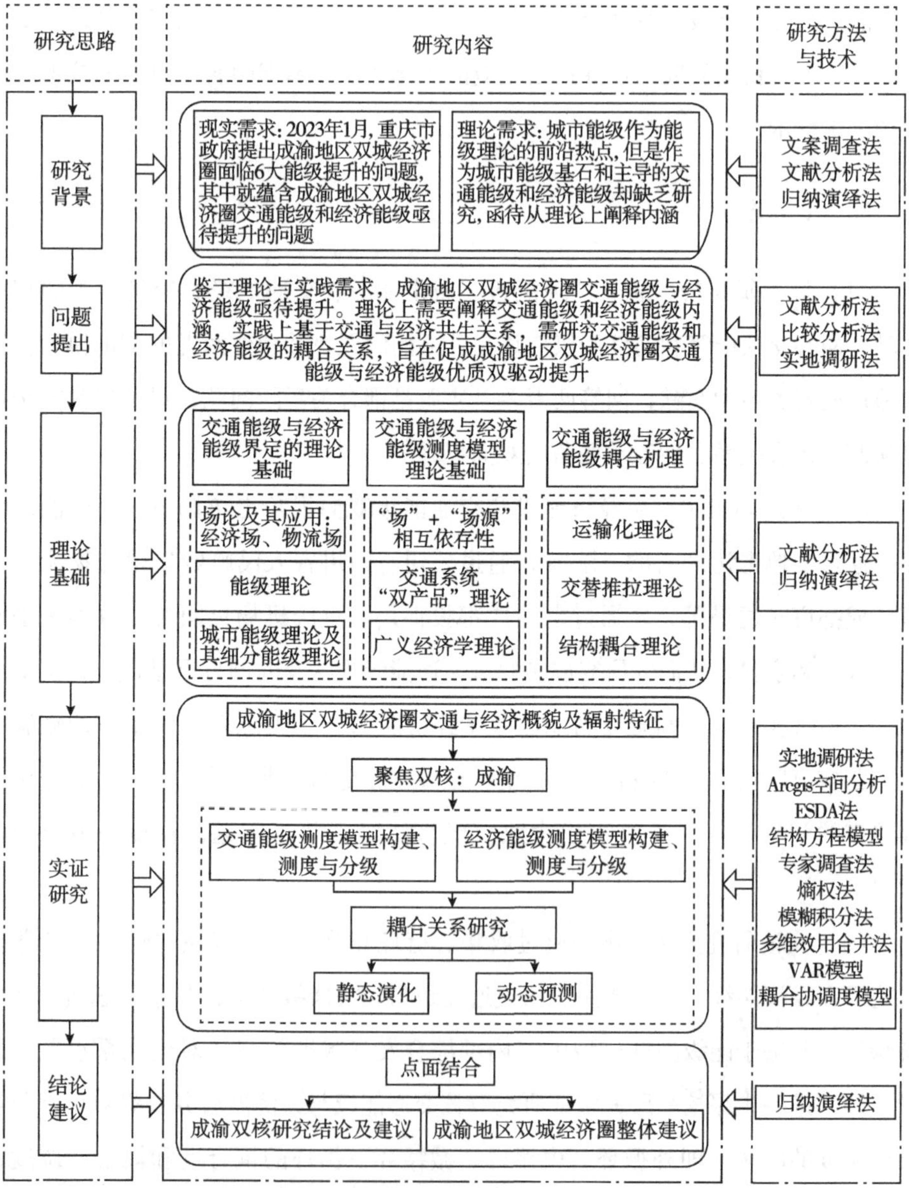

研究思路 | 研究内容 | 研究方法与技术

- 研究背景
  - 现实需求：2023年1月，重庆市政府提出成渝地区双城经济圈面临6大能级提升的问题，其中就蕴含成渝地区双城经济圈交通能级和经济能级亟待提升的问题
  - 理论需求：城市能级作为能级理论的前沿热点，但是作为城市能级基石和主导的交通能级和经济能级却缺乏研究，亟待从理论上阐释内涵
  - 方法：文案调查法、文献分析法、归纳演绎法
- 问题提出
  - 鉴于理论与实践需求，成渝地区双城经济圈交通能级与经济能级亟待提升。理论上需要阐释交通能级和经济能级内涵，实践上基于交通与经济共生关系，需研究交通能级和经济能级的耦合关系，旨在促成成渝地区双城经济圈交通能级与经济能级优质双驱动提升
  - 方法：文献分析法、比较分析法、实地调研法
- 理论基础
  - 交通能级与经济能级界定的理论基础：场论及其应用：经济场、物流场；能级理论；城市能级理论及其细分能级理论
  - 交通能级与经济能级测度模型理论基础：“场”+“场源”相互依存性；交通系统“双产品”理论；广义经济学理论
  - 交通能级与经济能级耦合机理：运输化理论；交替推拉理论；结构耦合理论
  - 方法：文献分析法、归纳演绎法
- 实证研究
  - 成渝地区双城经济圈交通与经济概貌及辐射特征 → 聚焦双核：成渝 → 交通能级测度模型构建、测度与分级；经济能级测度模型构建、测度与分级 → 耦合关系研究 → 静态演化；动态预测
  - 方法：实地调研法、Arcgis空间分析、ESDA法、结构方程模型、专家调查法、熵权法、模糊积分法、多维效用合并法、VAR模型、耦合协调度模型
- 结论建议
  - 点面结合 → 成渝双核研究结论及建议；成渝地区双城经济圈整体建议
  - 方法：归纳演绎法

图 1.1　本书的研究思路和技术路线

第四节　研究创新点

本书的研究创新点主要体现在以下三个方面：

（1）本书从理论层面阐释了交通能级和经济能级的内涵。本书通过梳理城市能级和城市细分能级的相关研究成果，提炼相关能级界定的通用范式，实现对交通能级和经济能级的内涵的阐释，从而丰富了能级研究的理论体系。

（2）本书构建了交通能级和经济能级的测度模型，优化了能级测度模型，实现交通能级与经济能级的科学测度。本书在阐释交通能级和经济能级内涵的基础上，基于"场论"中"场源"+"场"相互依存理论，从"内部综合发展水平"（场源）和"外部联系水平"（场）相互依存的双向视角，构建交通能级与经济能级测度模型。较以往多从单一角度测度能级更能真实刻画能级，有利于客观揭示交通能级和经济能级的本质与规律。

（3）本书推动了交通与经济关系研究新进展，从而拓展了交通与经济关系研究的深度与广度。本书通过对交通能级和经济能级耦合关系的研究，推动交通与经济关系进入"能级关系"研究新阶段，有利于客观揭示交通与经济关系的本质。

第二章　理论基础与文献综述

本章对本书所涉及的关键概念、场的基本理论和相关文献进行了界定、梳理和评述。概念是人们进行思维和展开逻辑的起点，本章首先完成对关键概念和术语的界定，有利于厘清“是什么”的问题；场的基本理论，从场论及其应用进行阐释是本书的立论基础，是本书的立论基础，为后文的论述提供理论支撑；文献综述旨在理清国内外学者相关领域的研究脉络、进展和热点，并引出本书要尝试的突破与创新。

第一节　理论基础：关键概念与术语的界定

本书涉及能级、经济能级、交通能级、耦合关系等相关定义，现将其梳理界定如下。

一、能级

“能级”作为一个备受学界关注的问题，被广泛应用于现代自然科学和社会科学中某事物（人或器物）的研究与评价，本书从以下三个方面对其概念进行梳理：

（一）字面本义溯源

“能”，象形字，本义：熊，古字象形“熊”一类的野兽，初始见于商代甲骨文，后假借“熊”之力（筋肉的效能）演变为“技能”“能力”，或“能量”，对应英文单词“ability”“capacity”或“energy”，表征某事物（人、器物等）达到一定目的所具备的条件和水平。

“级”，形声字，最早见于战国文字，本义是丝的优劣次第，引申为等级，特指官阶爵位的品级，对应英文单词“level”“degree”等，表征水平级别、层次级别、程度级别和强度级别等。

“能级”从“能”与“级”的组合之意，对应英文单词“ability level”“capacity level”或“energy level”，引申表征为某事物（人、器物等）达到一定目的所具备的条件和水平的级别，即能力或能量的等级。因此，字面上“能级”的本意为某种事物的能力或能量的级别。

（二）自然科学中的定义溯源

物理学最早应用“能级”概念，表示不同轨道上围绕原子核运转的电子的能量与级别大小（Morton D C，2006）。现代量子物理学为了理解原子核外电子运转轨道，提供了能级（energy level）视角的解释（陈国权和周琦玮，2018），Bohr N（1913）提出了氢原子的波尔模型，电子绕原子核运动，它们只能在特定的、分立的轨道上运转，且分立轨道上的电子具有不同的能量，这些能量值即为能级。电子在从一个能级“跃迁”到另一个能级时通过吸收或者辐射特定能量的光子才能获得或者失去能量，而氢原子的能级可以由它的光谱显示出来。Zadeh（2022）通过推演计算出氢、氦、镁等原子不同层级能级，从其量化的结果表明不同轨道上的电子具有不同的能量值，越外层的电子能量值越高，对应的能级越高。可见，电子在各层级间跃迁可伴随辐射现象。

（三）社会科学中的定义溯源

社会科学中的“能级”概念源于物理学，根据评价对象的不同，学界形成两种定义：第一种，用于客观事物的评价，表示事物某一功能或综合功能的能量与级别大小（丁耀华，1994；施祖辉，1997）；第二种，用于人的评价，表示能力与级别大小（叶红芳和陈湘玉，2011；林玲等，2016）。

随着物理“能级”理论在社会学中的进一步应用，其延伸出的“辐射”“跃迁”等理论被广泛应用于区域经济学的研究中。

李力（1995）将能级跃迁理论引入到区域经济发展研究中，并将当时中国的经济区域划分成三层能级：高能级带（沿海开放地带）、中能级带（东经100°~115°区域）、低能级带（东经70°~100°区域）。在三层能级带之外还有一个“超高能级带”，指当时的发达国家，并建议中国可通过开放，吸引外资，并将高技术和管理经验引入中国内部，使得中国整体经济能级通过跃迁提升，而非梯度扩散过程实现，呈现出在不同经济区域间存在能级层次差异，并通过能量传递，使低能级区域实现跃迁的过程。

孙志刚（1998）最早将“能级”和“辐射”等理论引入到“城市功能”研究，提出了“城市能级”概念，指出“城市能级”体现城市的综合实力，是指一个城市的某种功能或各种功能对该城市以外地区的辐射影响程度。城市能级的高低与对外辐射能力的大小呈正比例关系。之后，城市能级成为能级理论研究的热点问题。胡学勤（2003）指出辐射既表现为自然界不同物体间的能量相互传递，也表现为人类社会资源的互相流动。在城市能级中，辐射实质是城市间能量传递的过程，体现的是城市与该城市以外地区的交往联系水平，具体表现为城市相对于外部区域发挥集聚—扩散效应（叶南客和王聪，2019）。可见，“城市能级”实指“城市功能能级”，是指城市某一功能或综合功能能量和级别大小。同时也揭示了辐射（对外联系水平）是城市能级的本质特征，具体表现为对外集聚—扩散效应。

因此，综上所述，可知，能级具有能量（能力）及级别大小之意，对外辐射能力是能级的本质特征，即对外集聚—扩散效应是能级的本质特征，而“跃迁”是能级发生突变的可观察的现象。

二、经济能级

学界对经济能级概念的界定来源于城市能级（城市功能能级），而城市能级

界定来源于对城市功能的研究。正如孙志刚（1999）和毛润泽（2010）等指出城市功能是城市所提供的各种产品和服务的作用与功效，是城市在其空间范围内的各种功能，如政治功能、经济功能、社会功能、文化功能、旅游功能、交通功能等，所具有的能力和所能发挥的功效与作用。从上述城市功能的定义可知，在现代化城市中城市功能可进一步细分为不同的功能，而诸多细分功能中的经济功能作为城市功能的主导功能，是指一个城市在一定的地域经济发展中为满足人类自身生存和发展需要所承担任务和所起的作用和功效，它的存在和发展决定着城市的性质和发展方向（孙志刚，1999）。经济能级作为城市能级主导，一直备受关注。

通过梳理相关研究文献，可归纳出学者们对城市经济能级的概念理解为，城市经济能级体现城市经济的综合实力，以及城市经济功能对城市以外地区的辐射影响程度（张颢瀚，2003；江若尘等，2022）。从中可见，城市经济能级是对城市能级中的"城市某一功能的能量与级别大小"的聚焦和具体化，是将"城市某一功能"替换成"城市经济功能"，表征城市经济功能的能量与级别大小，其界定实质是对城市能级概念的继承与迁移。

随着研究的进一步拓展，学界对城市功能其他细分功能能级也展开了研究，如旅游能级（Guo，2015；王娟，2015；Lu et al.，2018）、产业能级（金永红和奚玉芹，2006；李世轩等，2022）、创新能级（吕拉昌，2013）等。而王娟（2015）对城市旅游能级进行了界定，认为"城市旅游能级是反映城市旅游功能对城市以外地区辐射影响程度的测度变量"，从该定义可知，其界定逻辑与城市经济能级一致，根源都来自于城市能级，可见对城市能级中某一个细分功能的研究成为能级研究的前沿，而且学界已达成共识，用某一细分功能实力，以及对城市以外地区的辐射影响程度作为界定其能级的通用范式。从中也进一步说明"对外地区的辐射能力"（对外联系水平）作为城市各功能能级内涵的本质特征，一直被学界重视。具体而言即城市某一功能对城市以外地区的聚集效应和扩散效应为城市各功能能级内涵的本质特征。

因此，结合上述城市经济能级的界定和各种细分功能能级界定的通用范式，同时将所研究城市空间泛化到一般地理空间，则经济能级的定义如下：经济能级表征地理空间的经济功能级别大小，体现该空间内部经济功能实力，以及该空间的经济功能对其外部地区的辐射影响程度。

三、交通能级

目前学界还没有交通能级明确的界定。黄承锋（2020）在对成渝地区双城经济圈综合交通体系建设的研究中，首次提出“交通辐射能级”一词，从中体现出交通能级蕴含“对外辐射”的本质特征。交通功能作为城市功能的某一细分功能，是城市重要的细分功能，体现城市交通系统所提供的产品和服务所起的作用和功效，其中，创造和满足空间运输联系是其核心功能。根据上文总结的各种城市细分功能能级界定的通用范式，城市交通能级可表征城市交通功能的能量及级别大小，体现城市交通综合实力，以及城市的交通功能对城市以外地区的辐射影响程度，即城市的交通功能对城市以外地区的交通联系水平，而对外交通联系水平可具体表征为对外交通的集聚效应与扩散效应。同样，将所研究城市空间泛化到一般地理空间，而则可得到交通能级一般的界定。综上所述，本书对交通能级作如下界定：交通能级表征地理空间的交通功能级别大小，体现该空间内部的交通功能实力，以及该空间的交通功能对其外部地区的辐射影响程度。

四、耦合关系

耦合（Coupling）也是源于物理学的概念，最初表示两个本来分开的电路之间或一个电路的两个本来相互分开的部分之间的铰链，可使能量从一个电路传送到另一个电路，或由电路的一个部分传送到另一个部分，其中，多个物理场相互叠加的影响问题被称为多场耦合问题。如同上文中的“辐射”“跃迁”一样，耦合也同样被跨界融合到了多学科领域，并被赋予新的含义。总体来说，耦合指两个或多个（子）系统之间相互作用和彼此影响以致联合起来的现象（张振杰等，2007）。耦合关系本质反映了作用对象间彼此互动共生的关联关系。随着科学发展观认识的深入，对事物发展程度的评判已经从单纯的发展水平转向基于协调水

平与发展水平的整体均衡发展评价。因此，耦合度与耦合协调发展度已经成为有效的评价研究工具（王淑佳等，2021）。其中耦合度是描述这种相互作用程度大小的衡量，无利弊之分。而耦合协调度是度量系统之间或者系统内各因素之间在发展过程中能否彼此和谐一致的程度，表明了系统在发展过程中，由无序到有序的趋向，能够定量地描述系统之间在发展过程中协调情况的好坏程度（项勇等，2018）。

第二节　理论基础：场的基本理论

一、场的概念

“场”的概念最早由英国物理学家 Faraday 提出，1845 年他首次使用“磁场”一词，之后又第一次提出了作为近距作用的“场”的概念（阎康年，1991）。他在研究电磁相互作用规律时揭示：电和磁，不是由原子组成，而是以空间“场”（field）的形式存在，“场”作为一种力的分布，电磁作用可用“力线”来表示，力线不仅是对力的刻画，也是力的传递路径和载体。

随着对“场”概念的逐步认识和完善，1865 年 Maxwell 从 Faraday 的电磁感应定律出发，提出了完整的电磁场理论，他发现变化的磁场激发电场，变化的电场激发磁场的规律。能量不仅存在于带电体、电路和磁体中，还存在于电磁场中。在场中，能量可以在自然空间中进行传递，这一规律的发现，是牛顿物理学向现代物理学的过渡（Adar & Shaw，2000）。

“场”在《辞海》中有关的定义为“物理场即互相作用场，是物质存在的两种基本形态之一”。而曾华霖（2011）对物理场进行了最精辟的定义和论述：物理场是空间中存在的物理现象或力的作用，即如果在区域 A 中的每个点 a 对应一个作用 F，则这个区域中存在一个场 F。一般而言，区域 A 中的不同点 a 对应不

同的 F 值，即这个 F 值是有关点位 a 的函数。当场值 F（a）表达空间域或时间域的一个物理现象时，则场 F（a）是一个物理场。

综上所述，可见，“物理场”是一种空间中存在的力的作用，其作为一种物质形态，揭示了自然空间中不同事物之间相互联系、相互作用、相互影响、相互能量传递及转换的规律。

二、场的特性

（一）场的物质性

经典物理学认为，场的物质性客观存在，场与实物都是物质存在的两种基本形态，具有同等地位。刘萍和李红星（2007）、赵冰（2011）研究表明：场与实物一样都具有一定的质量、能量和动量，都遵守质量守恒和能量守恒定律。而且它们不仅决定着相互的运动形态和属性，而且在一定的条件下可以相互转化。

（二）场的叠加性

场作为物质存在的一种形式，不同的物质运动形态形成不同的场，如由物质质量在空间的分布形成引力场，电荷在其周围空间形成电场，电流在其周围空间形成磁场（王娟，2015）。不同的场可以同一空间叠加（实物不能同一空间叠加），叠加场中每一个点的总场强等于在该点的各个场强的矢量和，这就是场的“叠加原理”，而这实质上是多个场源的相互作用问题（汤银英，2007；王娟，2015）。

（三）场与场源相互依存性

“场源”及其引起的“场”之间的关系是“场论”的主要研究内容，“场”与“场源”具有相互依存性。“场”或“场源”不可能单独存在，两者缺一不可。没有场源，在一定的空间就不可能有场的存在；当在空间存在一个物体（场源）时，在其周围各个点处就会产生作用（场），根据场源可以分析出场的分布规律。同时，若已知场的分布规律，则可以反演分析出场源的位置、大小等（曾华霖，2011）。

“场源”作为与“场”相关的另一个共存概念，根据在场中的相对大小和地

位可分为三类：场点（一般节点）、场源（关键节点）、场核（核心节点），场点可以向场源和场核转化（于波，2021）。而三者关系是一个相对概念，在不同尺度的地理空间范围，场点是场源，场核是场点，与其在所研究地理空间范围的相对大小和地位有关。场点是指场中拥有资源的基本单元和构成要素，一般处于被动地位，处于被动集聚（被辐射）或被动扩散状态（被虹吸）。被动集聚即场点所表现的要素的聚集是由于场核或场源的辐射转移而成，被动扩散即场点所表现的要素的扩散是由于场核或场源的吸引而成；场源较场点的能量要强，是指位于辐射中心，向外辐射能量的点（He，2015），场源是场力的源头和发起者（周荣等，2015），可见场源较场点具有主动集聚和主动扩散辐射能力；场核是场源中能量最强密度最高的核心点，具有最强吸引和辐射作用，场核具有极性。

（四）场的集聚—辐射效应

场作为场源或场点与外部的相互作用力，按力的方向分为向心力和离心力两种，因此会产生集聚—辐射（扩散）效应。正如电场线向负电荷的汇聚分布被称为电场的极化现象（集聚效应），从正电荷向外发散分布，称为辐射效应（扩散效应）（汤银英，2007）。集聚效应是指在向心力的作用下产生的一种集聚运动，集聚运动为场点发展和上升提供了能量，是场点由小到大，由低级到高级，由简单到复杂，逐渐积累转变成场源或场核的必要条件。集聚具有选择性，场点根据自身发展优化来选择集聚的物质和能量，选择性越强，说明场点的自主度越高，等级越高；在离心力的作用下产生扩散效应，扩散运动可分为内部扩散和外部扩散。内部扩散是指场核或场源将集聚的物质和能量均匀地扩散到内部各个部分的运动，内部扩散可导致结构变革，是量变走向质变的根本动力，也是内部各个部分均衡协调一体化发展的保障；而外部扩散是指场源或场核进行吐故纳新，淘汰不适应部分的机制（张铱莹，2010）。可见，内部扩散是内部优化向高等级演化的关键，外部扩散是去除冗余提高效率的关键。是指各种产业和经济活动在空间上集中产生的经济效果以及吸引经济活动向一定地区靠近的向心力，是导致城市形成和不断扩大的基本因素。

三、场论与能级

（一）物理场与能级

Lu 等（2018）、田霖等（2021）指出能级作为物理场的外在表现，本质在于对物理场的研究。场最终本质是物质运动的存在，是万物发生的基础（赵冰，2011）。正如在前文能级定义中所述，在自然科学领域，能级表示事物的能量与级别大小，电子在各层级间跃迁可伴随辐射现象，而辐射作为能量传递可观察现象，本质受空间存在的力的作用支配，即受场所支配。可见，物理场理论对进一步揭示能级现象和作用机制提供了理论基础。

（二）城市场与城市能级

国外学者 Losch A（1956）提出，城市作为一个“经济景观”，城市功能运行系统相当于一个“生命有机体”，其既要向外界吸收能量，又要向外界辐射能量，各种资源要素的集聚与扩散，从而促进整个城市“经济景观”能量提升与跃迁。从 Losch 的论述中表明城市能级的提升，同其与外界的能量互传休戚相关，受城市各种资源要素的集聚与扩散程度支配。任寿根（2005），将物理场与城市能级联系，提出城市场论，并认为城市场与电磁场在很多方面具有相同的性质，可将一个城市视为一个电荷，那么任何城市都具有类似于电场的城市场，不同的城市其城市场力不同。张刚（2016）进一步指出，“在城市场中，一个城市对另一个城市的作用，类似于电磁场中一个带电体对另一个带电体的作用，这种作用既改变城市经济发展的数量，又改变城市经济发展的质量，类似于电流的变化产生磁场，磁场的变化产生电流”。可见，在区域经济学中，学者们将城市间的相互作用界定为城市场，而这种力场，表现在城市的对外联系（周一星，1998）。史育龙和潘昭宇（2021）指出城市各种资源要素集聚与扩散，本质是城市间相互作用力合成的结果。

综上所述，城市场作为城市间存在的一种力的作用，是城市间产生互动联系的基础与根本。城市场作用的结果：在宏观上表现为城市“经济景观”形成及城市能级的演化，在中观上表现为城市的对外联系方向与水平，在微观上表现为各种资源要素集聚与扩散（辐射）程度。简而言之，城市场作为城市能级研究的基础，体现为作用力与作用结果的关系。

四、场论的应用

近年来，场论除了在自然科学领域应用，在社会科学领域也得到了广泛的应用，学者们建立了各种场论，利用场的概念和方法揭示研究对象的内在本质和运行规律，如社会场、心理场、运输通道场、物流场、客流场、经济场等。基于论文研究领域为交通与经济，故而论文将重点阐述场论在交通和经济领域的应用。

（一）场论在交通领域的应用

20 世纪 90 年代以来，学者们开始纷纷将场论引入到交通运输领域。按场力的作用导致不同要素的流动性，如按导致物资、人员的移动性，分为物流场和客流场。而按场源的形态，目前学界已有对点—轴状场源的研究，即运输通道场。

1. 物流场

物流场的本质是人类社会经济活动中物资联系的作用力，是客观存在的。物流是物资从供给地向需求地的实体流动过程，这种物质移动过程是物资的一种运动形式。既然是运动，必然存在着力的作用，这种力即物流场力。在物流活动过程中物资流量有大小、有速度快慢还有方向等，是一个矢量。从物流场的角度分析，物流活动的生成是物流生成动力和物流生成阻力共同作用的结果，因此物流的运行也应由动力、阻力的合力来决定，物流运行机理为向动力最大的方向流动法则和向阻力最小的方向流动法则（赵冰，2011）。物资的供给地称为物流源，物流位势反映了物流场源之间的相互作用力关系，并由此可以用来划分各个场源的辐射范围或腹地范围。物流场强度是物流场对相应空间经济和社会发展的作用力或物流场效应的基本度量。物流密度反映一定区域或某点上的物流规模（王志刚，1990）。物流场论是从场论的角度揭示物资移动与区域经济发展关系本质规律的有效方法。

2. 客流场

客流场的本质是人类社会经济活动中客运联系的作用力，是客观存在的。将研究空间中的城市等节点作为生成源或目的源，将公路、铁路、航线等作为客流迹线，则构成了类似于物理场的客流场（邓润飞和过秀成，2015）。空间客运联系是人员在生成源和目的源之间的流动，而人员在空间的移动，也是一种运动形式，因此也存在力的作用，这种力即客流场力。客流场源是客流场的核心，是客流生成源，客流场源向周边地区提供客流，决定客流场的规模和强度，区域中的各节点城市都可以视为客流场源。目的点为客流场中的任意一点，其通过提供服务或者实现需求功能来吸引客流，并决定客流的流向、流量和分布等特点。在客流场中，场强同样表示某点在客流场中受到作用力的大小和方向，即场源对场内某点提供客流能力的大小和方向（王林等，2018）。

3. 运输通道场

何甜等（2016）指出，“运输通道场”就是从场论的角度分析和研究运输通道与区域经济之间关系的一种有效方法。运输通道场作为一种客观存在，其中构成运输通道的“节点”“线路”等作为场源，对周围空间产生作用力，具体表现为集聚效应和扩散效应，且集聚效应与扩散效应同时存在，强度随着时间推移不断变化。其中，集聚效应使各要素向运输通道聚集，使区位条件优越的中心地依托交通，不断吸纳周围地区的各种要素人员、物资、资金、信息、技术等，并迅速成长为交通沿线的经济中心。当集聚达到一定程度时，扩散效应逐渐发挥主导作用，经济中心以梯度扩散、等级扩散、位移扩散等方式不断向周围地区转移产业和技术要素（张铱莹，2010）。

（二）场论在经济学中的应用

在20世纪50年代场论就已被引入到经济学领域，提出经济场，较交通运输领域更早和更成熟。肖国安（1995）指出经济场理论将“经济场源”作为考察对象，研究“经济场”的作用规律。“经济场源”是一个相对的概念，根据研究空间的变化而变化，对于一个城市，企业就是“经济场源”，而对于某一地区，城市就是“经济场源”，相对于全球或国际上的某一区域而言，一个国家甚至一个城市群或经济带又可视为一个经济场源。而根据经济场源集聚和扩散效应的特征，可以分为点辐射、线辐射、面辐射，此处的辐射不仅仅是扩散效应，还包括集聚效应。如果辐射场源是一个中心城市，则称为点辐射。如果辐射场源沿着交通干线或者沿海地带等带状区域，这称之为线辐射，如果辐射场源为中心城市和小城市连成一片的地区，则称为面辐射（栾贵勤等，2008）。根据场论，与点辐射相关的理论为增长极理论，与线辐射相关的理论为点轴开发理论，与面辐射相关的理论为网络开发理论。

1. 增长极理论（点辐射）

法国弗朗索瓦（Francois，1955）最早提出了增长极理论，认为经济空间中存在若干场源或极，产生类似“磁极”作用的各种离心力和向心力，从而在一定空间形成场，产生集聚与扩散效应，从而使经济空间处于非平衡状态的极化过程中。增长极理论是对均衡发展理论的延伸。他解释了经济发展是如何偏离均衡到非均衡的原因，并指出经济发展是围绕一个特定的极点发生，这个极点往往拥有关键产业或者创新能力极强的部门。经济增长首先出现在极点，并逐渐向外扩散，关联产业围绕极点存在，也得到相应发展，从而带动经济整体发展。

赫希曼（Hirshman，1958）指出，伴随这种“非均衡增长”，经济活动在空间选择上具有明显的偏好，从而导致区域间增长速度的差异不可避免。而经济发展程度不同的区域存在着两种效应：极化效应和涓滴效应。极化效应也就是集聚化过程，是扩大区域经济差异的原因，表现为经济活动偏好向发达地区聚集，发达地区能支配的资源（如矿产资源、原材料、人力资源、资金等）越来越多，落后地区可利用资源越来越少。涓滴效应则是反向过程，即扩散过程，有利于缩小区域间经济差距，表现资源从增长极扩散到经济落后区域。

可见，增长极理论体现的是一种点辐射，强调“增长极”形成“场”，通过向心力极化集聚效应，先形成一定实力的经济“密”空间，然后再通过离心力，将知识、技术等扩散效应带动周边地区的经济发展，实现区域经济的非均衡增长，扩散过程一般发生在“增长极”发展演化的中后期，此阶段，极化地区给予多于吸收，区域发展水平趋于均衡（丁四保，1989）。

2. 点轴开发理论（线辐射）

点轴开发理论，实质是指场源为点—轴形态的场论。点轴开发理论最初由波兰经济学家萨伦巴（1964）提出，我国经济地理学家陆大道（2002）提出了“点—轴系统”理论，在分析了我国的自然基础，特别是20世纪80年代我国的经济布局特点和综合国力的基础上，提出我国要重点开发沿海、沿江、沿河三大轴线地带，使之成为国家经济发展的增长轴，即“T”字形战略。2002年，他又进一步阐述了“点—轴”场源辐射的形成机理，他认为，由于社会经济客体在区域或空间之间的相互作用，使得社会经济客体在空间运动中存在集聚和扩散两种倾向。在国家和区域发展过程中，大部分社会经济要素在“点”上集聚，并由线状基础设施联系在一起而形成“轴”，其中的“点”是指各级居民点和中心城市，“轴”指由交通、通信干线和能源、水源通道连接起来的“基础设施束”。“轴”对附近区域有很强的经济吸引力和凝聚力。轴线上承载各种要素的流动与扩散，附近区域的生产力要素结合，形成新的生产力，推动社会经济的发展。

从中可见，在经济发展早期，经济活动在点上聚集，形成中心城市，此时场形成的向心力大于离心力，要素聚集于中心城市，在经济发展中期，离心力开始大于向心力，出现渐进式扩散，并沿“基础设施束”轴线辐射，并在次中心形成新聚集，之后，次中心也沿轴线继续扩散，周而复始，形成社会经济活动更大范围的扩散。这种主要沿轴线扩散的方式称为线辐射。而这一点—轴场源辐射理论实质与运输通道场理论一致。

3. 网络开发理论（面辐射）

网络开发理论是我国学者20世纪90年代以来提出的，这是一种经济场源由点到线到面的空间辐射形式，是寻求经济均衡发展的全扩散。区域网络是指在极点（中心城市）、轴线（交通带）、面（区域）之间交织而成的网络发展体系。魏后凯（2001）指出，网络开发理论是区域经济发展较“点—轴系统”更高的一种空间结构，其产生于工业化后期阶段，是“点—轴系统”结构的后续发展方向，实质是更广泛的扩散，从过分集聚到趋于分散化，实现均衡性发展。

综合上述三种理论，可见，其共同点是：各空间结构的形成，都是因为经济场的存在，在空间形成集聚和扩散的结果，集聚效应和扩散效应虽然同时存在，但一般都是先主导集聚，后主导扩散。不同点是：三个经济场源辐射方式不同，且主导扩散（辐射）时所处的经济发展阶段不同，增长极理论集聚更多对应工业化初中期阶段，扩散在工业化中后期，点—轴开发理论处于更高的经济发展水平，而网络开发理论对应最高阶段。从扩散范围和辐射能量来看，是依次增加的，具体对比如表 2.1 所示。

表 2.1　经济场源辐射理论

经济场源辐射理论	空间结构	辐射方式	集聚阶段	扩散阶段
增长极理论	点状	点辐射	工业化初中期	工业化中后期
点—轴开发理论	点—轴系统	线辐射	工业化中后期	工业化后期
网状开放理论	网状结构	面辐射	—	工业化后期

资料来源：根据文献（魏后凯，2001；陆大道，2002）综合整理而得。

第三节　文献综述：基于场论的相关能级研究进展

本节主要从城市能级、交通能级、经济能级及两者关系四个层次进行文献梳理与评述。

一、城市能级研究进展

能级作为场论的外在表现，学界以场论为基础，在自然科学和社会科学领域对能级进行了广泛的研究。学界不仅对能级进行定性研究，而且在基本概念上已达到共识，但在科学测度能级方面还有待突破。城市能级作为能级理论的热点和深耕者，成果颇丰，因此本书将沿袭此脉络，对该脉络能级评价进行梳理，并结合“场论”，对之进行剖析，以期寻求论文尝试的突破与创新。

城市能级实指“城市功能能级”，表征城市某一功能或综合功能能量和级别的大小，体现城市的综合实力，以及一个城市的某种功能或各种功能对该城市以外地区的辐射影响程度。结合场论中“场源”与“场”互相依存的基本框架，可梳理出学界对城市能级的评价实质有两种思路：一种主要聚焦于对“场源”即“城市经济景观”实体进行定量评价；另一种聚焦于对“场”即城市间的相互作用力进行定量评价。

（一）主要基于“场源”视角的城市能级评价

学界对城市能级的定量化评价的文献较多，主要通过构建综合评价指标体系进行量化（赵全超等 2006；韩玉刚和曹贤忠，2015；方应波等，2018；方大春和孙明月，2015）。综观文献在集成指标的选取上主要侧重于对城市这一“经济景观”实体的评价，如选取的 GDP、人口总数、固定资产投资总额等评价指标。基于场论，这种对城市内部综合发展水平的评价，便是一种对“场源”进行评价的思想。

（二）主要基于“场”视角的城市能级评价

Castells（2010）提出了全球“流空间”理论，认为城市间的网络关系决定了城市能级的地位。周振华（2005）认为，在全球化与信息化的背景下，城市能级水平从传统主要取决于城市规模与经济实力（如人口规模、地域面积、经济体量等）转化为主要取决于对外联系水平。可见，从学者们的阐述中，传统城市能级评价主要聚焦“场源”即内部综合发展水平的评价，而在全球化的背景下，城市间的相互作用力增大，互动越来越频繁，城市能级评价转化为以对外联系水平为主导的“场”视角。在学界定性强调“流空间”背景下城市能级评价中“场”的重要地位的基础上，姚永玲等（2012，2015）、刘江会（2014）和陈震等（2016）等，构建了不同的模型，对城市能级进行了量化评价，利用“城市—公司数量矩阵模型”“嵌套网络模型”等模型，在城市网络或在某一局部网络如长江中游城市群网络中，定量评价城市的对外联系能级。显然，学界这种基于城市间相互作用，刻画城市对外联系能级的方式，即是一种对“场”的评价。

简而言之，城市能级评价的思路有两种：第一种，从单一的“场源”视角，聚焦城市这一“经济景观”以往历史沉淀的“存量”，即城市本身的综合实力；

第二种，从单一“场”的视角，从对外联系水平刻画了城市正在形成“经济景观”的运动状态，作为一种“流空间”，体现了城市集聚—扩散效应正在发生时的动态。王娟（2015）在评价城市旅游能级时曾指出，以往文献仅仅从单一“场源”视角，而未能考虑外部其他城市与研究城市之间的相互作用关系的“场”，使得评价结果难免有失全面。因此，结合场论中“场源”+“场”互相依存性，表明评价城市能级若仅从单一“场源”或“场”的视角，将无法反映城市能级本质。“场源”与“场”作为实物与场都是客观存在的物质形态，两者同等重要，缺一不可。可见，从“场源”+“场”这一更高的理论层次评价城市能级，才能体现其本质。

二、交通能级研究进展

交通能级作为城市功能能级中的某一细分功能的能级，即交通功能能级。目前学界研究交通能级的文献较少见，但对传统交通能力评价的研究文献较多；在实践中，交通能级现象及问题却越来越引起政府及社会各界广泛关注与重视。例如，在中央及各级政府相关交通运输规划文件中“交通能级”作为核心词汇频频出现，如2021年12月9日，国务院印发了《“十四五”现代综合交通运输体系发展规划》中提出“建设京津冀、长三角、粤港澳大湾区、成渝地区双城经济圈等国际性综合交通枢纽集群，提升全球互联互通水平和辐射能级；提升北京、天津、上海、广州、深圳、成都、重庆等枢纽城市的全球辐射能级”等交通能级问题；2022年如“安徽交通运输跃上新能级”等相关新闻媒体文章出现。2023年1月在建设成渝地区经济圈工作推进大会中重庆市政府也提出6大能级需大幅跃升的问题，其中就蕴含交通能级需大幅跃升的问题。

综上所述，交通能级问题目前存在实践超出理论诠释现象，因此，在理论上迫切需要对交通能级内涵进行阐释和研究。

类比城市功能定义，交通功能主要是指研究的地理空间的交通所提供的产品和服务的作用与功效，其中，创造和满足空间运输联系是其承担的主要任务和作用。王缉宪（2016）认为，交通系统具有双重功效或作用，即提供“双产品”。

具体而言，某地区或某点交通基础设施建设与运营的成功实际上同时提供了移动性和可达性两种产品，不同的产品所起的作用和功效不同。Morris 等（1979）也曾指出，在交通规划中需要将可达性和移动性更紧密地结合起来考虑。可见，交通产品和服务具有移动性和可达性双重作用和功效。结合前文对交通能级的定义，将交通功能用更具体的交通“双产品”的作用和功效表达，可将之具体界定为：交通能级表征某地理空间的交通功能级别大小，可用该空间交通“移动性”“可达性”及其对外部地区的辐射影响程度来表达。本书基于此定义，根据相关文献对交通移动性和可达性的研究进行梳理。

（一）交通移动性研究梳理

1. 移动性产品的作用和功效

移动性作为交通系统的“双产品”之一，从供给侧角度是指交通系统提供的客货位移产品的能力，实质是满足空间运输联系。学界普遍认可，社会经济的空间运输联系是产生交通的目的和本源，即交通功能的第一作用和功效便是满足空间运输联系，是一种派生性需求。而空间运输联系指在社会、经济、自然诸要素综合作用下，区域间通过交通运输设施进行客货要素流动所产生的相互联系和作用（张文尝等，1992）。可见，交通移动性作为交通功能的第一作用和功效，是满足空间运输联系需求。

2. 交通移动性评价

目前，对于移动性的评价，学界一般是以实际发生的运输量和周转量来衡量，但实际发生的运输量和周转量是运输需求和运输供给共同作用的结果，而不是交通供给能力本身，即交通通行能力本身，传统的评价方法实质是用结果指标代替了过程或前提指标，并非真实的交通供给能力；也有部分学者从总里程、路网密度等进行间接评价。若将交通系统比作“生产”通行能力的“加工厂”，“路网总里程”和“路网密度”等规模指标，只是回答了交通系统这个“加工厂”拥有多少生产工具、生产设备，但并没有直接回答这个加工厂真正的生产能力是多少，即并没有回答这个交通系统究竟能够提供多少通行能力。但由于这些指标数据的易得性和可操作性，在实践上被众多机构普遍采用，如 World Bank

(2004)、澳大利亚 CGC（2006）、欧盟 Dobranskyte-Niskota 等（2007）、印度交通部（2012）、经济合作与发展组织 OECD（2012）等。

综上所述，目前学界对移动性的评价，存在用结果指标代替过程指标或用间接评价代替直接评价等问题。可见，移动性作为交通系统的通行能力，亟须通过合理的评价方式，真实评价出交通供给能力。

（二）交通可达性研究梳理

1. 可达性作用和功效

可达性作为交通系统的“双产品”之二，一直是交通研究的热点问题。Forslund 和 Johansson（1995）指出交通系统建设可直接带来区域之间的“时空坍塌”，改变可达性，从而创造了空间运输联系。曹小曙等（2005）、庄汝龙等（2016）认为可达性反映了城市对外联系与辐射的能力。从中也体现了可达性改善了相应地理空间的区位条件，产生更高的聚集和扩散能力，创造了空间运输联系需求。可见，交通可达性作为交通功能的另一重要作用和功效，实质是创造了空间运输联系。

2. 可达性评价模型

学界对可达性评价主要有潜能模型（重力模型）、空间阻隔模型、累积可达模型（日可达模型）等三种。

Hansen（1959）最先对交通可达性进行界定，认为其表征交通网络中节点间互动的机会大小，并构建了潜能模型（重力模型），作为评估交通区位的综合指标。该模型可以看出可达性与交通区位的渊源，表征“某一空间能被接近或者能到达其他空间的机会”，体现一种研究地理空间获得空间联系机会的能力，计算公式为：

$$E_i = \sum_{j=1}^{n} \frac{M_j}{C_{ij}^{\alpha}} \tag{2.1}$$

其中，E_i 为 i 城市的区位潜能；M_j 为中心城市的质量（经济、人口或就业人数），在本书中是指重庆和成都双城；C_{ij} 为城市 i 到城市 j 的交通成本（如最短时间、最短距离等）。从场论而言，这是场强的计算方式，是一种多对一的思想。即所有中心城市对具体某一城市作用力的叠加。但 M_j 是经济因素，存在经济内生问题。

Ingram（1971）提出空间阻隔模型评价可达性，认为可达性为克服空间阻隔的难易程度。Morris 等（1979）将之界定为经济活动借助某种交通系统从一个地方到另一个地方的容易程度。Ingram 与 Morris 的定义都体现了空间阻隔，后者将视野聚焦到经济活动，强调经济与交通系统关联。其值与可达性呈负相关，计算公式为：

$$T_i = \frac{1}{n}\sum_{j=1,\ j\neq i}^{n} t_{ij} \tag{2.2}$$

其中，t_{ij} 为城市 i 到城市 j 的最短出行时间；n 为研究范围内的城市总数。这体现的是城市 i，所受到的空间阻力，值越小，表明受到的阻力越小，与外界联系的可能性越大。

Wachs 等（1973）提出累积机会模型评价可达性，将交通可达性理解为在一定出行范围内能够接触到的工作机会的数量。Gutierrez（2001）在累积机会模型的基础上提出机会可达性和日可达性模型，具体含义是指某节点在一个限定的交通成本范围内（如限定时间）存在的潜在终点，比如所能到达的人口或经济活动数量的累计。其值与可达性正相关，本质是空间阻隔模型的反向表达，计算公式为：

$$T_i = \sum_{j} O_{jt} \tag{2.3}$$

其中，t 为阈值，即限定的时间范围；O_{jt} 为 i 城市的机会。例如，在现实中重庆 1 小时经济圈等便是累积机会模型的应用。

综上所述，可达性的研究表明提高可达性本质降低了时间成本，从而降低了城市之间互动的阻力，而此时互动引力和阻力叠加的结果是两城市间的互动作用力增强，两城市间互动联系增强，从而创造了空间运输联系。

综合国内外的相关文献，针对移动性、可达性的作用和功效，前者满足空间运输需求，后者创造空间运输联系需求，从中体现出移动性和可达性作为交通“双产品”的缘由；针对交通功能的评价，对可达性的评价已经很成熟，但对于移动性的评价，即交通的通行能力的评价，以往的研究多从“生产规模”或结果指标等间接方式进行评价，无法刻画出真实的交通通行能力，因此还有待优化。

三、经济能级研究进展

同样，作为城市功能能级之某一细分功能的经济能级，也遵循城市能级文献梳理的分类模式，从“内部经济发展水平”和“对外联系水平”的角度展开梳理。同城市能级的评价一样，目前的文献大多从其中一个角度展开，从两者双向考虑评价的经济能级文献较少见。

（一）内部综合发展水平

对于所研究地理空间“内部综合发展水平”评价，是一个比较成熟的问题，文献非常多，但评价指标体系的构建尚未达成一致，有的从经济总量、经济结构、经济效率这三个角度进行设计（丁萌萌等，2018）；有的从经济规模、经济结构、人民生活水平（孟德友，2013；沈非等，2019）三方面构建指标；也有的从经济规模、经济结构、人民生活水平和城市建设四个方面构建指标（周博，2018）；还有的从经济投入、产出、效益角度评估（唐永超等，2020）等构建指标。

构建科学评价体系是客观合理评价区域经济综合发展水平的基础。从文献梳理中发现经济规模、经济结构、人民生活水平，为学界最为常用的指标体系，体现了经济功能最基本的作用和功效，即满足人们的生存和发展需要，从社会生活和生产两个维度评价的思想。但由于中国经济多年来粗放式高速增长与“GDP锦标赛”传统思维引发的诸如投入要素浪费、经济效率不高、环境污染严重等一系列问题越发突出（陈诗一和陈登科，2018）。因此，现阶段中国经济所面临的核心问题是如何从粗放式高速增长阶段转向高质量发展阶段。经济高质量发展，是涉及经济、社会、生态等多个方面的多维度概念（马茹等，2019；涂建军等，2021）。可见，随着经济的发展，所需解决的核心问题不同，因此，经济所承担的主要任务和作用即经济功能也有所变化，故而，在经济内部综合发展水平评价指标选择上，必须也符合这个大的趋势，即必须结合当前中国经济发展阶段的具体问题和特点，对经济内部经济发展水平的评价可从三生空间（生产、生活、生态）的维度进行评价。

（二）对外经济联系水平

研究地理空间经济联系是指研究的地理空间之间、地理空间内部之间在原材料、产成品等的贸易活动和技术经济上的相互联系，即各种要素的集聚与扩散。其中，在研究地理空间之间的贸易和互动作用，即为空间对外经济联系，也可表述为空间之间经济实体的相互作用力。经济联系强度既能反映经济中心城市对周边城市的辐射能力，也能够反映周围地区对经济中心辐射能力的接受程度（庄汝龙等，2016）。在研究方法上主要有引力模型、城市流强度、城市内部锁定联系、投入产出表、比例法等。

（1）引力模型是测算研究地理空间经济联系水平常用的方法，属于中观层次，其一般的表达式为（宋洁等，2020；郝凤霞和张诗葭，2021）：

$$R_{ij} = \frac{\left(\sqrt{P_i G_i}\ \sqrt{P_j G_j}\right)}{D_{ij}^2},\ F_i = \sum_{j=1}^{n} R_{ij} \tag{2.4}$$

其中，R_{ij} 是城市 i 和城市 j 之间经济联系强度，P_i、G_i、P_j、G_j 分别为城市 i 和城市 j 的常住人口和 GDP 总量，D_{ij} 是城市 i 和城市 j 之间的最短时间距离。这个与式（2.1）都是引力模型。但式（2.4）中则引入了交通变量（最短时间距离），作为评价经济联系水平指标，即因公式中引入交通因素，会产生交通内生问题；此外，采用此方法对城市间联系的反应比较机械（谭一洺等，2011）。

（2）城市流强度刻画的是城市互动之间要素流动时，城市外向功能所产生的影响量：集聚—辐射能力（李程骅和陈燕，2012）。其属于微观层次，一般的表达式为：

$$F = N \times E\left(N = \frac{G}{Q},\ E = \sum_{j=1}^{m} E_{ij}\right) \tag{2.5}$$

$$LQ_{ij} = \frac{Q_{ij}/Q_i}{Q_j/Q} \tag{2.6}$$

$$\begin{cases} E_{ij} = Q_{ij} - Q_i \times (Q_j/Q) & LQ_{ij} > 1 \\ E_{ij} = 0 & LQ_{ij} \leqslant 1 \end{cases} \tag{2.7}$$

其中，F 为城市流强度；G 为城市 GDP；Q 为就业人员数量；N 为城市内从业人员的人均 GDP；E_{ij} 为城市 i 的 j 产业的外向功能量；LQ_{ij} 为城市 i 的 j 产业的区位熵；Q_{ij} 为城市 i 的 j 产业的从业人员；Q_i 为城市 i 的总体的从业人员；Q_j 为全国 j 产业的从业人员；Q 为全国总的从业人员。这个模型消除了交通因素的内生性，但是根据 $LQ_{ij}>1$，就判定城市 i 的 j 产业的从业人员是流出的趋势，这点在逻辑上有漏洞，$LQ_{ij}>1$，只能说明相对于全国平均水平，城市 i 在 j 产业上有相对优势，而至于相关产业的从业人员是流入还是流出，要预先判定城市 i 的 j 产业是处于集聚阶段还是扩散阶段，如果是处于集聚阶段，$LQ_{ij}>1$ 不是外向功能量，反而是内向吸纳功能量，会吸附周边相关行业的人才到 i 地区，即“马太效应”或“极化效应”；若是扩散阶段，$LQ_{ij}>1$ 才是外向功能量，即“涓滴效应”，此时该地区该产业承载能力达到饱和，已产生拥挤效应，因此该产业将向周边地区梯度转移或跃迁转移，相应的人才也会对外输出。

例如，重庆市的电子信息产业属于重庆的第一支柱产业，其中笔记本电脑、手机等已经具有较强的全球、全国性影响力和竞争力。2019 年其总产值 5700 亿元，占比重庆市工业产值高达 28.8%，而同年，全国电子信息产业占全国工业产值之比为 112957.9/1205868.9[①]×100% = 9.36%，根据式（2.6），重庆电子信息产业的区位熵为 3.07，其值大于 1。但因为对成渝地区双城经济圈的定性判断，作为未来中国的第四极，目前还处于承接中国其他更发达三级产业转移阶段，尤其在高技术含量产业，处于集聚期，而电子信息产业属于技术密集型产业，所以可以判断此阶段，重庆不是输出而是输入，表现的是相应的高技术以及高技术人才的吸纳与集聚。所以仅用某产业区位熵是否大于 1，来判定某产业的就业人员一定处于流出趋势是有局限性的。

（3）城市内部锁定联系是 Taylor（2004）提出的，也是刻画经济联系常用的

① 《中国统计年鉴 2020》。

方法。这种也是采用微观方式来衡量，是采用公司分支机构在不同城市分布而建立的联系矩阵，通过微观主体经济活动建立了城市之间的要素流动和资源联系，体现了经济联系的核心内容。国内学者也采用此方式来测度不同研究空间的经济联系度。具体公式如下（姚永玲等，2012）：

$$r_{ab} = \sum_{j} r_{abj}, \ N_a = \sum_{i} r_{ai}, \ a \neq i \tag{2.8}$$

其中，r_{ab} 表示城市 a 和城市 b 之间通过所有公司形成的经济联系度；j 表示所选择的代表公司；r_{abj} 表示 j 公司通过各种总、分支机构在 a，b 两城市之间建立的联系度；N_a 表示城市 a 与研究区域范围内所有其他城市之间的联系度汇总。这种模式用有经济活力的企业代表来刻画城市间的经济联系度，以小见大，有一定的代表性，适合全球性的互动刻画，因为全球性的大公司在不同区域的分公司可以有迹可循，较适合追踪近几年数据，若追踪跨度十年或二十年则难以获得，同时因为对所有公司数据梳理，属于个人行为，有可能存在遗漏，从而可能影响到最终的分析结果。

（4）投入产出表分析法，有部分学者采用了投入产出表来分析省际间的贸易额（Poncet，2003；商勇，2017），主要思想将以往推动经济增长的“三驾马车”——消费、投资和出口，分解为消费、投资、出口和省内流出。而投入产出可用公式表示为：总产出=中间使用+最终使用（消费、投资、出口、省内流出）-进口-省内流入。其中，省内流出、省内流入即为国内省际间的贸易。省际间的贸易额，全面、客观地反映了省际之间的要素流动情况，是研究地理空间经济联系水平最直接、最有力度的表征，不过有所缺憾的是，目前国家或地区统计局的投入产出表不是每年都有统计，早年每五年、最近每两年，统计一次，故而未来在数据的获取上可能是间断点，不连续。

（5）比例法，将支撑城市某一外部功能的经济总量与该城市国民生产总值相比较，计算其所占比重，以此来确定外部功能的水平。外贸依存度是常用的衡量区域外部经济功能的指标，为进出口贸易总额与国内生产总值之比，可反映一国对外贸易活动对该国经济发展的影响程度和依赖程度（荣朝和等，2013）。若

对外经济联系水平只考虑这一个指标，通过计算城市的对外出口贸易额占该市GDP的比例，然后将不同的城市的这一比例进行比较，即可确定城市的外部功能的水平。这一思想可以进行扩展和变形，可找出体现城市外部功能的各种经济总量，直接用这些数据来表征城市的外部经济联系水平，而不是比值。例如，对外出口贸易额，直接利用外资量、国外旅游人数等，分别出现对外的物流、资金流、人流等要素流动情况，而这些数据可通过各城市的统计年鉴查找，因此数据具有可信性、可得性和连续性。

综合上述对经济能级的评价梳理，与城市能级评价一致，大量文献聚焦在对经济“内部综合发展水平”的评价，少部分文献聚焦在“对外经济联系水平”的研究；针对“内部综合发展水平”和“对外经济联系”具体指标选取上不同学者有不同的思考，需结合现阶段经济发展所面临的具体问题，根据经济功能所承担的主要任务和作用进行指标选取。

四、交通能级与经济能级关系研究

从交通能级和经济能级的文献的分别梳理中可知，第一，目前理论界还鲜有交通能级的研究文献；第二，有关经济能级的评价，从更高理论层次的角度，目前还缺少真正的从“场源”+“场”双向维度进行评价的经济能级。因此，对于两者关系的研究，论文扩大到交通和经济关系的研究范畴。对于交通与经济关系一直是学界的第一主题。整体来说，国内的研究起步晚于国外，但研究两者之间的定性、定量关系，是共通的聚焦点。

（一）交通与经济关系定性研究

对于两者的定性关系问题，学界主要有三种观点，这三种观点构成制定交通发展战略和规划的哲学指导思想（荣朝和，1993）。

第一种观念认为，交通支撑经济发展，交通能级应该满足经济能级所引发的派生需求，即交通供给应满足运输需求，体现的是交通能级匹配经济能级的思想，属于经济能级驱动型，在战略规划时，会倡导交通“随行匹配”原则。

第二种观念认为，对经济发展交通具有引领作用。交通能创造经济的发展，属于交通能级驱动型，这是一种创造需求的思想，在战略规划实践中，会提倡交通“适度超前”理念。正如中国经济地理学家陆大道（2003）在其“点—轴—带系统”理论中指出，“产业的聚集与扩散并不是各个方向平均扩散，往往是沿着阻力最小的方向，如沿着交通线，动力供应线、水源供应线等线状或束状基础设施进行展开”。可见，此种观念认为，交通具有减少空间阻隔，引领要素流动，并沿交通线“固化形塑”经济，沉淀成“经济景观”，形成产业经济带，从而从无到有，创造运输需求。

第三种观念认为，从双向联动视角，交通和经济两个系统是相互制约、相互促进的互动关系，两者应该相互匹配，协同发展才能满足社会发展的需求（胡思继，2003；刘秉镰和赵金涛，2005）。可见，此观念认为，交通与经济是相互作用，彼此影响以致联动的两个互动系统。而正如前文所述，耦合是指两个或多个（子）系统之间相互作用，彼此和彼此影响以致联合起来的现象（张振杰等，2007），可见第三种观念即是一种耦合关系视角。

而这种耦合关系视角是目前学界主流。例如，荣朝和（1993）提出“运输化理论”，从长期变化的视角，将交通通过运输化嵌合于经济发展中，认为运输化与工业化相伴而生，运输化是工业化的重要特征之一，也是伴随工业化而发生的一种经济过程。没有运输化就没有工业化。经济发展中的运输化过程可分为前运输化、运输化（初步运输化、完善运输化）、后运输化三个阶段。

韩彪（1994）提出“交替推拉理论”，在研究了各国交通发展与经济发展的历史关系后，提出在交通技术创新时期，“交通会推着经济走”，在交通满足经济需要之后，“经济拉着交通走”。张文尝等（2002）提出了“交通经济带”理论，分析了交通经济带的形成机理，认为交通经济带要与区域经济协同发展。王庆云（2003）也从双向互动的角度，指出交通发展会带来运输成本、交易成本的降低，促进经济发展，随着区域经济能力的不断提高和辐射范围的扩张，会产生更高量级的运输需求，从而对交通能力提出更高的要求，促进其进一步地发展和完善。这也是一种相伴互促观念。

可见，综合这些双向视角学者：荣朝和（1993）、韩彪（1994）、王庆云

（2003）等的观念，无论经济发展的运输化过程，还是交通技术创新期和维持期与经济之间的交替推拉，抑或是相伴互促，实质都是交通运输与经济相互耦合作用的过程。而张文尝等（2002）开始考虑耦合之间的协同问题。

（二）交通与经济关系定量研究

20 世纪 90 年代之后，国外学界对两者关系的研究开始以定量研究为主线。Aschauer（1989）利用柯布—道格拉斯（C-D）生产函数，以美国时间序列数据为样本，采用实证方法研究了公共资本和总生产率间的关系，研究表明高速公路、机场等核心基础设施对经济增长有显著的促进作用，并得出公共资本对经济产出的弹性为 0. 39，即每增加 1%的公共资本存量将促进 0. 39%的经济产出。

Munnell（1990）利用（C-D）生产函数，选择美国 48 个州 1948~1987 年的时间序列数据测算了公共资本的产出弹性为 0. 34~0. 41。之后，Hulten 和 Schwab（1991）、Wylie（1996）等，从国家层面分别采用 C-D 函数或超对数生产函数，得出美国、加拿大的基础设施对经济产出的弹性，依次结果为 0. 42、0. 52。

可见，早期实证研究结果显示，基于时间序列数据，从国家宏观层面，得出欧美经济体公共资本或基础设施，在不同时段对经济产出影响的弹性系数在 0. 34~0. 58。

对于如此高的弹性系数，众多学者对之产生怀疑。于是学界开始采用三种不同细分或方法，来验证交通基础设施不同形态与经济产出之间的关系。部分学者不再从国家层面，而是聚焦到洲际层面等更小的地理区域；部分学者从公共资本中逐渐分离出交通基础设施，甚至继续将交通基础设施分解成公路、高速公路、水路、管道等；部分学者不再采用时间序列数据而是采用面板数据。

例如，Wylie（1993）利用生产函数，从国家层面得出德国公路对经济产出弹性系数为 0. 04；而 Finn（1993）和 Fernald（1999）等，分别从洲际层面得出美国高速公路和公路对经济产出弹性系数分别为 0. 16 和 0. 05。从中可以发现进行地理层面细分或从交通基础设施的角度分解，经济产出弹性较早期的要小很多。而且欧美不同国家公路对经济产出弹性系数比较一致，在 0. 04~0. 05。同时，从中也可以看出技术水平等级高的交通基础设施对经济的贡献要高于低等级的，如从 Finn（1993）和 Fernald（1999）所得的数据可看出高速公路和普通公路对经济增长的促进作用，前者高于后者。

同时，随着空间计量学及数据处理技术等的进步，部分学者开始从地理空间的角度考虑基础设施的乘数效应、空间溢出效应等。Hohz－Eakin 和 Schwartz（1995）从公共资本投资中将基础设施分离出来，将洲际高速公路系统作为变量，引入传统生产函数，考虑交通基础设施的溢出效益。Berechman 等（2006）指出交通投资与经济增长之间的正弹性目前已被普遍接受，所测量的经济增长效应的幅度似乎显著下降，主要是在空间和时间滞后方面。Melo 和 Graham（2013）研究了交通基础设施投资对区域经济增长带来乘数效应的证据。

国内学者从国家、省际、县域等不同地理层级，主要聚焦于整体交通基础设施或对之再细分（公路、高速公路、高铁、水运、航空等），采用 C-D 生产函数或生产函数，利用时间序列数据或面板数据，研究公共资本、基础设施、交通基础设施或具体某一种交通设施（如公路、高速公路等）对经济产出弹性或空间溢出效应。

因篇幅原因不再罗列，但代表文献如张学良（2007）采用 2003~2007 年的省际层面数据，基于 C-D 生产函数，得出交通基础设施资本投入对经济产出的弹性系数为 0. 106。刘生龙和胡鞍钢（2010）采用中国省际 1998~2007 年的面板数据实证基础设施对经济增长的空间溢出效应，得出交通和信息基础设施对我国经济增长有显著的溢出效应。进一步地，刘勇（2010）采用中国省际 1978~2007 年的面板数据，也证实了交通基础设施对经济增长的溢出效应。发现外地公路水运对本地 GDP 增长的弹性为 0. 084。

张学良（2012）在综合考虑多维要素对中国区域经济增长的协同作用的基础上，构建交通基础设施对区域经济增长的空间溢出模型，利用 1993~2009 年的中国省际面板数据和空间计量经济学的研究方法，实证分析得出交通对经济产出弹性系数合计为 0. 05~0. 07，且空间溢出效应非常显著。之后，交通基础设施空间溢出效应研究成为实证主流。例如，郭晓黎等（2017）、李新光（2018）等众多学者也实证了交通基础设施（或高铁）对区域（或县域）经济增长空间溢出

效应研究。

可见，从定量来看，中国交通对经济的正向促进毋庸置疑，但中国交通对经济产出弹性较欧美经济体要小，可能原因是所选的时间段都在2010年前，而在2010年前，中国交通还处于运输化初级阶段，交通无法满足经济需求，两者处于耦合失调阶段，故而对经济的促进作用有限。

从上文的定性定量文献综述中可知，交通与经济互动的耦合视角是学界的主流，而其中的协调发展是交通和经济互动共生的基础，因此如何测度二者的协调关系逐渐成了学界研究的核心和热点。早期多采用灰色系统模型（汪传旭，1999；仲维庆，2013）、投影寻踪模型（孟德友，2013）等测度算法来评价两者的协调状况。但这几种测度方法却无法区分出低水平协调问题。而耦合协调性模型在研究耦合度的基础上，增加耦合协调度，区分低水平协调，从而解决这一问题，因此，越来越多的学者采用耦合协调度模型来研究经济和交通两者的关系。

如从交通基础设施整体的角度（张从和彭辉，2012；张天悦，2014）研究两者的耦合，或从交通可达度与经济耦合协调的角度（陆博文等，2015；汪德根和孙枫，2018），也有的从交通优势度与经济耦合协调角度研究（彭向明和韩增林，2017），有的从具体交通运输方式如公路、铁路、航空（高才和汤凯，2017）与经济的耦合协调度研究。但显然，这些仅是交通系统的某一产品或者生产工具与经济的耦合关系研究，而从供给视角真实交通产品与经济的耦合关系，还需要进一步的研究挖掘。

五、文献述评和研究空间

（一）交通能级文献评述及研究空间

首先，交通能级目前存在实践超越理论诠释的现象。交通能级在实践界越来越成为关注的焦点，在理论界却少有研究，但作为城市能级理论中重要的细分功能能级，是未来的研究重点和必然趋势。因此，迫切需要对其内涵进行阐释。

其次，目前对交通系统提供“双产品”功能的定量评价，对可达性的评价比较成熟，但对“移动性”产品的评价多从生产工具规模、技术等层面间接衡量，或者存在用结果性指标（客货运量或客货运周转量）来代替，因此对交通“双产品”的定量评价还需要进一步客观评价与还原。

（二）经济能级文献评述及研究空间

首先，从实践上看，在全球化背景下，地区之间、区域之间、国家之间的对外经济联系会日趋紧密，全球化的“流空间”是大势所趋，故而一个地区或区域或国家的经济能级越来越倚重其对外经济的联系水平，即对外的集聚—扩散（辐射）效应。

其次，从理论上看，对经济能级的理论诠释要比交通能级的要深入，但其测度还有待突破。目前对经济能级的测度主要聚焦在“内部综合发展水平”的评估上，只是在指标体系构建上不同学者有不同的思考。但是从更高层级的理论来看，依据“场论”中“场源”和“场”互相依赖共同存在的特性，地理空间的“内部综合发展水平”作为“场源”是场力的源头和发起者，“对外经济联系”作为“场”体现“场源”与外部的相互作用力，“内部综合发展水平”与“对外经济联系”也是互相依赖共同存在的，可见，对经济能级的测度，若仅从单一角度进行考虑，忽略另一个依存因素，将会导致测度模型的科学性受损，从而影响对经济能级规律的辨析。

综上所述，结合理论与实践需要，未来对经济能级研究，从“内部综合发展水平”+“对外经济联系”双向视角展开非常有必要。

（三）两者关系研究的文献述评及研究空间

在定性研究中交通与经济关系的界定虽然有三种，但认可双向互动共生关系是学界的主流。代表理论如荣朝和（1993）的“运输化理论”、韩彪（1994）的“交替推拉理论”等。而从第一章耦合定义可知，这种互动共生关系实质就是耦合关系，而空间运输联系需求为两者耦合的交链点，通过满足空间运输联系需求（经济传能量给交通）、创造空间运输联系需求（交通传能量给经济）等方式传递能量。

进一步地，学界对两者耦合关系的研究上，聚焦研究两者的协调性是核心和重点。从文献的梳理可知，对两者耦合协调性测度的模型有灰色系统模型、投影

寻踪模型和耦合协调性模型等，但因前两者无法区分出低水平协调的问题，故而，目前学界多采用耦合协调性模型来研究两者的协调性问题。这也是本书后续要采用的模型。

同时，目前学界采用耦合性协调模型，主要研究交通和经济两大系统整体上的协调，将交通和经济继续分解成各个子系统，然后研究其各个子系统之间的耦合协调问题较少见。然而，可能存在整体耦合协调性好，子系统之间存在协调失衡问题。因此可往下深挖一层，研究各子系统之间的耦合协调问题，第一有利于更深层地发现问题，第二有利于更精准地发现问题，使对策建议更具有针对性，从而更好地促进交通能级与经济能级整体的良性互动发展。鉴于此，本书将在整体耦合协调研究的基础上，进一步对各细分子系统耦合协调性进行研究。

最后，对两者的评价缺乏理论高度，基于能级理论的交通能级和经济能级的研究和评价，从万物存在基础的场论高度，对两者进行研究，把握两者的本质规律，才有利于对两者耦合关系的真实刻画。

第四节　本章小结

首先，本章对关键概念和术语进行了梳理和界定；其次，对能级理论的基础：场的基本理论，进行相关文献梳理和阐释，场作为空间中力的相互作用，本质是物质运动的根源，是万物发生的基础。场具有物质性、叠加性、集聚—辐射效应、与场源互相依存性等特性，物理场理论对进一步揭示能级现象和作用机制提供了理论基础；而城市场作为城市间存在的一种力的作用，是城市间产生互动联系的基础与根本。城市场作用的结果：在宏观上表现为城市“经济景观”的形成及城市能级的演化，在中观上表现为城市的对外联系方向与水平，在微观上表现为各种资源要素集聚与扩散（辐射）程度。简而言之，城市场作为城市能级研究的基础，体现为作用力与作用结果的关系；场论在交通和经济领域都有广泛的应用。在交通中有物流场、客流场以及运输通道场的研究。经济场中根据集聚—扩散效应的形态分为增长极理论（点辐射）、点轴开发理论（线辐射）和网络开放理论（面辐射）。上述理论为后文论述提供理论支撑。本章主要对能级相关研究进展进行了文献综述，并引出本书要尝试的突破与创新：即对交通能级和经济能级评价，需遵循城市能级评价范式，依据“场源”与“场”相互依存性，突破传统多从单一“场源”或“场”维度进行评价，从“场源”+“场”这一更高理论层次评价才能体现其本质规律。而对交通与经济关系的梳理上，交通与经济互动的耦合视角是学界的主流，而其中的协调发展是交通和经济互动共生的基础，而通过耦合度和耦合协调度模型来测度经济和交通两者的协调关系，成为学界的主流。

第三章　成渝地区双城经济圈概述及辐射特征

本章首先对成渝地区双城经济圈的区位、地理范围进行介绍和界定，同时对其交通全貌和经济全貌进行概述；其次，根据运输通道场、经济场等场论应用的相关理论基础，定性判断成渝地区双城经济圈辐射现状；最后，利用 ESDA 模型定量实证分析成渝地区双城经济圈空间集聚格局及演化特征。

第一节　成渝地区双城经济圈概述

一、区位特征

成渝地区双城经济圈位于东经 101°56′24″~110°11′24″，北纬 27°39′36″~32°19′48″，主要集中在胡焕庸线东南部，承东启西，沟通南北，是我国西部地区经济能级最强的区域，也是国家顶层战略密集叠加区域，战略区位显著。从 2016 年推出的《成渝城市群发展规划》（以下简称《规划》）到 2020 年 1 月 4 日中央财经委员会第六次会议提出，“推动成渝地区双城经济圈建设，在西部地区形成高质量发展重要增长极的战略部署”。之后，2020 年 10 月，中央政治局会议审议《成渝地区双城经济圈建设规划纲要》指出，“成渝地区要处理好中心和区域的关系，着力提升重庆主城和成都的发展能级和综合竞争力，推动城市发展由外延扩张向内涵提升转变，以点带面、均衡发展，同周边市县形成一体化发展的都市圈”，以及2021年10月出台的《成渝地区双城经济圈建设规划纲要》（以下简称《纲要》）①。从这些密集叠加的国家顶层战略中，首先体现其区位的重要性，其次体现了国家对双城经济圈现状逐渐有更加精准的判断和定位，从“成渝城市群”到“成渝地区双城经济圈”措辞的改变，突出“双城”与“经济圈”。可见，现阶段比较突出强调成都和重庆双城中心城市能级提升，以点带面，之后，迈入城市群阶段，促进区域内部均衡发展，实现一体化，形成第四增长极，从而辐射西部，推动双循环。从中体现了成渝地区双城经济圈建设要遵循规律，分步骤、分阶段实现的特征。

二、地理范围

（一）设定依据

《规划》和《纲要》划定成渝地区双城经济圈的地理范围，包括四川省15个市和重庆市29个县区，本书以此为蓝本，根据研究的需要进行了微调。其一，重庆作为直辖市是一个整体，《规划》和《纲要》扣除了其中的9个区县，这从反向体现了重庆是大城市与大农村结合体的事实，表明重庆主城中心的辐射能级有限，无法辐射带动处于边缘地区的9个区县。但基于提升重庆整体经济能级的研究目的，需要聚焦其细部的每个角落，本着一个都不能少的原则，研究每个区县的特点规律，寻求最大化资源整合和一体化的可能，所以本书将重庆所包含的38个区县全部纳入研究视域。其二，因为《规划》和《纲要》对开州、云阳所扣去的部分县市并未明确说明，而绵阳（除平武县、北川县）、达州（除万源市）、雅安（除天全县、宝兴县）等，虽明确了扣除范围，但因研究数据难以获取和剥离，所以针对这几个地区，本书还是从整体角度纳入研究视域。

① 人民日报．打造带动全国高质量发展的重要增长极和新的动力源［EB/OL］．中国政府网，http：//www. gov. cn.

（二）研究对象

本书设定的成渝地区双城经济圈的地理范围一共包括 53 个研究对象，具体包括重庆 38 个区县和四川 15 个市。结合《纲要》的划分，从两圈四翼的维度进行整理合并形成六个片区：①成都都市圈（成都、德阳、绵阳、遂宁、乐山、眉山、雅安、资阳）8 个市；②川南翼（自贡、泸州、内江、宜宾）4 个市；③川东北翼（南充、广安、达州）3 个市；④重庆都市圈（渝中区、大渡口区、江北区、沙坪坝区、九龙坡区、南岸区、北碚区、渝北区、巴南区、涪陵区、长寿区、江津区、合川区、永川区、南川区、綦江区、大足区、璧山区、铜梁区、潼南区、荣昌区）21 个区；⑤渝东北翼（万州区、开州区、梁平区、城口县、丰都县、垫江县、忠县、云阳县、奉节县、巫山县、巫溪县）11 个区县；⑥渝东南翼（黔江区、武隆区、石柱土家族自治县、秀山土家族苗族自治县、酉阳土家族苗族自治县、彭水苗族土家族自治县）6 个区县。根据 2020 年重庆、四川统计年鉴数据整理得到这一区域面积为 23.98 万平方千米，常住人口数为 1.1 亿，GDP 总量为 6.5 万亿元。当然从双城经济圈的视角，也可以进行适当的整合。将成都都市圈、川南翼、川东北翼归为成都经济圈，将重庆都市圈、渝东北翼、渝东南翼归为重庆经济圈。

三、交通概况

成渝地区双城经济圈作为外循环的国际枢纽，通过中欧班列陆路通道（陆上丝绸之路）和西部陆海新通道（陆、海环线丝绸之路）以及成都双流国际机场、成都天府国际机场和重庆江北国际机场组成的国际机场群（空中丝绸之路）引领西部及全国对接全球一体化趋势。

成渝地区双城经济圈，作为内循环的国家枢纽，通过公路（高速公路 G5、G42、G50、G65、G75、G76、G85、G93 等）、铁路（高速铁路：成渝、成贵、成西、沪汉蓉、渝万等；普通铁路：成兰、成渝、遂渝、成昆、宝成、川黔、渝贵、兰渝、襄渝、渝万、渝利、渝怀等）、航道（重庆经济圈构建“一干两支六线”的航道网：长江主干，嘉陵江和乌江为两支，涪江、渠江、小江、大宁河、梅溪河、綦河为六线；成都经济圈构建“四江六港”水运体系：长江、岷江、嘉陵江、渠江为四江，泸州港、宜宾港、乐山港、广安港、南充港和广元港为六港）、航空（重庆经济圈由“一大四小”机场构成：“一大”是指建成运营的江北国际机场为，“四小”分别是指万州五桥机场和黔江武陵山机场，在建的巫山神女峰机场、重庆仙女山机场）；成都经济圈由两大六小机场群构成：“两大”是指成都双流国际机场、成都天府国际机场，“六小”是指达州河市机场、南充高坪机场、泸州蓝田机场、泸州云龙机场、宜宾五粮液机场和绵阳南郊机场）、管道（兰成渝成品油管道、贵渝成品油管道、川气东送天然气管道、中贵天然气管道、兰成原油管道等）形成的综合立体交通网，对接长三角、京津冀、粤港澳三大增长极。

综合而言，成渝地区双城经济圈综合立体交通虽与其他三极相比具有绝对和相对的短板，但经过西部大开发及相关顶层战略的叠加投资，成渝地区双城经济圈的综合立体交通已经具备了一定的基础，尤其公路路网密度（163.5 千米/百平方千米）在四大增长极中排名第1①，公路总里程（39.2 万千米）排名第2②，说明其公路网已具备了一定的“量”的优势，但在“质”即快速通道上却仍处于劣势，如其高速公路占比（2.4%）不仅排名最后③，甚至还低于全国平均水平（2.9%）。同时，代表客运高质量通道的高铁建设还处于初步骨架搭建阶段，还未形成网，尤其重庆经济圈与其他几极之间，无250千米/时以上的高铁直达，处于高铁路网的洼地；作为内陆开放高地，成渝地区双城经济圈的空中联结能力较强，2021年已形成“三驾马车”并驾齐驱的空中国际枢纽；相对水运而言，成都经济圈完全不占优势，且成渝双核之间受制于沱江等桥梁净空尺寸，未能水路直连，导致两者之间错失了天然绿色直连通道，而重庆经济圈依托长江黄金水道虽有一定得天独厚的优势，但目前受制于三峡大坝“中梗阻”，也难以突破。

---

① 2019年的统计数据，公路路网密度长三角、粤港澳、京津冀依次为142.8千米/百平方千米、121.8千米/百平方千米、109.0千米/百平方千米，数据根据国家统计局、交通运输部、各省份交通统计年鉴等资料整理而得。

② 2019年的统计数据，公路总里程长三角、粤港澳、京津冀依次为51.3万千米、22.0万千米、23.5万千米，数据来源于国家统计局、交通运输部、各省份交通统计年鉴等资料整理而得。

③ 2019年的统计数据，高速公路占比长三角、粤港澳、京津冀依次为5.6%、4.3%、4.2%，数据根据国家统计局、交通运输部、各省份交通统计年鉴等资料整理而得。

四、经济概况

本小节从成渝地区双城经济圈整体及亚区域两圈四翼的角度，从经济规模（GDP、人口、面积）和经济密度（人均 GDP、GDP 密度、人口密度）剖析其 2000~2019 年历史演化过程并进行内部横向比较，把握其内部经济空间“疏密”结构。

（一）经济规模

1. 整体

成渝地区双城经济圈较其他三大增长极，起点不高，但增速较快，2000~2019 年 GDP 平均增速为 14%，2005 年、2007 年、2008 年、2010 年、2011 年增速超过了 20%，GDP 总量在 20 年间翻了约 13 倍。但人口规模一直较恒定在 1 亿人左右（见图 3.1）。

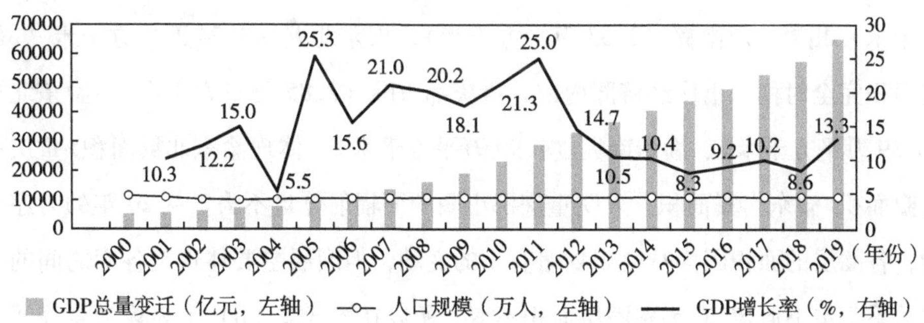

图 3.1 成渝地区双城经济圈经济规模变迁图

资料来源：根据四川省、成都市和重庆市的统计年鉴资料整理而得。

2. 两圈四翼的横向比

从 GDP 总量来看，空间分布不均衡性突出，从外圈到里圈的排序如图 3.2（a）所示，成都都市圈总量规模最大，渝东南翼总量最小。2019 年成都都市圈 GDP 体量约为渝东南翼的 20 倍，体现区域内部的极端不均衡性。从成都经济圈

（成都都市圈、川东北翼、川南翼）和重庆经济圈（重庆都市圈、渝东南翼、渝东北翼）两大经济圈作为整体对比来看，在2003年时点之后，重庆经济圈三圈GDP突飞猛进，缩小了与成都经济圈的差距，但2009~2019年两大经济圈差距基本保持了稳定，可见两经济圈之间的不均衡性并未被打破，协同联动性不够。从两大经济圈各自独立来看，各经济圈内部三圈也体现不均衡性。例如，2019年成都都市圈GDP总量约为川南翼的5倍，而重庆都市圈约为渝东南翼的14倍，可见双城经济圈内部都存在空间经济发展不均衡问题，但重庆经济圈的问题更突出，再一次证实其大城市与大农村结合的现实。从20年的时序演化来看，两圈四翼的倍差关系基本恒定，一方面说明20年间成渝地区双城经济圈内部经济总量增长基本保持一致，另一方面说明20年间两圈四翼之间的梯度差异固化，区域经济发展不平衡问题一直存在，也一直未被解决。

从面积来看，成渝地区双城经济圈的总面积约23.98万平方千米。成都经济圈内部，成都都市圈面积最大（8.68万平方千米）与重庆经济圈面积（8.23万平千米）相当，川南翼（3.53万平方千米）、川东北翼（3.54万平方千米），两翼面积完全对称。重庆经济圈内部，重庆都市圈（2.85万平方千米）、渝东北翼（3.39万平方千米）、渝东南翼（1.99万平方千米），体现渝东北翼面积>重庆都市圈面积>渝东南翼面积。表明重庆都市圈的面辐射体量不大。从20年的时序来看，各圈层的面积因为行政规划略有小的变动，但圈层主要体现是各圈之间的倍差关系，本书假定20年各圈层面积不变，所以在图3.2（b）上表现为半径间距恒定的6个同心圆结构。

从人口规模来看，排序如图3.2（a）所示。成都经济圈人口规模总量比重庆经济圈要大，三圈人口差距保持稳定，体现同心圆结构。20年间，成都都市圈人口规模一直最大，变动范围在3600万~4000万，体现稳中有小升的趋势。川南翼与川北翼人口相当，变动范围在1700万~1900万。重庆经济圈内人口2000~2001年急剧减少①，2002~2019年三圈基本稳定。2002~2019年，重庆

① 由于2001年重庆经济圈的各圈人口数据缺失，所以此部分的人口总额按插入法计算而得。

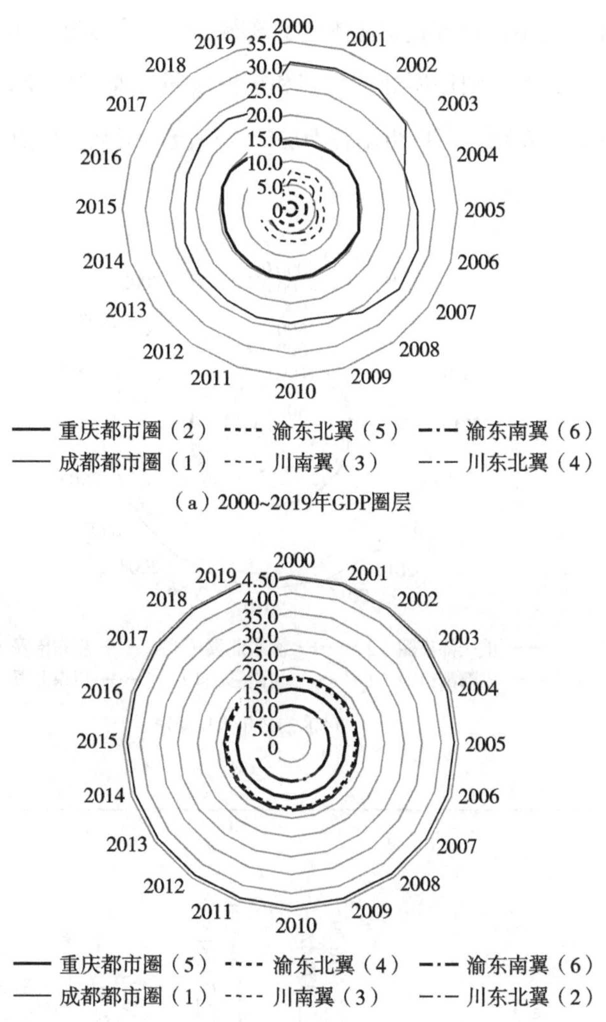

图 3.2 2000~2019 年"两圈四翼"GDP、面积圈层

资料来源：根据四川省、成都市和重庆市的统计年鉴资料整理而得。

都市圈人口变动幅度在 1700 万~1900 万，体现稳中有微升的趋势。且重庆都市圈与川南翼与川北翼三圈基本重合，表明三圈的人口数量基本同规模。渝东北翼人口在 1000 万~1100 万，体现时增时降的随机变化状态。渝东南翼人口规模最小，在 330 万~370 万。

而人口净流入流出，比较直观地体现了该圈层对人员的吸引和承载能力。可以用于进一步定性判断各个圈层所处的集聚和扩散阶段。通过比较 2019 年各圈层户籍人口和常住人口的差距，可以得出各圈层的人口流动情况。如图 3.3（b）所示。

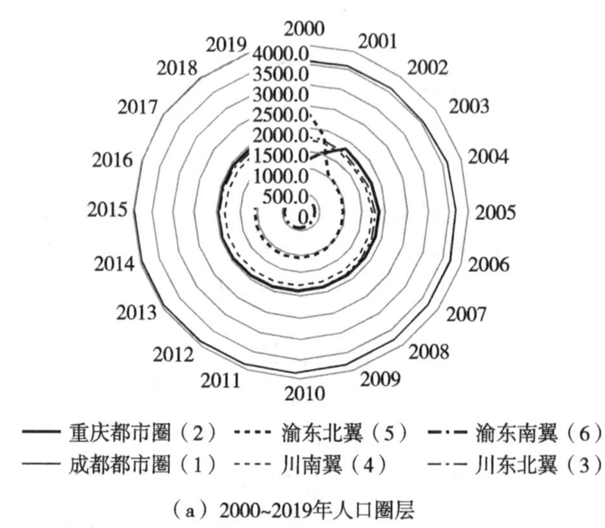

（a）2000~2019年人口圈层

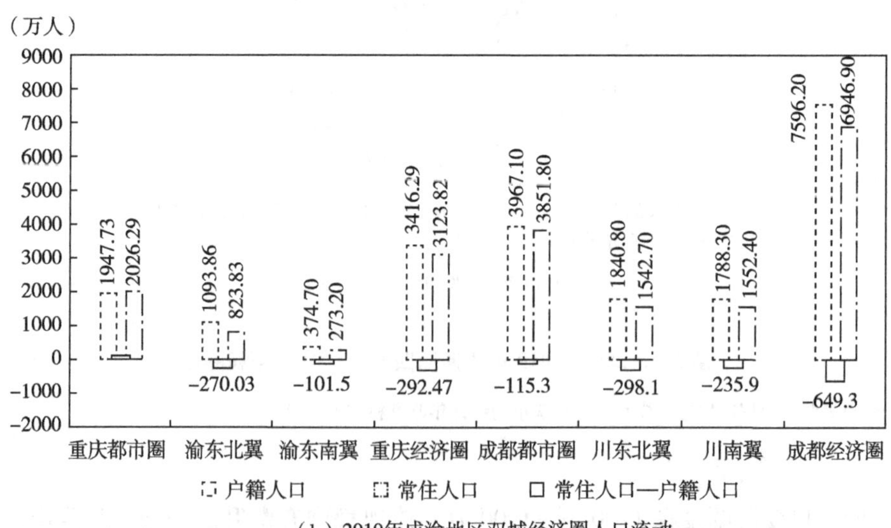

（b）2019年成渝地区双城经济圈人口流动

图 3.3　2000~2019 年两圈四翼人口圈层和 2019 年成渝地区双城经济圈人口流动图

资料来源：根据四川省、成都市和重庆市的统计年鉴资料整理而得。

首先，从重庆经济圈和成都经济圈来看，2019 年两大经济圈都属于人口净流出，即常住人口少于户籍人口。重庆经济圈流出 292.47 万，成都经济圈流出 649.3 万，总计人口净流出 941.77 万。表明目前两大经济圈在各自人口的集聚、吸引和承载方面能力不足，与其他三极相比较，是一种被动的虹吸状态。

从两圈四翼来看，除重庆都市圈人口净流入 78.56 万人，其余都为人口净流出。其中，渝东北翼、川东北翼、川南翼人口流出最多，都高达 200 多万。而渝东南翼人口净流出为 101.5 万，虽总数不是最高，但流动人口百分比却是圈层最高，约 27%（101.5/374.7），由于渝东南翼整体判断是属于重庆的“大农村地区”，因此可以定性判断流出人员属于劳务输出，即约每 4 个人中就有 1 个人外出务工，人口处于被虹吸状态。而成都经济圈“一圈两翼”人口都为净流出：成都都市圈流出 115 万，川东北翼流出 298 万，川南翼流出 235.9 万，结合经济规模水平，也处于被虹吸状态。而单独从成都来看，2019 年成都的人口净流入 155 万，体现了成都在成都经济圈的极核地位，处于集聚阶段。

（二）经济密度

1. 整体

从 2000~2019 年成渝地区双城经济圈的人口密度、GDP 密度和人均 GDP 来看，人口密度基本处于稳定状态，GDP 密度和人均 GDP 处于持续快速增长阶段，与 GDP 总量增速同步，平均增速都为 14%以上。表明虽然成渝地区双城经济圈起步低，但一直保持快速追赶其他三极的状态，经济密度正在形成较“密”空间结构。具体如图 3.4 所示。

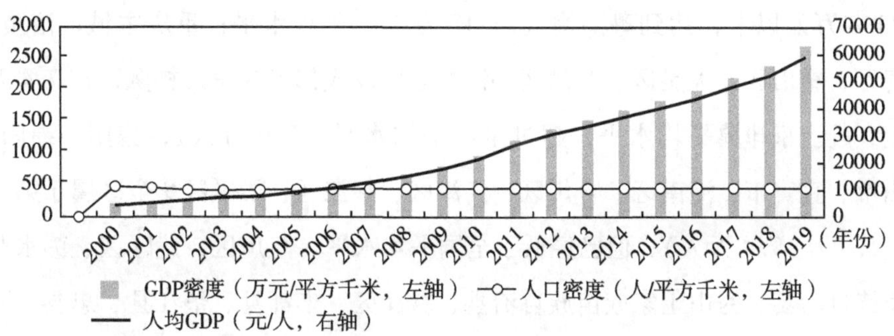

图 3.4 2000~2019 年成渝地区双城经济圈 GDP 密度、人口密度、人均 GDP 变迁

2. 两圈四翼横向比较

从图 3.5 可知，整体经济“密”“疏”空间存在，各圈层经济空间结构不均衡，存在梯度差异。从 20 年的时间演化来看，人口密度（见图 3.5（a））和 GDP 密度（见图 3.5（b））两圈四翼的差异表现出梯度差异且差距恒定，如图 3.5 所示的 6 个圈层基本保持同心圆状态，说明地区空间发展一直不均衡，且梯度差异固化。而人均 GDP（见图 3.5（c））圈层差异先缩小后期也基本保持梯度差异恒定的同心圆状态。GDP 密度地均产出，空间不均衡现象最严重，从 2019 年的数据来看，排第一的重庆都市圈是排名最后的渝东南翼的 9 倍左右。从 6 个圈层的排序来看，无论人口密度、GDP 密度、人均 GDP 排第一的都是重庆都市圈，体现重庆都市圈作为经济最“密”空间，其极核引领辐射作用，而渝东北翼和渝东南翼却一直排名靠后，可见，从经济密度也可以体现重庆经济圈的区域内部的极端不平衡。成都经济圈内的成都都市圈，除人口密度排第 4，其他方面均排第 2，说明成都都市圈也作为经济“密”空间有一定的极核引领作用。

3. 53 个研究对象经济密度空间分布

为进一步研究成渝地区双城经济圈的经济疏密的空间分布，本书进一步细分，将研究对象拆分到每一个市、区、县，共计 53 个研究对象，统计 2019 年各个研究对象的人口密度和人均 GDP。管楚度（2000）曾指出人口密度是衡量集聚力的重要指标。

从 53 个细分研究对象的角度，也可以发现同样的地区发展不均衡问题。经济空间疏密度反差极大，从人均 GDP 来看：重庆渝中区为第一梯队，人均 GDP 在 11.8 万人以上，达到粤港澳（11.13 万人）平均水平；重庆主城、涪陵区、长寿区、璧山区、大足区、荣昌区、铜梁区以及成都市为第二梯队，在 7.4 万人以上，赶上京津冀平均水平，超过全国平均水平（7.0 万人）；德阳、绵阳市、乐山市、宜宾市、潼南区、合川区、江津区、綦江区、梁平区 9 个区属于第三梯队（5.9 万~7.4 万人），但已经低于全国平均水平。南川区、武隆区、彭水苗族土家族自治县、秀山土家族苗族自治县、黔江区、丰都县、垫江县、忠县、万州区、云阳县、雅安市、眉山市、自贡市、泸州市 14 个市、区县，属于第 4 梯队

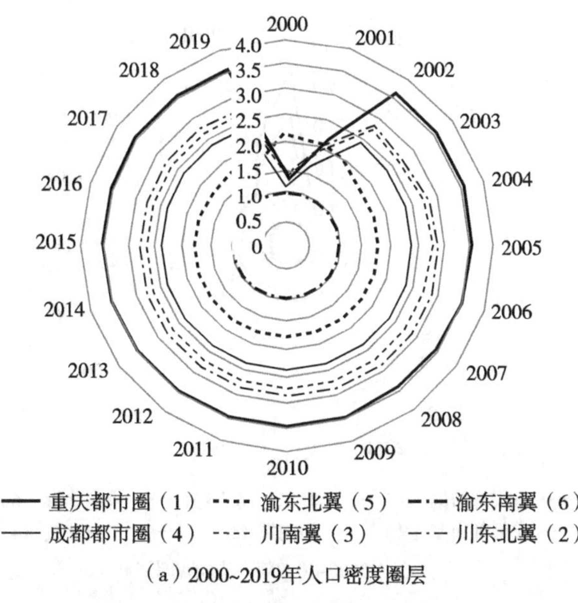

（a）2000~2019年人口密度圈层

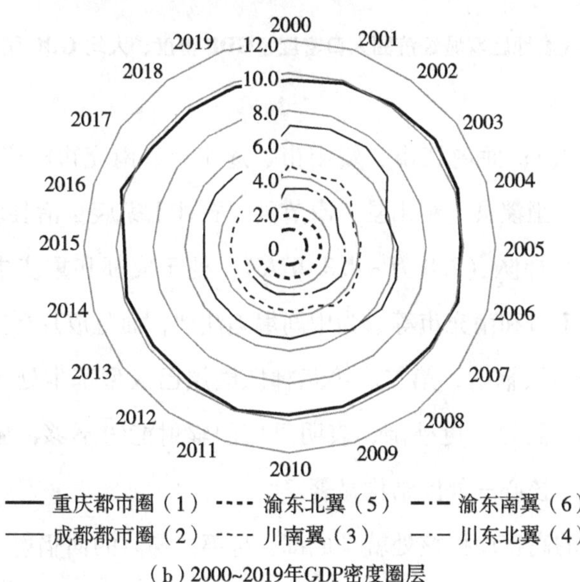

（b）2000~2019年GDP密度圈层

图 3.5　成渝地区双城经济圈人口密度、GDP 密度、人均 GDP 圈层

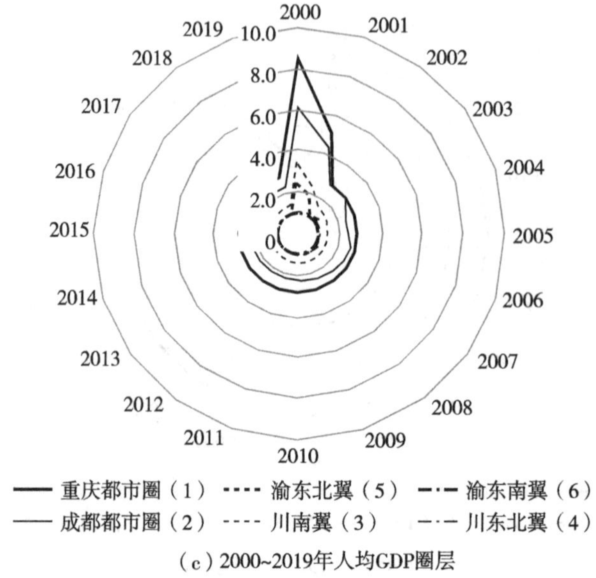

（c）2000~2019年人均GDP圈层

图 3.5　成渝地区双城经济圈人口密度、GDP 密度、人均 GDP 圈层（续）

(4.3 万~5.9 万人)；而内江市、资阳市、遂宁市、南充市、广安市、达州市、城口县、开州区、巫溪县、巫山县、奉节县、石柱土家族自治县、酉阳土家族苗族自治县属于第 5 梯队（2.8 万~4.3 万人）。处于成都和重庆中间位置的内江市、资阳市、遂宁市和南充市等成为中间塌陷洼地，而且成片严重。重庆以“极锥点”渝中区为圈层辐射，第二、第三梯队圈层已成型基本处于重庆都市圈范围，第四、第五梯队处于更外围，表明重庆的辐射能级不够，还不能带动渝东南、渝东北地区，核心—外围结构显著。

成都经济圈的高密度极核处就是成都，呈第二梯队的面辐射，但从更广的角度是点，第三梯队的经济较高密度区分布成轴状，沿成德绵乐主轴排列，属于轴辐射转为面辐射的初级阶段，面辐射未形成，即这一主轴还未能带动周边其他地区的发展，这种轴—面辐射的判断，轴地带的人均 GDP 低于全国水平，说明还处于集聚阶段。

而从人口密度分布来看，第一、第二梯队的空间分布与人均 GDP 基本吻合。

但人均 GDP 的第五梯队中间塌陷地带：内江市、遂宁市等人口密度并未塌陷，反而属于第二梯队。可见，经济对人口具有一定承载力，所以表现为第一、第二梯队人口密度分布与人均 GDP 吻合，但第五梯队中间经济塌陷地带，人口密度并未塌陷，说明人口分布更为固化，这与限制人口流动的约束有关（段成荣，2020）。可见，从人口密度整体空间分布来看，成都和重庆都市圈处于密度最大板块，集聚能力最强，也可以定性判断两者为成渝地区双城经济圈的场核。

第二节　成渝地区双城经济圈辐射现状定性判断

一、工业化发展阶段

根据场论应用相关理论，为判断支撑成渝地区双城经济圈发展的空间结构、辐射方式，聚集阶段，需要首先判断成渝地区双城经济圈所处的工业化阶段。

（一）工业化发展阶段的划分

对于研究地理空间工业化时期的划分，学界较多地采用钱纳里和赛尔奎基的分类方法，将经济发展阶段划分为前工业化、工业化时期（初期、中期、后期）和后工业化三个阶段（李连成，2017）。

（二）工业化发展的特点

根据文献（石钦文等，2010；钱纳里等，2015）各个阶段特点总结如下：①前工业化阶段，没有或极少有现代工业，生产力低下，以农业为主。②工业化初级阶段，农业向工业化结构转变，以劳动密集型产业为主，兼有资源密集型产业，以初级加工产品为主。食品、纺织品等劳动密集型产业比重较大。而煤炭、油气和矿石采掘业等资源密集型产业比重也大幅上升。③工业化中级阶段，产业大部分属于资本密集型产业，属于重化工阶段，如非金属矿产品、石油、化工、机械制造等部门，以机械电子资本密集型和知识密集型产业为核心的加工工业比重，电子和煤气生产和化学工业资本密集型产业的比重持续大幅上升。④工业化高级阶段，第三产业开始由平稳增长向高速增长，成为区域增长的主要力量，尤其新兴服务业，如金融、信息、广告、公用事业、咨询服务等。⑤后工业化初期，制造业内部结构由资本密集型向技术密集型转变，技术密集型产业的迅速发展是这一阶段的特征，大众高档耐用消费品普及。后工业化高级阶段，第三产业开始分化，知识密集型产业开始从服务业中分离出来，个性化多样化生活高品质消费阶段。

（三）工业化发展阶段的判断标准

人均 GDP 作为国际上通用的判断经济发展阶段指标，根据钱纳里标准，通过以 1970 年美元为基准购买力评价因子，可推演到后续年份的钱纳里标准（杨宇，2012；陈佳贵，2007）具体如表 3.1 所示。

表 3.1　钱纳里经济发展阶段划分标准及特征　　单位：美元

阶段	级别	1970 年	2000 年	2005 年	产业特征
前工业化阶段		140~280	620~1240	745~1490	农业为主
工业化阶段	初期	280~560	1240~2490	1490~2980	劳动密集型
	中期	560~1120	2490~4970	2980~5960	资金密集型
	后期	1120~2100	4970~9320	5960~11170	过渡型
后工业阶段	前期	2100~3360	9320~14920	11170~18000	技术密集型
	后期	3360~5040	14920~22380	18000~27000	知识密集型

资料来源：根据文献（陈佳贵，2007；杨宇，2012）综合整理而得。

根据人民币兑美元汇率的年平均价，在表 3.1 的基础上，将人均 GDP 换算成人民币，并结合居民价格指数，将钱纳里人均 GDP 标准继续推演到最近年份，从而成为可直接操作和可比较标准，并结合学界的做法，在以人均 GDP 为第一性原则的基础上，加入城市化率（彭劲松，2020）作为参考指标。如表 3.2 所示。

表 3.2 区域不同工业化阶段的划分标准

评价指标	前工业化阶段	工业化阶段			后工业化阶段	
		初期	中期	后期	初期	后期
2000 年人均 GDP（元）汇率 8.2784	5133~10265	10265~20613	20613~41144	41144~77155	77155~123514	123514~185270
2005 年人均 GDP（元）汇率 8.1917	6102~12205	12206~24411	24411~48822	48822~91501	91501~147450	147450~221319
2010 年人均 GDP（元）价格指数=1.149①	7012~14024	14024~28048	28048~56097	56097~105135	105135~169421	169421~254296
2015 年人均 GDP（元）价格指数=1.3135	8016~16032	16032~32064	32064~64128	64128~120186	120186~193676	193676~290703
2019 年人均 GDP（元）价格指数=1.415	8635~17270	17270~34541	34541~69083	69083~129474	129474~208643	208643~313166
城镇化率（%）②	小于 30	30~50	50~60	60~75	75~80	大于 80

资料来源：根据文献（陈佳贵，2007；石钦文，2010；杨宇等，2012；彭劲松等，2020）综合整理而得。

二、发展阶段及辐射现状及特征

根据表 3.2 标准，可以首先判断出区域的工业化发展阶段，并结合第二章表 2.1 经济场源辐射理论，可定性判断出辐射现状及特征，即对空间结构、辐射方式，集聚或扩散进行定性判断。根据场源的类型，不同空间尺度相对地位不同，为了更好地解析成渝地区双城经济圈辐射现状特点，本书从“全局”“一域”的尺度，对之进行了横向截面比较和分析，如表 3.3 所示；同时聚焦成都—重庆两中心城市，以 2000~2019 年的时间为轴，进行纵向发展阶段变迁分析。

① 2010 年价格指数=2010 年居民价格指数/2005 年居民价格指数=840.3/730.9=1.149。其余各年价格指数计算类似，都以 2005 年价格指数为基期计算。

② 陈佳贵，等．中国工业化进程报告［M］．北京：中国社会科学出版社，2007.

表 3.3 2019 年不同时空尺度经济发展阶段及辐射特点

区域		人均 GDP（万元）	城镇化率（%）	工业化时期	空间结构	辐射方式	场中地位	集聚或扩散
全局：四增长极	长三角	10.45	68.20	后期（后）	网状	面辐射	场源	扩散
	粤港澳	11.13	71.40	后期（后）	网状	面辐射	场源	扩散
	京津冀	7.48	66.80	后期（初）	轴—网	轴—面辐射	场源	集散
	成渝地区双城经济圈	6.45	59.40	中期（后）	点—轴	轴辐射	场点	被集散
一域：成渝双城经济圈内部	重庆都市圈	8.97	76.60	后期（中）	网状	面辐射	场核	扩散
	渝东南翼	4.72	43.27	中期（前）	点状	点辐射	场点	被集散
	渝东北翼	4.95	50.49	中期（前）	点状	点辐射	场点	被集散
	成都都市圈	7.34	61.18	后期（初）	轴—网	轴—面辐射	场源	集聚
	川东北翼	3.64	47.40	初期（后）	点状	弱点辐射	场点	被集散
	川南翼	5.69	51.19	中期（前）	点状	点辐射	场点	被集散
	重庆	7.58	67.00	后期（初）	点—网	点—面辐射	场源	集聚
	成都	10.3	74.00	后期（中）	网状	面辐射	场核	扩散

资料来源：笔者根据 2020 年国家和各城市统计年鉴整理而得。

（一）不同空间尺度发展阶段及辐射现状横向比较

（1）从“全域”视角，选取四大增长极进行横向比对，对其 2019 年的人均 GDP 和城镇化率进行横向比对，判断各增长极的工业发展阶段、区域的空间结构、辐射方式，集聚或扩散，由于其他三大增长极在全国经济中的带头引领作用，因此研究成渝地区双城经济圈与三者的互动所处地位，实质代表了成渝地区双城经济圈在国内内循环中的辐射阶段状态。

（2）“一域”视角，聚焦双城经济圈两圈四翼现阶段辐射现状及特点，这实质上有利于深入理解双城经济圈内部辐射特征，并同时重点分析成都和重庆两中心城市，判断其所处的工业化时期及辐射现状。与“全域”视角的互动相比，此时的互动关系阶段是一种区域内部的视角，是一种相对概念。

从表 3.3 中可知，从“全局”视角，成渝地区双城经济圈在场中的地位最低，能量最低，处于场点类型，整体发展阶段处于工业化中期，空间结构处于

点一轴系统，是轴辐射的形成期，目前主要接收其他几级，尤其是东部沿海的辐射扩散作用。即成渝地区双城经济圈处于被辐射阶段，主要承接长三角、粤港澳的产业转移，而京津冀处于中间过渡态，或集聚或扩散，不过在第三产业占比上京津冀在四大增长极之中排名第一①，表明在高端优质服务业上其有绝对优势，对成渝地区双城经济圈有辐射作用。而目前成渝地区双城经济圈主要处于承接其他三极的产业扩散辐射阶段，处于被动集散阶段。

从“一域”聚焦视角，即从成渝地区双城经济圈内部维度，可以看出成渝地区双城经济圈内部经济发展极度不均衡，经济的“疏”“密”空间差异显著，呈现场核、场源、场点三种类型的梯度分布，这种梯度差异导致内部集聚与扩散的产生。重庆都市圈，成都属于场核，辐射能级最强，内部已形成局部网状结构，相对于区域内周边地区也是一种面辐射；而重庆、成都都市圈处于场源状态。对重庆的分析，实质是重庆都市圈与渝东南和渝东北两翼的合并，由于重庆都市圈（场核）处于空间网状面辐射的扩散阶段，两翼是空间点状的被辐射阶段，两者之间少了轴状结构的中间过渡，合并之后成为点一网系统的极端态，这也正是重庆作为“大城市+大农村”的发展极端不平衡的现实。虽然重庆作为场源状态，但因为处于工业化后期的初级阶段，因此还处于内部集聚阶段，其在内部的扩散辐射还不强。而渝东南翼、渝东北翼、川东北翼和川南翼四翼处于场点状态，处于被辐射或被扩散状态。而根据第二章可知，区域内部的辐射扩散是区域一体化和从量变到质变的动力，基于成渝地区双城圈内部极度不均衡，因此增强场核及场源的内部扩散辐射影响度至关重要。

（二）不同时间阶段的成都、重庆两中心城市纵向发展演化

结合钱纳里标准，可进一步分析 2000～2019 年两中心城市工业发展阶段的演化过程（见图 3.6、图 3.7）。

① 根据国家统计年鉴数据整理，2019 年四大增长极的第三产业结构从大到小依次排列为京津冀（66.8%）、粤港澳（62.7%）、长三角（55.4%）、成渝地区双城经济圈（53.2%）。

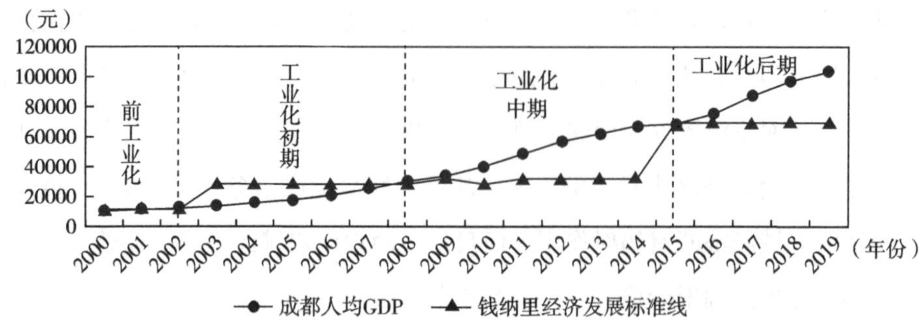

图 3.6　成都经济发展阶段演化

资料来源：人均 GDP 来自成都统计年鉴，钱纳里标准线选自表 3.1。

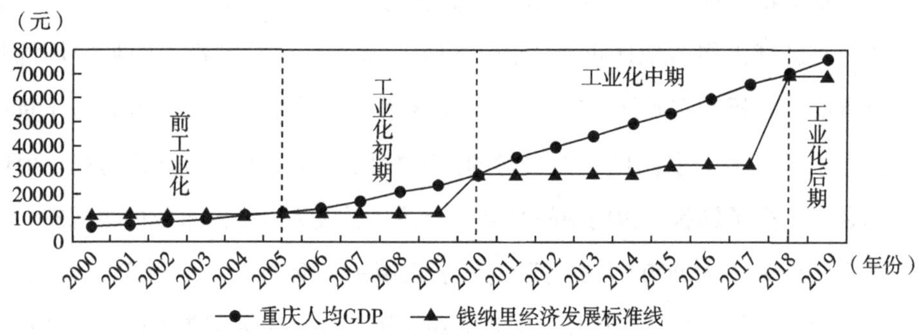

图 3.7　重庆经济发展阶段演化

资料来源：人均 GDP 来自重庆统计年鉴，钱纳里标准线选自表 3.1。

从两个中心城市的阶段演化比较可以看出，成都较重庆经济发展阶段稍微超前，每一个阶段约比重庆要提前 2~3 年进入，成都与重庆在 2000~2019 年都经历了四个发展阶段，目前都处于工业化后期，重庆处于工业化后期初期，而成都处于工业化后期的中期阶段。因为中心城市代表区域对外交流，从“全局”视角，成都和重庆作为中心城市，依然承担区际间的对外互动，依然是承接其他三极产业转移的主阵地。从“一域”视角，成都和重庆相对于区域内部周边，是一种面辐射，即中心城市内部发展较均衡，一体化较完备，但这是一种相对的尺度，若从更广阔的尺度，面也就缩小成了均匀化的点，成了点辐射。成都和重庆的经济发展演化阶段对比，如表 3.4 所示。

表 3.4　2000~2019 年成都和重庆发展阶段演化对比

经济发展阶段	前工业化时期	工业化初级时期	工业化中期时期	工业化后期
成都	2002 年之前	2003~2008 年	2009~2015 年	2016 年至今
重庆	2005 年之前	2006~2010 年	2011~2018 年	2019 年至今

资料来源：笔者综合整理而得。

从两个中心城市的综合情况来看，陆大道（2003）曾判断，2003 年我国的西部地区基本上完成了由农业社会向工业社会的过渡，刚刚进入工业化的初期阶段。2003 年进入工业化初期阶段这个时间节点与成都基本吻合；杨宇等（2012）也曾从全国层面提出中国处于工业化初期的阶段为 2004~2007 年，并判断成都 2010 年处于工业化中期。这几个时间节点与本书的判断也基本处于吻合的状态。从而可见本书的定性判断具有一定的合理性。

第三节　成渝地区双城经济圈辐射特征及演化实证分析

从前一节的定性分析可知，成渝地区双城经济圈从“全局”的视角属于场点地位，主要接受长三角、粤港澳的扩散和辐射作用，并在高端优质服务业上接受京津冀的扩散辐射作用；从“一域”成渝地区双城经济圈内部的视角，呈成都+重庆都市圈“双场核”辐射，重庆+成都都市圈“双场源”集聚和四翼“场点”被动集散阶段。为进一步剖析成渝地区双城经济圈内部辐射现状及演化规律特征，本节引入 ESDA 探索性空间数据分析，对成渝地区双城经济圈 53 个研究对象的经济集聚辐射演化进行实证分析。

一、相关假设及说明

（一）相关假设

基于成渝地区双城经济圈内部经济发展不均衡的现实。结合前一节的定性判断，本书做如下假设：假设 1 在成渝地区双城经济圈内部存在场核辐射现象；假设 2 双场核为成都市和重庆都市圈即成都—重庆都市圈。

（二）相关说明

1. 数据选取说明

本书从成渝地区双城经济圈 53 个研究对象中收集第二产业统计数据为空间分析数据，本书收集 2010 年、2015 年和 2019 年三个横截面数据，研究其空间集聚分布及演化。之所以选择第二产业（制造业）数据而不选择第三产业（服务业）数据，原因如下：

第一，从全局来看，因为中国区域经济发展的不平衡，成渝地区双城经济圈作为承东启西的桥梁，作为与其他三极有差距的第四增长极，会承接另外三极的先进制造业和先进服务业向内地的辐射与转移，因此，在第三产业上，还属于被动集聚，被辐射状态；第二，从内部来看，成渝地区双城经济圈目前正处于产业结构升级，因此在先进制造业和先进服务业上，还处于形成阶段，即在第三产业上，内部处于极化阶段，还需要主动集聚内部优势资源；第三，在第二产业上，成渝地区双城经济圈受益于 20 世纪六七十年代国家三线建设，在 80 年代就奠定了坚实的制造业（第二产业）基础，全国 40 个工业门类，川渝地区有 39 个，全国的主要工业行业约有 160 个，川渝地区占了 95%（王毅，2022）。之后又经过 40 多年的积淀与发展已具备相对优势，使其率先成为向周边辐射的大概率事件。

2. 其他说明

对于空间集聚格局及演化，本书采用 ESDA 分析模型，由于不同的分析方法采用的软件不同，因此本小节首先对数据处理软件的使用情况作简要说明：全局莫兰指数利用 Arcgis 软件计算处理，局部莫兰指数利用 Geoda 软件计算处理。同时本节统一用 SI（Second Industry）代表第二产业（制造业），并在字母后跟年号，表示某一年的该属性的相关指数。例如，SI2010 表示为 2010 年的制造业相关指数；后文中为消除行政体量差异带来的影响，因此本书以制造业/面积，作为指标重新进行全局和局部莫兰指数计算，如其中的代号 SI2010-AR，表示 2010 年单位面积的制造业产值，AR（area）代表面积。

二、ESDA 分析模型及测算方法

（一）ESDA 分析模型

ESDA 是指探索性空间数据分析，是一系列空间关联数据分析方法及技术的集合，运用其中的全局、局部空间相关性和莫兰散点图等方法，使数据的空间结构及空间分布可视化，检测区域空间某种属性数据的空间集聚效应，并揭示其空间作用机制（王宁等，2021）。

（二）测算方法

1. 全局空间相关性

全局空间自相关性是用来衡量区域全局某种属性值的空间相关性和空间依赖性的整体分布情况，反映区域单元的相似属性的平均集聚程度，一般用全局莫兰指数（Global Moran's I）来衡量。其计算公式为（Elhorst，2014；叶文辉和伍运春，2019）：

$$Global\ Moran's\ I = \frac{\sum_{i=1}^{n}\sum_{j=1}^{n} w_{ij}(Y_i - \overline{Y})(Y_j - \overline{Y})}{s^2 \sum_{i=1}^{n}\sum_{j=1}^{n} w_{ij}} \tag{3.1}$$

$$s^2 = \frac{1}{n}\sum_{i=1}^{n}(Y_i - \overline{Y}) \tag{3.2}$$

2. 局部空间相关性

由于全局空间相关性只能反映相似属性的平均集聚程度，同时，其空间同质性假设也并不契合实际。因此，通过引入局部空间自相关性来进一步透视空间单元的局部分布情况，本书通过局部莫兰指数进行局部空间集聚—扩散的进一步识别，计算公式为：

$$Local\ Moran's\ I = \frac{(Y_i - \bar{Y})}{s^2} \sum_{j=1}^{n} w_{ij}(Y_j - \bar{Y}) \tag{3.3}$$

式（3.1）至式（3.3）中，n 为空间单元个数；i、j 表示不同的空间单元代号（如本书中成都、德阳等空间单元）；Y 表示空间单元的属性值（如本书中第二产业值）；$\bar{Y}$ 表示所有单元属性的平均值；w_{ij} 表示 $n \times n$ 阶空间权重矩阵，反映了空间单元 i 与 j 的空间关系。

莫兰指数的取值介于-1~1，取值绝对值越大则表明空间相关程度越高。取值大于0表示空间正相关，小于0表示空间负相关，等于0表示无空间相关性，整体处于随机分布状态（刘华军和曲惠敏，2021）。

3. 空间权重 W

空间权重 W 对莫兰指数 I 的取值至关重要。论文选择学界主流：邻接标准，建立二元法则（0，1）的空间权重矩阵，如果 i，j 相邻则 $w_{i,j}$ 取 1，不相邻则取 0。

三、制造业空间集聚—扩散分布及演化

（一）全局相关性检验

关于成渝地区双城经济圈制造业的空间集聚与扩散效应，由于数据的可得性及集聚与扩散效应需要时间演化，因此论文选取了三个时间截面（2010 年，2015 年，2019 年）跨度 9 年进行刻画，53 个亚区域的第二产业值，通过重庆、四川等年鉴资料查阅（见附录 A），计算出全局莫兰指数如表 3.5 所示。

表 3.5　成渝地区双城经济圈制造业全局莫兰指标

年份	Moran's I	P	Z
2010	0.216	0.002	3.9064
2015	0.200	0.001	3.8470
2019	0.138	0.013	2.7123

资料来源：笔者根据全局莫兰指数计算结果整理而得。

从三个时间截面来看，Moran's I 值都为正，且各指数均通过了 P 值（概率小于等于 0.05）和 Z 值（标准差倍数需大于等于 1.96）的显著性检验，说明成渝地区双城经济圈制造业在全局具有一定的空间相关性和空间依赖性，制造业发展水平相似的区域（高—高或低—低）在空间上集聚分布。三个时间断面 Moran's I 值递减的演化趋势表明成渝地区双城经济圈空间的制造业聚集水平有所降低，存在向周边辐射现象，但整体效应不明显。这说明假设 1 成立，同时也说明场核能量有限，辐射影响程度有限。

（二）局部相关性检验

基于前文分析的成渝地区双城经济圈 53 个亚区域经济发展非同质性的现实，可进行局部相关性检验，从而透视各亚区域的集聚辐射状态。论文对成渝地区双城经济圈的制造业数据进行 Local Moran's I 相关性检验，通过 Moran 散点图和 LISA 图展现结果。

Moran 散点图有 4 个象限，观测值落入第Ⅰ象限，对应空间单元为"高—高"（H-H）类型，表示自身和周围地区所对应的观测值都很高，表现同质性；观测值落入第Ⅱ象限时，对应空间单元的"低—高"（L-H）类型，表示自身的观测值很低，但其周围地区的观测值却很高，表现异质性；观测值落入第Ⅲ象限时，对应的空间单元为"低—低"（L-L）类型，表示自身与周边地区的观测值都较低，表现同质性；观测值落入第Ⅳ象限时，对应空间单位为"高—低"（H-L）类型，表示自身观测值高，而周围地区的相观测值低。

Moran 散点图通过坐标轴展现四种类型的空间单元的象限分布情况，但 LISA（Local Indications of Spatial Association）图，却是更进一步将散点图中呈现的 H-H、L-H、L-L、H-L 四种类型的集聚在地理空间中可视化地展现出来，具体呈现四种类型集聚情况空间单元的位置。

成渝地区双城经济圈的局部相关性的 Moran 散点图如图 3.8 所示。从图中可知，2010 年，2015 年，2019 年三个时间截面显著相关的空间单元大部分分布在第Ⅰ象限（H-H）和第Ⅲ象限（L-L），即高高聚集和低低聚集区。从三个时间截面的演化来看，2010 年（见图 3.6（a））到 2019 年（见图 3.6（c））落入第Ⅱ象限即（L-H）空间单元有渐次增多，即空间单元自身观测值较低，但周边地区观测值较高。

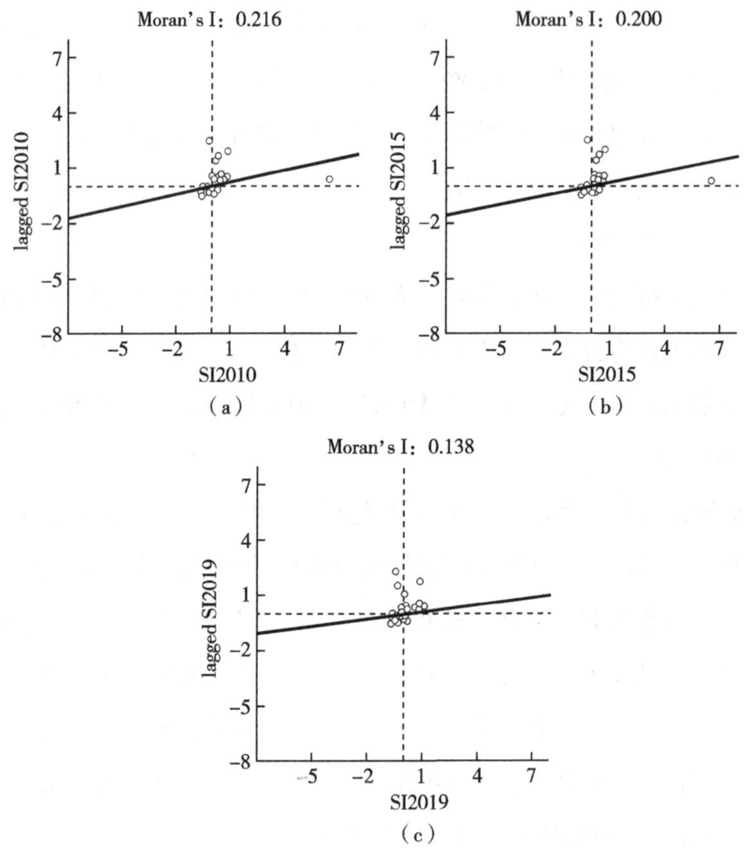

（a）

（b）

（c）

图 3.8 成渝地区双城经济圈局部相关性散点演化图

成渝地区双城经济圈制造业的局部相关性的空间可视化分布 LISA 图。从其空间可视化分布图可知，首先从成都经济圈的演化来看，2010 年，成都都市圈中以成都市、德阳市、眉山市、资阳市处于高高聚集区，表现出较强的空间相关性，说明 2010 年成都都市圈的制造业在南北轴和东西轴有强支撑，属于能量高的场源类型。雅安处于低高聚集区，说明其制造业发展水平为凹地，被高的区域

所包围，存在被虹吸或被辐射的两种状态；2015 年的制造业空间可视化分布图与 2010 年完全一致，但全局莫兰指数较 2010 年有所降低，说明在 2015 年成渝地区双城经济圈制造业的集聚程度下降，反之说明其内部扩散与辐射程度增加，表明场核处开始处于辐射状态，向外扩散和转移制造业。到 2019 年成都制造业由高高集聚状态变为不显著状态，说明成都在 2015~2019 年制造业处于大量辐射与转移阶段，而且较其他几个高高集聚区更早辐射和更早转移，从而证明假设 2 部分成立，即成都确实是成渝地区双城经济圈的场核。

其次，从重庆经济圈的空间演化上来看，制造业并未在重庆经济圈地理范围内出现高高聚集现象，即表现不显著，表明在重庆经济圈范围场源与场核区域不明显，因此假设 2 的双场核假设似乎不成立。但实际上是样本之间体量差异导致，因为成渝地区双城经济圈划定的 53 个研究对象，成都经济圈以“市”为行政单位，而重庆经济圈是以区、县作为样本，其间有行政量级差，如果用制造业总量，可以测出体量大的区域的空间集聚显著度，即成都经济圈的空间格局显现，但重庆经济圈的总量小所以不显著，因此为消除行政量级差，论文以制造业/面积，用单位面积的第二产业作为指标，类似于第二产业密度值，重新进行全局和局部莫兰指数计算。因为其全局莫兰统计指标 P、Z 都通过了显著性检验，因为篇幅在此不再赘述，而 2010 年、2015 年、2019 年三年的全局莫兰指数分别为 0.066、0.077、0.067，指数呈倒“U”形变化，表现平均集聚程度先增加后减少。

从三个时间截面的演化来看，2010~2015 年，重庆都市圈制造业先处于集聚状态，表现为高—高（H-H）聚集的区域增多，从 2010 年的 7 个增加到 9 个。而 2015~2019 年高—高（H-H）集聚的区域从 9 个降低到 6 个，说明重庆都市圈，作为重庆经济圈的场核，目前制造业已经在向周边辐射转移，其内部正面临产业结构升级，一边承接其他三极辐射的优质制造业和优质服务业，另一边扩散其具有相对优势的制造业，从而使 H-H 集聚区域减少。但重庆场核的辐射影响圈，仅波及重庆都市圈边界，能级不高，还无法辐射其他更广泛的区域，唯一的亮点在广安，重庆场核的辐射圈或带动效应已波及至广安。广安可作为未来成渝双城经济圈一体化的“领头羊”，在重庆都市圈制造业向川东北翼的辐射时，广安为最早的承接地带，从而成为突破行政束缚的重庆都市圈腹地。另外，该实证结果也证明重庆都市圈作为成渝地区双城经济圈的另一场核，从而证明了假设成立；同时也实证了表 3.2 研判的重庆都市圈目前处于扩散阶段判断的合理性。

结合 H-H 区域和 L-L 区域来看，重庆经济圈内部 H-H 聚集区域与 L-L 聚集区域形成了断层，而 L-L 区域，从 2000~2019 年一直是 11 个，一直集中于渝东南翼和渝东北翼。从中可说明四点：第一，重庆都市圈能级有限，对渝东南翼和渝东北翼辐射有限。第二，渝东南翼和渝东北翼的制造业发展落后且有连片迹象，并一直与重庆都市圈制造业脱钩，中间存在隔离带，场核对两场点区域，既无“点辐射”也无“轴辐射”。这也实证重庆作为“大城市+大农村”的事实。第三，两翼在制造业上成片的弱势，无法成为重庆都市圈制造业腹地，说明两翼需要转换发展思路，利用可持续性发展思想，未来两翼的发展不在制造业，而在服务业，重点提供生态旅游产品，提供绿色碳汇产品。第四，重庆经济圈“场核”需向成都经济圈借腹地的紧迫性和必要性，从而也给成渝地区双城经济圈一体化带来契机。

第四节　本章小结

本章首先介绍了成渝地区双城经济圈的区位特点，研究地理范围、交通全貌与经济全貌。作为国家顶层战略的密集叠加区，战略区位显著，但与其他三增长极的区域差距依然明显；同时也界定了成渝地区双城经济圈的地理范围与研究对象，并根据研究的需要，将 53 个研究对象，先一分为二，分为成都经济圈和重庆经济圈，然后每个经济圈再一分为三，为成都都市圈、川东北翼、川南翼以及重庆都市圈、渝东北翼和渝东南翼。

其次，本章对成渝地区双城经济圈辐射现状进行了定性判断，从全局视角，

成渝地区双城经济圈作为场点承接其他三极的扩散与辐射；从一域视角，成渝地区双城经济圈的双场核辐射特征显著，成都和重庆都市圈作为双场核，处于工业化发展后期的中期阶段，向外扩散和辐射能量；而成都都市圈和重庆作为场源，处于工业化发展后期的初级阶段，还处于辐射源的形成阶段，处于集聚状态，而其他四翼处于工业化发展中期的初期阶段，作为场点，主要处于被虹吸和被辐射状态。

最后，本章通过 ESDA 空间探索方法实证成渝地区双城经济圈的辐射特征及演化。实证成都—重庆都市圈为成渝地区双城经济圈的双场核的假设成立，并进一步证明双场核目前处于弱辐射阶段，对周边辐射及带动力不强，因此，从全局视角来看，要消除中国区际发展不均衡，提升成渝地区双城经济圈能级是关键，而从一域视角来看，消除区域内部发展不均衡，关键在成都—重庆都市圈双场核的能级提升，但由于数据的不可剥离性和可得性，对重庆都市圈场核的研究，本书扩大到重庆整体，即研究成渝双核的能级提升是解决问题的关键和突破口。基于交通能级和经济能级是城市能级的基石和主导，因此，本书聚焦对成渝双核能级具有支配和基石作用的交通能级和经济能级展开研究。

第四章　成渝双核交通能级测度与分级

基于第一章、第二章的交通能级基本概念和理论基础，结合场论中“场源”与“场”相互依存性等理论，构建区域交通能级测度模型和测度方法，并以此模型及方法对2000~2019年成渝双核的交通能级进行了分别的测度，并对测度的结果，依据成渝双核交通能级发展的增长率速度特征、量变与质变的辩证关系以及对交通能级进行了等级划分。

第一节　区域交通能级测度模型构建

一、理论依据

任何模型的构建，需要依据测度对象的定义与特征，在前人的相关研究成果基础上，对相关测度指标体系进行比较、选择与优化设计。因此，区域交通能级测度的指标选择与测度方法也需要围绕交通能级的定义与特征，在前人有关城市能级测度及城市细分能级测度等的研究成果基础上，构建交通能级的测度模型。

根据前文对交通能级的定义，将所研究的地理空间具象到区域，则区域交通能级是指区域的交通功能能量与级别大小，体现该区域的交通综合发展水平，以

及该区域的交通功能对其以外地区的辐射影响程度。

首先，基于场论中“场源”与“场”相互依存和共存在的理论，提示我们在测度能级时要两者兼备，但实践中，如在城市能级的测度中，往往容易注重实体城市“经济景观”的测度，容易忽略相互作用力“场”的测度。“场源”（实物）与“场”是物质存在的两种基本形态，两者同等重要。因此，在交通能级的测度模型构建时，我们应基于“场论”这一更高层理论，从“内部综合发展水平”+“对外联系水平”的角度构建测度模型。其中，交通的“内部综合发展水平”作为“场源”，刻画的是交通内部实力水平，“外部联系水平”作为“场”刻画的是区域交通与外部的相互作用力，体现的是区域交通对其以外地区的辐射影响程度。

其次，根据空间运输联系互动的性质和互动范围的不同，本书进一步将交通系统分为微循环、内循环、外循环三个交通子系统。如江小娟和孟丽君（2021）、赵文举和张曾莲（2022）曾指出，国际上不同国家的互动和一国之内的互动，互动性质关系完全不同，国际互动所要克服的各种阻力比国内互动更大，且不同发展时期国际互动和国内互动的主次不同。因此，鉴于区域交通对外联系水平中国际、国内互动的异质性，本书将“对外联系水平”进一步分解成国际“外循环”和国内“内循环”两个交通子系统，其中，外循环是指创造和满足区域与国际其他国家的空间运输联系的交通子系统，内循环是指创造和满足区域与国内省际互动的空间运输联系的交通子系统；另外，由于在区域内部，相对于国际“外循环”和国内“内循环”双循环而言，也是一种不同性质的互动，因此，本书将之界定为微循环，是指创造和满足区域内部空间运输联系的交通子系统，相较于对外联系双循环的交通主干动脉，其互动的范围和面积要小，类似支流和毛细血管，但渗透性和灵活性要强，需渗透到“第一公里”和“最后一公里”。微循环实质代表交通“内部综合发展水平”，在于表征区域内部的集聚—扩散水平，从内部扩散理论来看，由于区域内部扩散是内部结构变革，由量变到质变的根本动力，有利于促成区域内部均衡发展，可见微循环是促成区域内部一体化的基石。

最后，根据交通功能的定义，是指所研究地理空间的交通系统所提供产品的作用和功效。以王缉宪（2016）交通系统“双产品”理论为依据，则交通提供“移动性”和“可达性”双产品。“移动性”和“可达性”产品对应两种不同基本作用和功效，即产生了两种不可替代的交通功能。移动性主要满足客、货流位移性需求功能，即满足空间运输联系需求；可达性，作为交通的另一重要产品，主要功能是创造了空间运输联系。根据赵冰（2011）和王林等（2018）有关物流场和客流场理论，客、货流的生成即空间运输联系的生成，是空间客货流生成动力和客货流生成阻力共同作用的结果，因此空间运输联系由客、货流移动的动力和阻力的合力来决定。空间运输联系运行的机理为向动力最大的方向移动法则和向阻力最小方向移动法则。可达性作为客、货位移时间成本，可达性的提高，实质是减少了空间运输联系阻力，假定其他约束条件不变，阻力变小，生成空间运输联系的合力增大，从而使得空间与外部的互动联系增强，从而创造了空间运输联系。可见，“移动性”和“可达性”创造和满足了空间运输联系，是交通功能的核心功能。因此，对交通功能的研究应从“移动性”+“可达性”的“双产品”的角度展开，进而对交通能级测度也应一脉相承，从“移动性”和“可达性”的角度展开测度。

综上所述，基于“场论”这一更高层理论，对交通能级的测度从“内部综合发展水平”+“外部联系水平”互相依存共存的角度展开；基于互动的异质性，本书将区域交通进一步分成微循环（区域内部）、内循环（国内）和外循环（国际）三个子系统，用微循环子系统刻画“内部综合发展水平”，用“内循环”+“外循环”子系统刻画“外部联系水平”。基于交通功能定义，这三个交通子系统分别为区域内部、国内、国际互动提供“可达性”和“移动性”双产品。鉴于此，论文将区域交通能级测度模型进一步展开形成（微循环，内循环，外循环）×（移动性，可达性）3×2=6 个维度的理论框架。

二、模型构建

结合第一、第二章的定义及上文梳理的理论依据，区域交通能级的测度模型，如图 4.1 所示。从图中可见区域交通能级测度模型可构建成 3×2=6 个维度。

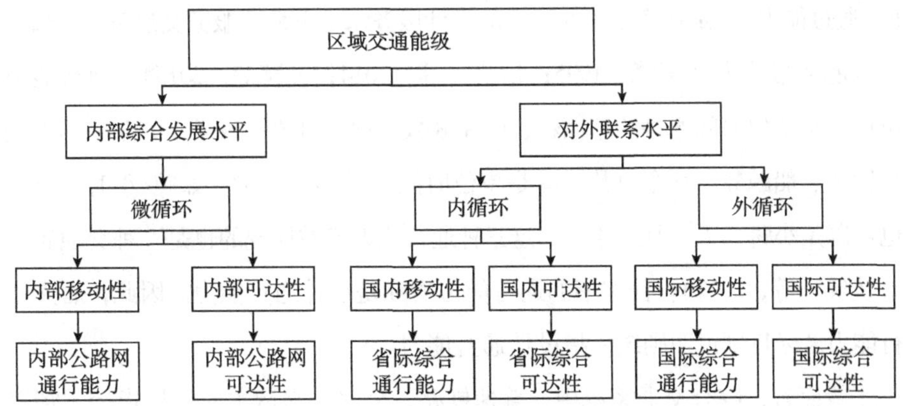

图 4.1　区域交通能级测度模型

（一）移动性

移动性作为交通系统提供的客、货位移产品的能力，即交通系统运输供给能力。若将交通系统比作工厂，移动性即运输供给能力是其中生产的一种产品。但如何评价运输供给能力，正如前文梳理的文献表明：对于移动性的评价，传统评估多从间接指标如“路网规模”“路网密度”等工厂的规模和生产工具来评价其产能，或者从社会经济实际消费量如客货运输量或客货周转量来衡量，但从供给的角度，这几种评价方式都不是真正的工厂生产产量，即不是交通移动性产品供给能力。前者是一种毛估，后者会导致低估。因此，本书采用通行能力来衡量移动性，力图评估真实的交通供给能力，即从供给生产者的角度，用交通系统提供的综合运能来衡量。

根据所考虑的交通运行状态不同，通行能力又可分为：理想通行能力（基本通行能力）、可能通过能力、设计通行能力。理想通行能力是指在最接近理想状态时的线路条件、交通条件与管制条件下，单位时间内点、路段或航段断面的最大交通量，这是一种理论通过能力，是简化研究抽象出来的理想情况，实际并不存在；可能通过能力是指在现实的线路条件和交通条件与管制条件，单位时间内点、路段或航段断面所能承担的最大交通量，其值要小于理想通行能力；设计通行能力

(使用通过能力)，是在实际中在一定的设计服务水平下最大服务交通量，其值又要小于可能通过能力（李峰，1995；杨晓光等，2014；吴颖等，2015）。通行能力的单位可以是单位时间通过的车辆数、船舶舰数、列车对数等数量，如某一标准当量的车辆数、船舰数、列车对数或者是单位时间通过的货运量，如吨/小时。时间单位也可以是小时、天、月、年等。这三种通行能力实质体现的也是一种交通容量思想（沈笑云等，2022）。而本书的通行能力实际是设计通行能力。因此，后文中的通行能力若未特别说明则统一指设计通行能力。

一般而言，综合交通系统中，普速铁路、公路、水运主要承担货运，管道承担特殊产品（原油、成品油、天然气等）的专门运输，而高铁、航空和高速公路主要承担客运，但铁路、水运和航空主要承担长途区际运输功能（吴威等，2007）。而李祯琪等（2016）和鲁渤等（2019）指出公路主要承担中短程运输功能，即临近地区之间的空间经济关联更多的是通过中短程运输的公路来实现，而公路路网密度一般较铁路网、水路网的密度要大十几倍，因此灵活机动性和适应性更强，连通性最高，不仅能作为国内省际互动内循环“主动脉”，而且也是区域内部互动微循环的主要运输方式。吴威等（2018）也曾指出公路最具有普适性，在综合交通系统中还承担其他几种运输方式的集疏运功能，衔接不同运输方式的“第一公里”和“最后一公里”。

因此，结合论文分解的三循环交通子系统分析：区域内部互动微循环作为中短程运输，频率最高，灵活性更强，可形成面互动，需要更高的路网密度；内循环主要为省际主动脉互动，作为中长运输方式，形成点（枢纽）、线（通道）互动；外循环的国际互动主要为长距离运输，形成点（枢纽）、线（通道）互动。鉴于此，微循环的移动性，本书选择了内部公路网的通行能力作为表征指标。内循环移动性选择主干道的省际综合通行能力表征；外循环移动性选择主通道的国际综合通行能力表征。同理，下文中微循环的可达性，本书也选择了内部公路网来表征。

（二）可达性

李平华和陆玉麒（2005）提出起点、终点和交通系统是可达性研究中的三个基本要素。一般出发点以 O（Origin）表示，到达点以 D（Destination）表示，交通可达性，反映某种交通系统在 OD 之间出行的便利程度。这里的交通系统是指 OD 之间采用的运输方式，可以是公路、水路、航空、铁路、管道，或者是几种运输方式组合的多式联运。

根据运输方式采用的不同，在可达性的指标选择上有以下三种：第一种，单一的运输方式的可达性，如单独计算公路（王菲和李善同，2019）、铁路（朱文涛和顾乃华，2020）等 OD 之间的便利程度；第二种，王振华等（2020）用综合可达性指标，即不同运输方式下可达性指数的加权叠加；第三种，田野等（2018）采用多式联运组合下的 OD 便利程度作为可达性指数，即最短栅格时间成本。

本书中三个循环的可达性指标分别选择为：微循环采用第一种，即用内部公路网的可达性表征，因为公路具有灵活机动性和普适性，与上文微循环移动性指标选择相同，在此不再赘述；内循环和外循环都采用综合可达性指标来表征，即省际综合可达性和国际综合可达性，这两个指标不采用第三种多式联运组合方式来表征的原因有二：首先，根据最短栅格时间成本方法，追求的是 OD 之间每个栅格内最短旅行时间成本的累加，其间默认每种运输方式的切换是自由的、零成本的，转换次数是无限的。但实际从一种运输方式转到另一种运输方式并非零成本，如从客运的角度，如果单纯追求最短旅行时间，则会因为转换次数过多，导致旅客体验不好，实际增加了体力成本和精神成本，因此这种方式与实际存在一定的脱钩，导致评价失真。其次，根据荣朝和（1993）的运输化理论，不同运输化阶段的特征不同，在运输化初期阶段对应各运输方式各自独立发展时期，在运输化较完善阶段，多式联运、一体化和可持续交通的特征才日益明显。而论文研究的主要对象成渝地区双城经济圈，在多式联运上还仅处于起步阶段。比如，根据四大增长极 2019 年多式联运和运输代理就业人数对比来看，长三角（14.3 万人）排名第一，是排名最后的成渝地区双城经济圈（1.9 万人）的 7.6 倍，而其他两极依次为粤港澳（5.9 万人）和京津冀（4.4 万人）。可见，成渝地区双城经济圈与其他三极在多式联运和运输代理就业人数差异显著，从中可定性判断成渝地区双城经济圈的多式联运还处于起步阶段并不成熟，即处于各运输方式各自独立发展时期，故而本书选择综合可达性来表征，即先独立计算各运输方式在OD之间的最短旅行时间，再根据相应的权重综合，而不选择多式联运组合下的最短栅格时间成本。

三、测度方法

（一）指标层测度

对区域交通能级测度模型涉及多层次多指标体系的综合评价问题，测度方式是从最底层的指标层开始依次向上传递评价。因此，本书首先从最底层的指标层，介绍其测度方法。区域交通能级最底层指标作为方案层，涉及移动性和可达性的测度方法。

1. 移动性评价

黄承锋（2001）指出区域综合运能由线路区段能力、线路能力、点能力、平行线路通道的通行能力等综合集成。可见，区域综合运能可用区域路网的综合通行能力来表征。

从区域路网形态的角度，综合通行能力可分解为点能力、线路能力、面（点线组合）、综合（点、线面组合）能力等。其中，点、线、面（路网）等通行能力，一般表示为以下的通式（TRB，1998；黄承锋，2001）：

（1）“点”能力。

“点”包括航空、港口、综合交通枢纽、运输场站、收费站、交会站点等。其能力由能够通过的最大客流、货流决定，一般以单位小时的通行能力（或处理能力）表示：

$$Cp=3600/T_{\min} \tag{4.1}$$

其中，Cp 表示点的通过（或处理）能力，$T_{\min}$ 表示单位物体（人或货物）通过点的最小时间。

（2）线路能力。

一条线路（公路、铁路、水路）的供给能力受到其间的某一点或某一区段

的最小通行能力制约或决定，即：

$$C_l = \min \{C_1, C_2, \cdots, C_n\} = \min_{i=1,\cdots,n} \{C_i\} \tag{4.2}$$

其中，C_l 表示线路的运输能力；C_i 表示线路中的第 i 区段的运输能力，等于区段最大运输速度与最大运送密度的乘积，C_i 单位为实体数/小时，可具体为车/小时、人/小时、吨/小时等，时间也可为分钟、天、月、年等；V_{max} 表示最大运送速度（单位：千米/小时）；D_{max} 表示最大运送密度（单位：实体数/千米）；n 表示线路总区段数。

$$C_i = V_{max} \times D_{max} \tag{4.3}$$

将一条线路推广到 n 条平行线路，其通行能力为：

$$C_n = \sum_{j=1}^{n} C_{lj} \tag{4.4}$$

这种平行线路组成的通道的总能力应等于每条线路的能力之和，C_{lj} 表示第 j 条线路单独的通行能力，n 表示通道内平行线路总数。

（3）面（路网）能力。

如何将路网中不同方式的交通通行能力折算为综合交通通行能力是一个非常复杂的命题（李连成，2010）。学界一般将路网的通行能力定义为路网容量（王敏等，2010）。但路网容量的计算方法依然是难点，学界有图论法（Ford & Fulkerson，1956；Nogal & Honfi，2019）、交通分配模拟法、双层规划模型法（Yang et al.，2000）、多目标双城规划模型（侯德勋，2008）等方法，但备受学界认同并认为抓住了问题本质的是法国工程师路易斯·马尚的“时空消耗法”，该理念认为城市路网在一定时段内的物理容量，是受时间、空间限制的。可将路网看成是一个具有时间、空间属性的容器，而该容器在一定时段内的容量就是路网的容量（陈春妹等，2002）。区域路网容量即指一定时段内区域路网上能容纳的最大行驶的机动车的数量，通用公式为（TRB，1998）：

$$C_N = \sum_{r=1}^{8} C_n \tag{4.5}$$

其中，$r = 1, 2, \cdots, 8$ 分别代表高速铁路、普通铁路、高速公路、一级公路、二级公路、三级公路、四级公路、等外公路等线路。

$$C_n = \frac{L_n \times U_n}{V_n} \tag{4.6}$$

$$U_n = U \times \eta \times \mu \times 2 \tag{4.7}$$

其中，L_n 表示研究空间范围内第 n 级线路的总里程；U_n 表示第 n 级线路通行能力；U 表示标准车型理论通行能力；η 表示线路修正系数；μ 表示线路类型修正系数；V_n 表示第 n 级线路车辆平均速度。这种宏观视角的路网容量研究，符合本书的研究尺度。

（4）综合能力。

综合能力实际是点、线、网等的综合运输通行能力。与微循环主要靠区域内部的公路网来支撑和诱导内部扩散不同，内循环和外循环需靠多种主通道运输方式的合力，完成国内和国际互动。而针对多种运输方式的综合通行能力一般采用的公式为：

$$C = \sum_{x=1}^{5} a_x c_x \tag{4.8}$$

其中，x 为运输方式，一般为公路、水运、铁路、航空和管道五种；a_x 为第 x 种运输方式的运输量分担率即权重；c_x 为第 x 种方式的通行能力。

2. 可达性评价

作为交通系统供给角度的另一产品可达性，可达性是指交通系统创造了时空压缩效应，降低了空间阻隔，改善了相应地理空间的区位条件，产生更高的聚集和扩散能力，直接导致更大的客货位移需求量，从而繁荣经济。不同于移动性产品作为派生需求时交通对经济的支撑作用，此时的交通对经济起引领、形塑作用，即创造了需求。

对于可达性的测度比较成熟，本书采用空间阻隔模型，采用式（2.2）计算 T_i，体现一种多对多的平均旅行最短出行时间。对于外循环和内循环的综合可达性即各种运输方式加权的最短旅行时间的评价公式为（阎福礼等，2017）：

$$SA_i = \sum_{X} a_x \times T_{ix} \tag{4.9}$$

其中，SA_i 为城市 i 的综合交通可达性指数；T_{ix} 为城市 i 在运输方式 x 下的

城市 i 到研究空间范围内其他城市最短旅行时间的平均。例如，在内循环省际互动中本书研究的重庆市或成都市通过公路、铁路等运输方式到其他省会城市或直辖市的平均旅行时间。a_x 与式（4.9）含义一致，为运输方式 x 的权重，一般也较多用运输分担率（阎福礼等，2017）。

（二）各层级测度

区域交通能级作为准则层，由下面各层级指标依次按规则并合而成。由于区域交通能级各层级之间指标具有明确的相互独立性，且不同层级之间指标属性及逻辑联系不同，需要针对每一层的特性，采用不同合并法则进行合并，因此本书选择适合该指标体系的多维效用并合法。多维效用并合法并非简单地把多目标进行加权计算，而是根据各个指标层的内在特性及逻辑联系，使用不同的并合规则灵活地对各个目标进行向上并合，建立多维效用并合模型（Amali et al.，2014）。根据指标间不同关系，多维效用并合模型可以分为：距离规则、代换规则、加法规则、乘法规则、混合模型等（彭勇行，2004）。其中，五种规则关系如表 4.1 所示。

表 4.1　多维效用合并模型

规则	关系	模型	备注
距离规则	N 维效用都要满足缺一不可，任一效用达到最大值均不能使合并效用最大	$W(u_1, u_2, \cdots, u_n) = 1 - \sqrt{\frac{\sum_{i=1}^{n}(1-u_i)^2}{n}}$	(4.10)
代换规则	N 维效用对决策主体同等重要且可以互相替代，只要其中一个效用值取最大值并合效用即为最大值	$W(u_1, u_2, \cdots, u_n) = 1 - \prod_{i=1}^{n}(1-u_i)$	(4.11)
加法规则	N 维效用的变化对合并效用的贡献没有本质差别，相互可以线性补偿	$W(u_1, u_2, \cdots, u_n) = \sum_{i=1}^{n}\rho_i u_i, \sum_{i=1}^{n}\rho_i = 1$	(4.12)
乘法规则	N 维效用对于合并效用具有同等重要性，相互之间完全不能替换，只要其中一个效用为 0，并合效用为零	$W(u_1, u_2, \cdots, u_n) = \prod_{i=1}^{n}(u_i^{p_i})$ p_i 为正常数	(4.13)
混合模型	适合于各子系统之间更为复杂关系	代换、加法、乘法规则更为一般的情况	

资料来源：根据文献（刘勘等，2012；王鑫等，2016）综合整理而得。

本书外循环、内循环、微循环的交通供给变化对总能级的效用贡献没有本质差别，可以相互线性补偿，因此是加法原则。

一级指标体系由二级指标体系合并时采用乘法规则，因为可达性和移动性两者对应并合效用同等重要，不可偏废，其中任一效用为0，则总效用为0，因此适合乘法规则。可见，针对可达性和移动性应采用适合乘法规则的式（4.13），结合本书的情况，具体公式为：

$$W(u_1, u_2) = \frac{u_1}{u_2} \tag{4.14}$$

其中，u_1 为移动性，u_2 为可达性，正如前文定义所述，可达性是克服空间阻力的能力，论文通过 OD 对之间到达的最短时间来衡量可达性，是逆向指标，故公式中移动性 u_1 需与可达性 u_2 的倒数相乘才得到两者的并合效用。综合上述，区域交通能级各层级采用的测度模型具体如表 4.2 所示。

表 4.2 区域交通能级各层级多维效用并合模型

层级	各层级指标体系			多维效用并合模型	备注
目标层	区域交通能级			由准则层合并生成	
准则层	内部综合发展水平		外部联系水平	加法法则	（4.12）
一级指标	微循环	外循环	内循环	加法法则	（4.12）
二级指标	可达性		移动性	乘法法则	（4.14）

资料来源：笔者综合整理而得。

第二节 成渝双核交通能级分层测度

本节从目前成渝地区双城经济圈发展阶段的关键环节着手，聚焦成渝双核两中心城市，结合场论中的“场源”+“场”互相依存性，将交通能级从“内部综

合发展水平"+"对外联系水平"双视角考虑，同时将"内部综合发展水平"界定成"微循环"，对外联系水平分成"内循环"和"外循环"，因此两城市的交通能级被分解成微循环、内循环和外循环三个子系统的交通"双产品"测度问题。进一步地，结合成渝双核的交通特征，对图 4.1 区域交通能级测度模型进行了进一步的细化。

正如前文所述，在综合交通体系中，公路作为灵活机动性和适应性最强的中短程运输方式，是区域内部互动微循环的主要运输方式，因此，对成渝双核微循环的内部通行能力和内部可达性刻画，依然选用公路路网来衡量；而内循环综合通行能力考虑公路、铁路、水路、航空和管道五种省际运输方式的综合通行能力，内循环综合可达性仅考虑公路、铁路、航空三种运输方式（管道、水路虽然也主要服务长途运输，但普适性差，故而没有考虑）；外循环综合通行能力和外循环可达性考虑航空、海运、铁路，主要从"一带一路"与古丝绸之路的对接的角度考虑，从中欧班列（成渝）"陆上丝路"、沪渝江海联运"海上丝路"、陆海新通道"环丝路"及空中丝路等国际通道研究其综合通行能力和可达性。具体成渝双核交通能级测度模型的逻辑结构图如图 4.2 所示。

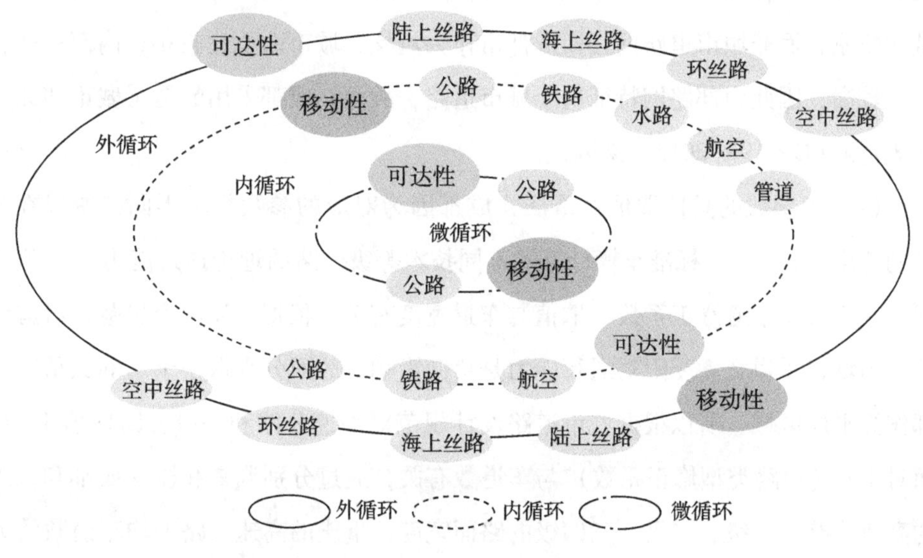

图 4.2　成渝双核交通能级测度模型的逻辑构成

一、微循环

如前文所述，对于区域内部路网通行能力评估是一个复杂的命题，作为“黑匣子”一直是个难点。本书从宏观视角采用“时空消耗法”思想，将路网看成具有时间和空间属性的容器，并且成渝双核内部综合发展水平的评估分解为微循环移动性和可达性“双产品”来评价。

（一）微循环移动性

本书根据查阅四川交通年鉴和重庆交通年鉴的统计资料，收集了成渝双核2000~2019年的公路总里程、高速公路里程、一级公路里程、二级公路里程、三四级公路里程数据（见附录B），根据式（4.5）、式（4.6）和式（4.7），计算出成都和重庆两个核心城市内部路网通行能力的定量结果。

1. 参数取值的依据、标准及取值

（1）各参数取值的依据和标准：重庆和成都市各自内部路网特征不同，采用的标准不同。根据重庆市路网特征，对重庆采用《公路路线设计规范》（JTG D20-2017）取值，主要考虑重庆市作为重庆都市圈场核的扩大化版本，是内部发展极度不均衡性的“大城市”+“大农村”的现实，其内部公路网表现是一种城际联系，而非城市道路网；而成都市作为场核，城市面积比较小，内部一体化程度较高，因此内部路网特征属于城市道路，故而，成都采用的是《城市道路设计规范》（CJJ 193-2012）来取值。

（2）各参数的具体取值：重庆、成都因为对应的参数规范不同，所以在相同的速度下，U（以标准车辆计算的不同技术等级公路的理论通过能力）取值不同，对于η（车道修正系数）取值与车道宽度有关，根据上述两个规范，考虑到重庆山城，车道宽度受限对通行能力是负向影响，故而分别取小于1的数值。成都作为平原区域，所以根据城市道路设计规范对高速公路和一级公路取值1.11；而对于μ（道路类型修正系数）与车道数有关，通过分别调查和梳理成都和重庆的高速公路，一级、二级、三四级的路面宽度，重庆的高速公路平均车道数约为

4.375，成都约为4.875[①]，用其除以基本车道数2，得到μ的取值，重庆、成都分别为2.1875、2.4375；对于1级、2级公路重庆车道数为4，故μ取值为2，而成都作为平原，其一级公路车道数6~8车道，二级为4车道，故一级和二级公路的μ取值分别为3和2，三四级车道为2车道，故μ取值都为1，各参数取值如表4.3所示。

表4.3　成渝双城公路网路网容量的参数取值

参数取值		U（pcu/小时）	η	μ	V_n（千米/小时）
重庆	高速公路网	2100	0.99	2.1875	100
	一级公路网	1800	0.99	2	80
	二级公路网	1400	0.75	2	60
	三、四级公路网	400	0.75	1	30
成都	高速公路网	2200	1.11	2.4375	100
	一级公路网	2100	1.11	3	80
	二级公路网	1700	1	2	60
	三、四级公路网	1600	1	1	30

资料来源：根据《公路路线设计规范》（JTG D20-2017）和《城市道路设计规范》（CJJ 193-2012）等相关规范综合整理而得。

2. 成渝双核公路网微循环通行能力评价结果

根据这些参数结合重庆和成都2000~2019年以来的各等级路网里程数据，则可计算出各级路网的通行能力，汇总则为公路网的总通行能力（见附录C）。将两城的公路网通行能力与重庆、四川交通统计年鉴收集的民用汽车拥有量的数据进行比对，其结果如图4.3所示。

① 由于高速公路等级的车道数不固定，因此重庆、成都高速公路平均车道数来源于笔者通过梳理两城的主干道公路干线及其车道数取平均数得到。

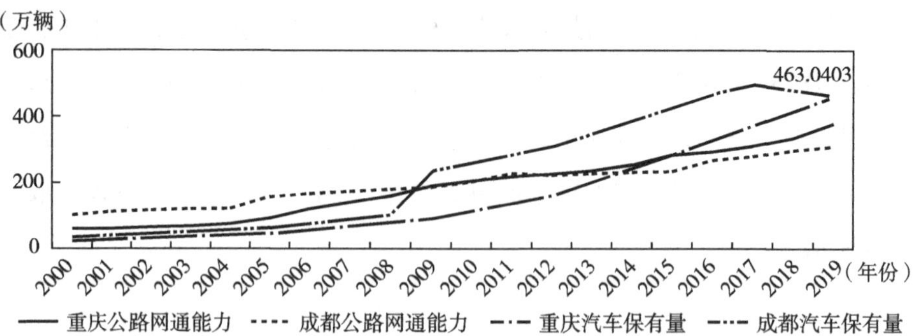

图 4.3　2000~2019 年成渝双核微循环公路网通行能力与民用汽车保有量演变比较

从图 4.3 中可见，两城市路网通行能力都经历了从充裕到基本匹配到不足制约的过程演变。成都在 2008~2009 年，民用汽车保有量超过路网通行能力，并表现为缺口越来越大，现实体现为拥堵严重；而重庆在 2015~2016 年，民用汽车保有量超过公路网通行能力，两者的差距也逐年增加，但相较而言，以 2019 年的数据为例，重庆的公路网通行能力（383.78 万辆）与民用汽车保有量（461.06 万辆）之间的匹配度指数（383.78/461.60=0.83）要比成都（313.61/463.04=0.67）要高，说明两场核都存在一定程度的交通拥堵，路网的通行压力都较大，但成都的更为严重。

（二）微循环可达性

微循环可达性在于评估区域内部公路网的可达性。即以成渝地区双城经济圈的地理范围为圈层，通过公路网，利用式（2.2），计算双核到其他 52 个研究对象 OD 对的平均最短旅行时间。

1. 数据收集及不同技术等级公路的赋值说明

（1）数据收集说明：论文中的公路网矢量数据主要来源于 OSM（Open Street Map）开源地图，这是针对智能交通系统（ITS）和基于位置的服务（LBS）应用需求而生产的地理数据，被认为是全球范围内精确度和完善度最高的矢量地理数据集（Hklay，2008）。由于本书测度的是 2000~2019 年的交通能级，因此本应该测度 20 年间区域内部公路网的可达性，但由于公路路网矢量数据的可得性，

论文只收集到了2000年、2010年、2015年、2019年4个时间断面的公路路网矢量数据，因此论文利用Arcgis10.8软件计算了成渝地区双城经济圈这4个时间断面的内部可达性。

（2）不同技术等级公路说明：我国目前公路分类主要有两类，一类按线路的行政级别分为国道、省道、县道、乡以及专用通道五个等级，一般将国道和省道称为干线公路，县道和乡道称为支线；另一类根据公路的技术等级分为高速公路、一级公路、二级公路、三级公路、四级公路五个等级（曹小曙等，2005）。本书根据《公路工程技术标准》（JTG B01-2014），并结合相关参考文献（田野等，2018；李晓丽等，2020），以及成渝地区多为山区的地形地貌条件，最终将公路的赋值如表4.4所示。

表4.4 双城经济圈公路网赋值表 单位：千米/小时

道路类型	高速	国道	省道	县道	一级	二级	三级	四级
速度赋值（千米/小时）	100	80	60	40	80	60	30	20

资料来源：根据《公路工程技术标准》（JTG B01-2014），结合相关文献（田野等，2018；李晓丽等，2020）综合整理而得。

2. 成渝双核微循环可达性评价

（1）成渝地区双城经济圈可达性计算过程。

根据成渝地区双城经济圈的地理空间裁剪路网矢量数据批量转投影成WGS1984 World Mercator坐标系（1984）并进行路网合并和53个政府驻点合并，本书主要合并了高速公路、国道、省道、一级公路等干线公路。之后，打断相交线，并根据上表的速度在属性表上进行赋值处理。在Arc Catalog目录树中新建网络数据集，并利用Network Analyst功能，将53个政府驻点加载到起点和终点，并进行OD成本分析得到2809条（53×53）联系线。

对线属性表进行的起点Origin ID通过名称进行时间汇总，可以得到每个点到其他所有点的最短出行时间的总和，对总时间平均就可以得到每个点的内部公路网交通可达性。

（2）成渝双核微循环可达性评价结果。

成都作为其中的一个研究对象，其可达性通过平均获得，而重庆是由 38 个研究对象组成的整体，因此将这 38 个对象汇总取平均可得到重庆内部可达性，具体结果如图 4. 4 所示。

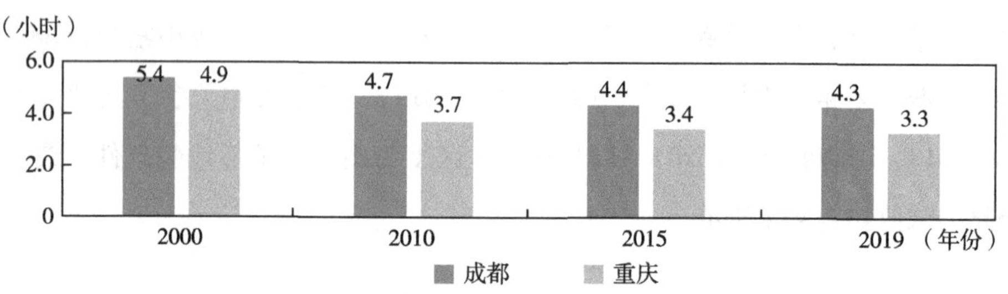

图 4. 4　2000 年、2010 年、2015 年、2019 年成渝双核内部公路网可达性

从图 4. 4 中可以看出，从单独双核来看，重庆的公路可达性较成都有优势，差距在 1 个小时左右。

若以 2019 年为横截面，以渝中区代表重庆“极锥”之点，分析渝中区与其他 52 个研究对象的最短通行时间，同时分析成都与其他 52 个研究对象的最短通行时间，并进行分级呈现。从中可以看出两“极锥点”的公路网可达性演化方向。成都 1 小时可达性沿轴线传递到德阳和眉山市，2. 5 小时的可达性呈辐射状到达绵阳、雅安、乐山、内江、资阳、遂宁市；3. 5 小时的可达性表现为向东辐射特征。

重庆的“极锥点”1 小时经济圈辐射到九龙坡区、江北区、沙坪坝区、大渡口区、巴南区、渝北区、北碚区、江津区、璧山区、南岸区、合川区、永川区、长寿区、綦江区、铜梁区 15 个区，而 2. 5 小时辐射圈包括了武隆区、南川区、潼南区、涪陵区等区县，甚至辐射到成都经济圈行政范围的遂宁市和广安市。

其中，遂宁市是两极核强强辐射的结合点，处于成都和重庆 2 个半小时的辐射圈重叠区，可作为两极核中间地带的公路可达性高地。南充市、泸州市、自贡市表现中—中辐射结合点，处于2.26~3.40小时，即成都市到南充市、泸州市、自贡市的可达性与重庆到三者的可达性基本对等，但若考虑到水路的叠加，尤其是泸州，受重庆的影响要大于成都。而广安市虽处于成都经济圈，但受到成都的辐射影响力明显小于重庆的影响力，重庆到广安的可达性为2.5小时的强辐射，体现真实区位与行政划分的不匹配。另外，重庆对达州的影响也高于成都对达州的影响，从内部公路可达性来看，成渝双城经济圈未来的一体化实现，川东北地区最有区位优势。而结合水路川南地区泸州，宜宾市等也有相对的一体化优势，未来的成渝一体化体现为南北包抄的格局。中间地带是塌陷地带，资阳市虽处于两极核相连的最短直线上，但到两地的可达性都不高。当然处于成渝地区双城经济圈最弱地势应该是渝东北和渝东南地区。这两个亚区域的大部分地区处于两场核辐射双弱的地区，说明公路网在该地区是短板弱势区域，需要补网。

二、内循环

（一）内循环移动性

内循环作为省际互动，内循环移动性主要考虑成渝双核对外通道的综合通行能力，主要考虑公路、水运、铁路、民航、管道所形成的综合立体通行能力。

1. 公路内循环通行能力

（1）相关计算公式及参数取值。

成都—重庆两中心城市公路的对外通行能力，主要取决于对外交通的主干通道的通行能力，论文主要以高速公路和国道作为两城市对外沟通的主干道，通过梳理出两城市的对外出口通道总数，根据每条线路的技术指标计算每条的通行能力，这些所有线路的通行能力之和，即为城市对外的通行能力。

根据《公路路线设计规范》（JTG D20-2017）相关公式和定义，车道年设计通行能力的表达式可推导为：

$$C_{1d}=n_1 365DHV/10000k_{1h} \tag{4.15}$$

式中，C_{1d} 为公路车道年设计通行能力（10000pcu/y）；DHV 为设计小时交通量（pcu/天）；k_{1h} 表示设计小时交通量系数（%），为选定时位的小时交通量与年平均日交通量的比值，通过小时交通量系数可以将小时交通量转换为日交通量（pcu/D）；n_1 为公路车道数。

根据《公路路线设计规范》（JTG D20-2017）的相关规定，可知 DHV 的取值由服务水平和设计速度确定。具体规定与标准如表 4.5、表 4.6 所示。

表 4.5　各公路设计服务水平

公路技术等级	高速公路	一级公路	二级公路	三级公路	四级公路
服务水平	三级	三级	四级	四级	—

资料来源：笔者根据《公路路线设计规范》（JTG D20-2017）整理而得。

表 4.6　各等级公路的 DHV 取值表

高速公路（三级服务水平）			
设计速度（千米/小时）	120	100	80
v/c[①]	0.75	0.75	0.75
单车道最大服务交通量 DHV（pcu/小时）	1650	1600	1500
一级公路（三级服务水平）			
设计速度（千米/小时）	100	80	60
v/c	0.75	0.75	0.75
单车道最大服务交通量 DHV 值（pcu/小时）	1400	1250	1100
二级公路（四级服务水平）			
	80	60	40
v/c	0.64	0.48	0.35
单车道最大服务交通量 DHV（pcu/小时）	1800	650	450
三级公路（四级服务水平）			
设计速度（千米/小时）	40	30	
v/c	0.35	0.35	
单车道最大服务交通量 DHV（pcu/小时）	400	400	

资料来源：笔者根据《公路路线设计规范》（JTG D20-2017）整理而得。

① v/c 是在基准条件下，最大服务交通量与基准通行能力之比。基准通行能力是五级服务水平条件下（$v/c=1$）对应的最大服务交通量。基准通行能力作为最接近理论通行能力的通行能力，本书将理论通行能力等效为基准通行能力。

（2）公路内循环干线梳理。

本书分别梳理了 2000~2019 年成都和重庆两城市高速公路和国道主干道的城际出入口线路。通过梳理汇总，得出截至 2019 年，成都出城主干道 18 条，高速 13 条，国道 5 条。重庆的对外出城主干道 23 条，其中高速 15 条，国道 8 条，并计算出每条线路的通行能力（见附表 D）。

（3）公路干线内循环通行能力评价结果。

将上述对外公路干线梳理的通行能力，按通车时间累加得到 2000~2019 年成都、重庆两中心城市对外公路主干线通行能力，如图 4.5 所示。

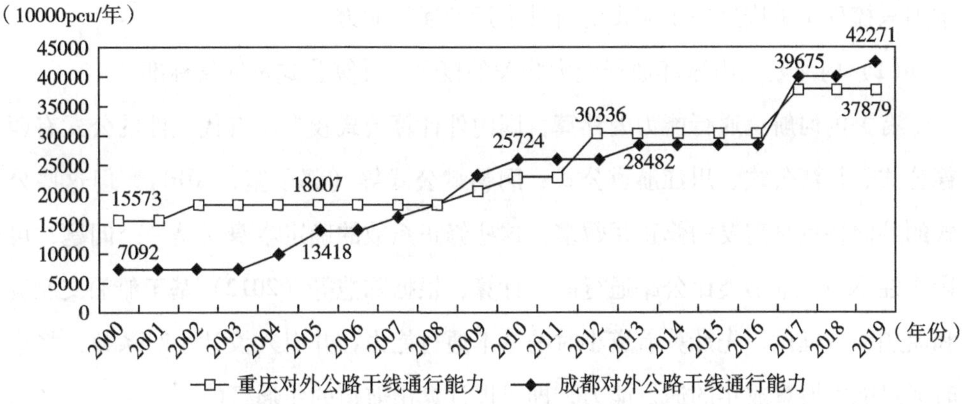

图 4.5　2000~2019 年成都、重庆公路内循环通行能力演化

从图 4.5 中可以看出，成都和重庆对外公路干线的通行能力基本呈等级变化的阶段性特征，尤其成都最典型。重庆的通行能力，在 2000 年约为成都的一半（7092/15573=0.46），起步要低，到 2017 年反超成都。20 年间两城经历了跳跃式质变和渐变式量变的发展。

2. 水运内循环通行能力

成渝地区双城经济圈水运为内河航运，无海运，主要依靠长江黄金水道。而内河航运组织中主要的因素包括港口、航道、船舶、物流等，其中航道是基础和关键（黄镇东，2021）。鉴于此，本书对水运的通行能力主要从关键因素航道的角度，来计算其设计通行能力。港口、船舶等可以看成是配合航道达成其通行能力的辅助设施，而港口的吞吐能力只能作为定性的参照。

因此，本书水路的设计通行能力与公路设计通行能力思路一致，首先也是分别梳理重庆、成都这两个城市通过水运与外界联系的主干道，其次根据这些主干道的设计通行能力和通航的时间等进行汇总，就可以计算出其各年的通行能力。

不过，从成都经济圈来看，虽然其构建了“四江六港”的水运体系，但从聚焦“场核”成都来看，水运是其硬伤和短板：从港口吞吐量来看，2020 年重庆的港口吞吐量为 16498 万吨，四川仅为 1360 万吨，主要贡献还在泸州、宜宾等与长江黄金水道相连的城市，与成都关系不大。鉴于此，对外水运通行能力，本书只梳理了重庆这一个城市的对外水运的通行能力。

（1）内河航道内循环通行能力相关的概念、计算公式及取值标准。

有关内河航道通行能力的计算，国内外计算公式较多。有代表性的公式有西德公式、长江公式、川江航道公式、闵朝斌公式等（郭子坚，2010），但这些公式的共同特点是需要的修正系数多，这些修正系数的确定本身又是一个问题，可操作性不强。本书类比公路通行能力计算，根据陈恺等（2012）基于船舶交通流和船舶领域理论，先计算航道小时的基本通过能力，并引入设计小时系数，将小时通过能力换算成年的通过能力，即可以计算出航道的年通行能力。

船舶交通流量，类似于道路车流量，是指某一规定时段，通过一条航道或航道某一断面的船舶总数。船舶交通流量的大小直接反映航道内交通繁忙程度。其大小与交通流密度和船速有关，具体表达式为（王殿海，2002）：

$$Q=V\times K \tag{4.16}$$

其中，V 为船舶平均速度（千米/小时）；K 为交通流密度，它表示船舶之间相互接近的程度，反映在交通流中驾驶的自由度，其取值与船舶领域有关。

$$K=1000/r \tag{4.17}$$

其中，r 为船舶领域的长轴长度（米）。

日本学者滕井（1981）最早提出船舶领域的概念，是指船舶之间保持安全航行的一个领域，这一领域在船舶驾驶员之间自觉地保持着，即以船舶（被避让船

舶）为中心、长半轴沿船长方向、短半轴沿船舶正横方向的一个椭圆。而船舶领域（椭圆形）的长半轴和短半轴的取值与航速、水流等因素有关。

船舶的交通流的速度 v 与密度 k 的关系为（张家华和岳巧红，2006）：

$$v=\begin{cases} v_f & k\leqslant k_s \\ v_f\cdot \dfrac{k_j-k}{k_j-k_s} & k<k_s<k_j \\ 0 & k=k_j \end{cases} \tag{4.18}$$

$$k_s=1000/（\alpha L_0） \tag{4.19}$$

$$k_j=1000/（1+\beta）L_0 \tag{4.20}$$

其中，v_f 为船舶畅行速度 km/h；k_s 为船舶交通流转折密度，是指船舶处于畅行速度时单位航道所能容纳的最大船舶数量，单位：艘/千米，如果 $k\leqslant k_s$ 此时对应的航道服务水平是 1 级；k_j 为船舶交通流阻塞密度，船舶因为交通拥堵无法航行时单位长度航道所能容纳的船舶的最大值，单位：艘/千米，此时对应的航道服务水平是 4 级（刘赛龙和蒋璘晖，2014）；α 为船舶领域的长轴参数，表示不同水域内船舶安全距离参数，内河航道中一般取 5~6，结合双城经济圈处于长江上游地区，河流曲折，落差大，所以取大值 6；β 为船舶间距系数，一般取 0.5；L_0 为航道船舶标准长度。

而根据式（4.16）可得到：

$$Q=\begin{cases} v_f\cdot k & k\leqslant k_s \\ v_f\cdot \dfrac{k_j-k}{k_j-k_s}\cdot k & k<k_s\leqslant k_j \end{cases} \tag{4.21}$$

航道的基本通行能力是指航道条件和交通状况都处于理想状态下，由技术性能相同的一种标准船舶，以最小的船舶间距连续行驶的理想交通流，在单位时间内通过航道断面的最大船舶数，也称理论通行能力。其表达式为：

$$C_2=（T\times M\times Q）/10000 \tag{4.22}$$

其中，C_2 为水运航道的理论通行能力（万吨）；T 为通航时间；M 为船舶的平均吨位。

由式（4.21）可以计算 Q_{max}，而当 $Q=Q_{max}$ 时，此时对应 k 值为千米，即船舶交通流临界密度（艘/千米）。

当 $k=\frac{1}{2}k_j$ 时，$\max\left\{v_f\times\frac{k_j-k}{k_j-k_s}\times k\right\}=\frac{v_f k_j^2}{4(k_j-k_s)}$，即：

$$Q_{max}=\begin{cases}v_f\times k_s & k_m=k_s>\frac{1}{2}k_j\\ \frac{v_f\times k_j^2}{4(k_j-k_s)} & k_s<k_m\leqslant\frac{1}{2}k_j\end{cases} \tag{4.23}$$

航道的年设计通行能力计算公式：

$$C_{2d}=365n_2C_2/k_{2h}=\frac{365nMQ\max}{10000k_{2h}} \tag{4.24}$$

其中，C_{2d} 为航道的年设计通行能力；n_2 为航道数；k_{2h} 为航道设计小时系数，表示航道设计小时交通量与年平均日交通量的比值。通过设计小时系数可以方便地将航道小时基本通过能力折算成日设计通行能力，再通过日通行能力乘以365天，就可以得到有一定保证率的航道年设计通过能力，从而实现微观交通流与宏观通过能力的转换。设计小时系数可根据经验在0.14~0.16选取（张玮等，2016）。结合成渝地区双城经济圈内河水运河道曲折的特点取0.16。

（2）水运内循环主通道的梳理。

重庆主要通过“一干两支六线”的水道与外省互通，由于小江、大宁河、梅溪河、綦河作为非主干通道，有的航道为等外通行能力不高，如綦江通航能力是50吨，有的并没有省际出口如小江、大宁河、梅溪河等，所以这几条支线不在论文梳理范畴。本书主要梳理了“一干两支两线”（长江主干，嘉陵江、乌江两支，涪江、渠江两线）与外界省际出口的通行能力情况。

通过梳理可知，重庆水运主要在长江主干道，但重庆到宜昌下游的设计通行能力将受制于三峡大坝的通过能力。而重庆水运的两支两线一直处于规划梯级建设中或尚未开工，其航道的通行能力并没有完全释放。例如，嘉陵江作为国家批准的18条高等级航道，一直处于全江梯级渠化的开发建设中，30年来一直处于断航状态，于2019年6月29日才实现全江通航。而同样，乌江从2003年开始

修建水电而断航，到 2020 年 6 月 28 日省际交界处才通航。而涪江和渠江的省际出口处通航的时间也都较晚。

（3）水运内循环通行能力评价结果。

根据上述公式，结合《内河通航标准》（GB 50139-2014）中天然和渠道河流航道代表船型作为标准，可以计算出重庆“一干两支两线”的设计通行能力（见附录 E）。

与汇总对外公路通行能力的方法一致，通过重庆“一干两支两线”通航时间及设计通行能力，可得到 2000~2019 年重庆的水运对外通行能力，同时论文通过重庆交通统计年鉴收集了重庆 2000~2019 年的客、货运量，并将其客运按经验取值 3∶1 的比例折换成统一以吨为单位的货运量，从而得到 2000~2019 年的重庆水运客货综合运量，并与计算出的内循环水运通行能力进行对比，如图 4.6 所示。

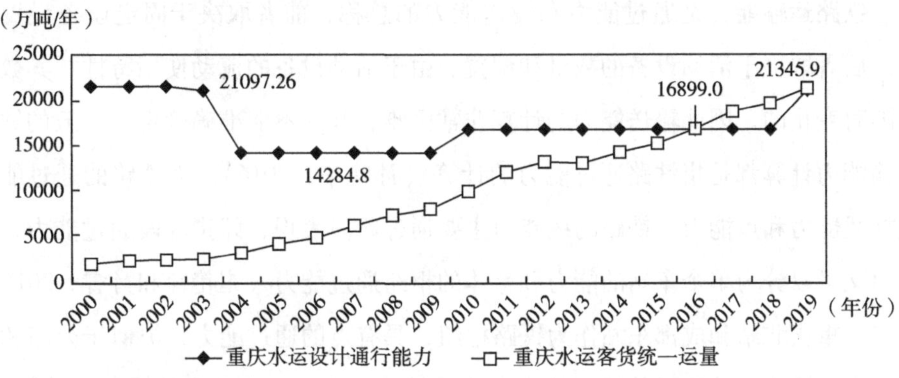

图 4.6　2000~2019 年重庆水运内循环通行能力与水运客货统一运量对比

从图 4.6 中可见，重庆内循环水运通行能力在 2004 年有一个大幅度的下降，主要原因在于三峡大坝的蓄水运营，其区段的通行能力开始受制于三峡大坝船闸双向过货能力，因为其设计双向能力 10000 万吨，小于重庆—宜昌主干道 12978 万吨的通行能力，所以从 2004 年开始重庆与下游的水运通道的通行能力下降为 10000 万吨，这个成为制约重庆—宜昌段通行能力的主要因素，而 2010 年通行能力的提升原因在于宜宾—重庆主干道从四级升级为三级。2019 年之后能级提升是因为嘉陵江、乌江、渠江及涪江等渠化工程逐步完工和逐渐通航，释放了两支两线各自的部分运能。

从重庆水运通行能力和实际客货统一运量比较上来看，实际客货统一运量在逐渐攀升，说明内循环水运需求在攀升，但水运通行能力由于受制于三峡大坝过闸量的限制，逐渐不能匹配实际货运逐年增长需求，如 2018 年的数据显示，三峡大坝船闸日待闸船舶 1080 艘，待闸时间突破了 200 小时①，可见三峡大坝拥堵常态成为重庆水运通行能力最大的制约因素。而从图中显示，在 2015～2016 年两线交汇开始，通行能力已经制约了现实需求，所以需要不断释放水运支线等因渠化等工程而停航的通行能力。

3. 铁路内循环通行能力

（1）铁路内循环通行能力相关概念、计算公式及取值标准。

铁路运输能力是通过能力和输送能力的总称，前者取决于固定设备设置条件，后者取决于活动设备的数量和配置。由于活动设备的流动使用特性，其数量是随时变化的，因此输送能力的计算非常困难，几乎不能准确确定。一般的铁路运输能力计算都是指铁路通过能力的计算（孙晚华，2016）。而铁路的通过能力包括线能力和点能力。铁路的线能力主要通过区段表现，即指区段通过能力；点能力又可以分为单个车站的能力和整体的枢纽通过能力（崔艳萍和肖睿，2015）。例如，重庆北站和成都东站作为铁路枢纽，具有点的通过能力。类似于公路和水运，本书研究的铁路对外通行能力，依然是线能力，而不是点能力。具体而言，铁路区段通过能力是指铁路在某一方向的区段上，在现有固定设备设施和一定类型的机车、车辆和行车组织方法的条件下，单位时间内（通常指一昼夜）所能通过的最大列车数或对数（包维民，2002）。

根据相关文献的整理，区段通行能力的计算方法主要可分以下三类：前两类，根据同一区间同一方向是否混排其他不同速度或不同运输对象的列车，分为

---

① 央视财经．紧急！船闸待闸时间已超 200 个小时，如何突破长江三峡的运力瓶颈？［EB/OL］. https：//www. sohu. com/a/247407265_ 114960.

平行运行图和非平行运行图，如同速的货运专线为平行运行图，客货混运则为非平行运行图；第三类，不论是否为平行运行图，用平均最小列车时间间隔法计算，目前常用的是在保障运输服务质量而考虑必要的缓冲时间的最小列车时间间隔法，这是一种引入服务水平思想的区段通行能力计算方法。

第一种，平行运行图计算法。平行运行图是指同一区间内专线列车在同方向上运行速度相同，且上下行方向列车在同一车站上都采取相同的交会方式，在运行图的铺画过程中，总是一组一组的列车组重复铺画（郭晓清，2015）。根据线路的单双线情况又分为两种计算方式：

平行运行图的单线通过能力基本计算公式如下（伍杰源，2020）：

$$N_{平单}=\frac{1440-T_{天窗}}{I_{平}} \tag{4.25}$$

其中，$N_{平单}$是单线平行运行图通过能力（对/天）；$T_{天窗}$是指线路因维修、施工、电力牵引接触网等检修所封锁的时间（分）；$I_{平}$是指平行运行图同方向运行列车间隔时间。

平行运行图的双线通过能力，在装有自动闭塞区段，通常采用追踪运行图，其区间通过能力计算公式：

$$N_{平双}=\frac{1440}{I_{追}} \tag{4.26}$$

其中，$N_{平双}$为双线平行运行图通过能力（对/天）；$I_{追}$为追踪列车间隔时间。

第二种，非平行运行图扣除系数计算法。它所依据的根基还是来自于平行运行图，它需要保证在区段线路上运行的列车数量以一种列车（如货运）为主，这样线路就具有平行运行图的特征，而其他列车（如客运）为少量辅助。换言之，即该方法适用于以“基准列车”为主，而需要换算的“非基准列车”为辅的混运模式。其原理是将“非基准列车”开行对数按占用通过能力的系数换算成“基准列车”开行对数，并进行等量替换，从而得到非平行运行图的通行能力。比如以货运为主，客运、快货、摘挂等为辅助的区段扣除系数计算法公式如下（闫海峰，2019）：

$$N_{非货}=N_{平货}-\varepsilon_{客}\,n_{客}-(\varepsilon_{快货}-1)\,n_{快货}-(\varepsilon_{摘挂}-1)\,n_{摘挂} \tag{4.27}$$

$$N_{非}=N_{非货}+N_{客} \tag{4.28}$$

其中，$N_{非货}$是非平行运行图货物列车开行的列数或对数；$N_{平货}$是平行运行图货物列车开行列数或对数，即基准列车不混排的正线数目；$n_{客}$、$n_{快货}$、$n_{摘挂}$分别为不同类型的列车在运行图上铺画的列数或对数；$\varepsilon_{客}$、$\varepsilon_{快货}$、$\varepsilon_{摘挂}$分别为不同类型列车的扣除系数。本书主要考虑客货的换算，$\varepsilon_{客}$在单线自动闭塞条件下取值1，在半自动闭塞下取1.1~1.3；而$\varepsilon_{客}$在双线半自动闭塞下取1.3~1.5。在三显示①双线自动闭塞条件下$\varepsilon_{客}$的取值在1.6~2.6。

第三种，最小列车时间间隔法。这种方法兼容平行运行图与非平行运行图，仅考虑不同种类的各组列车在线路上行驶时所需要的列车间隔时间的平均值，并引入保障列车运行质量的平均必要的缓冲时间，具体计算如下：

$$N=\frac{1440-T_{天窗}}{\overline{I}+\overline{t}_{erf}} \tag{4.29}$$

其中，N为有效时间内可开行的列车对数（对/天）；$1440-T_{天窗}$为一昼夜24小时的有效时间（min）；$\overline{I}$为区间平均最小列车间隔时间（min）；$\overline{t}_{erf}$为运行图必要的缓冲时间（min），作为保障列车准点率服务质量的主要参数，其取值是关键，主要依靠列车晚点传播的后效晚点时间反推（高默，2017）。

但模型一般仅考虑了某列车源晚点向后传播晚点的情况，未考虑其后续列车也会产生源晚点及传播的情况，模型所假设的条件与现实复杂的晚点情况匹配度不高，而且利用计算出的$\overline{t}_{erf}$仅与区段实际通行能力相关，而与设计通行能力无关。但可以根据火车远景（交付运营后第20年）设计通行能力反推设计的运行图必要的缓冲时间上限值，具体计算如下（辜雪菲，2020）：

$$\alpha=\frac{(1440-T_{天窗})\,d_{有效}}{N_d}-\overline{I} \tag{4.30}$$

① 我国铁路自动闭塞区段的通过信号是三显示信号（红、绿、黄）灯，铁路提速和高速区段的通过信号是四显示信号，本书的非平行线路图的铁路速度主要在200千米/小时以下，速度并不快，因此主要是三显示型号，所以客货替换系数直接采用的三显示的取值表。

其中，α 为设计的运行图必要缓冲时间上限；$d_{有效}$为有效度系数，区间段时间扣除必要的天窗时间后，区间段可供有效利用的系数。一般取值在 0.88~0.91（彭其渊和王慈光，2007）；N_d 为区段线路远景设计的通行能力（对/天）。

$d_{有效}$实质是可类比公路、水路的 v/c 值，体现的是设计通行能力与最大通行能力之间的比值，取值越低说明给区段留有的机动时间越多，使区段的通行能力留有一定的余地，所获得的服务水平越高，如准点率、安全。但也不能无限雪藏，导致储能过大造成浪费。若采用与公路、水路服务水平类比的形式，不同 $d_{有效}$对应不同的服务水平，从而 α 这一缓冲时间也可以称之为对应不同的服务水平的必要的缓冲时间上限。

例如：以遂成段的远景年设计通过能力 130 对/天①，根据《铁路线路设计规范》（TB10098－2017），$d_{有效}=0.9$，$T_{天窗}=240$ 分，$\overline{I}=3$ 分，利用式（4.28）则可计算出 $\alpha=5.3$ 分，利用此运行图的必要缓冲时间上限，可作为成都、重庆对外铁路主干道平均必要的缓冲时间的参照比对标准。

同时，由于同一区域不同线路所面临的自然因素（地形条件、气候条件）、人为因素、设备因素等晚点因素特质较接近，故而若同一区域其他线路在远期设计通行能力数据缺失的情况下，不妨可以利用这一设计的必要缓冲时间上限，利用式（4.29）反推估计其设计通行能力。

从 1997 年以来，中国火车速度经过 6 次提速，目前速度在 200 千米/小时以上的火车主要以客运为主，体现了现阶段人民日益增长的美好生活需要对交通品质需求中的“快”质需求，体现了一种服务水平。安全、快捷、准点、舒适等服务质量成为客运需求的关键，因此针对客运可引入不同服务水平等级的铁路通行能力计算。因为最小列车时间间隔法，是有考虑保障运行服务质量的通行能力，与公路和水路计算通行能力引入服务水平类似。鉴于此，本书对货运和客货混运，分别采用式（4.25）（平行运行图单线）、式（4.26）（平行运行图双线）和式（4.27）、式（4.28）（非平行运行图）计算，而客运将采用引入服务水平

① 沪汉蓉高速铁路（遂成段），速度 200 千米/小时，双线，以客运为主，近期 74 对/天，远期 130 对/天，见 http：//www.360doc.com/content/16/0519/21/31004655_ 560553103.shtml.

的式（4.29）、式（4.30）进行铁路通行能力的计算。

综上所述，结合相关规范及相关工程实践，不同速度的铁路设计通行能力梳理如表 4.7 所示。

表 4.7 不同速度铁路通行能力

类型	V（千米/小时）	$T_{天窗}$	所用公式及相关参数取值	N_d（对/天）	山区N_d（对/天）
高客双线	≥250	**240**	式（4.26）：$\bar{I}$=3 分，$\bar{t}_{erf}$=5min[①]，$d_{有效}$=0.88	132	*NA*
快客双线	200	**240**	式（4.26）：$\bar{I}$=3 分，$\bar{t}_{erf}$=5.3min，$d_{有效}$=0.9	130	*NA*
普通双线	80~200	**120**	式（4.24）：$I_{追}$=6~12 分	120~240	$N_{非货}+\varepsilon_{客}N_{客}\leqslant$ 120[②]
普通单线	80~160	**90**	式（4.23）：$I_{平}$=***30*** 分	45	**35**

资料来源：根据 TB10098-2017，中铁二院内部报告资料等综合整理而得。其中，斜体加粗字体取值来自于 TB10098-2017；黑体加粗来自于中铁二院经验取值。

由于表 4.7 所计算的通行能力是每天所发的列车的对数，还需对之进行年设计通行能力的转换。

但转换过程中还有一个需要解决的问题，即客运量和货运量如何统一量度。根据 TB10098-2017，对客货共线情况下的客运量转货运量有相关标准，即“1 对/天旅客列车按 1.0MT（100 万吨）年货运量进行折算”。不过，对于客运专线，若要按客货共线一样的处理方式进行转换，也同样需要相关的转换标准和规定，但 TB10098-2017 中并无相关标准和规定，因此论文将用万人/年的单位来

① $\bar{t}_{erf}$=5 分，是根据文献（邓鹏．关于我国高速铁路列车运行图缓冲时间的研究［J］．交通运输工程与信息学报，2014（3）：27.）以最小间隔 3 分钟为算例计算的合理取值。在本书算例 α=5.3 分参考上限之内。

② 该取值来自于中铁二院的经验取值，即区段开行的货运对数和等量替换的客运对数不能超过 120 对/天。

衡量客运专线的年设计通过能力。即从供给的角度，将铁路提供的产品进行了细分，第一类产品体现满足“质”的需求，从论文的视角即高铁、快速铁路提供的快速客运服务，即将列车时速 $V \geqslant 200$ 千米/小时的客运服务统计为高质量快交通产品市场；第二类产品体现满足“量”的需求，从论文的视角，即列车时速 $V<200$ 千米/小时的货运、客货运共线所提供的服务，可将其中的客运按货运量折算，通过重量单位，统一度量衡，最终体现满足“量”需求的能力。

第一类，高质量快交通客运的年设计通过能力为：

$$C_{3d1}=\frac{2\times 365N_d\rho}{10000} \tag{4.31}$$

其中，C_{3d1} 为火车区段满足高质量快交通需求的年设计通行能力（万人/年），其中，如果有些铁路客运专线能查询到远景设计通行能力的，则以此数据为准，若不能查到相关设计标准，则按式（4.31）计算；N_d 为快交通客运的设计通过能力（对/天）；ρ 为快交通客运列车所能提供的位次（人/列）。

第二类，货运及客货共线铁路的年设计通行能力为重车方向的货运量与由客车对数折算的货运量之和，转换公式如下：

$$C_{3d2}=\frac{365N_{d货}\,Q_{总}\,\varphi}{10000k_{波}}+100N_{d客} \tag{4.32}$$

其中，C_{3d2} 为火车区段“量”的年设计通过能力（万吨/年）；$N_{d货}$ 为火车区段设计通过的货运列车数量（对/天）；$N_{d客}$ 为火车区段设计通过的客运列车数量（对/天）；$Q_{总}$ 为货物列车平均牵引总重；φ 为货物列车平均静载重系数，可由统计数据经验而定，计算公式为 $\varphi=Q_{净}/Q_{总}$ $\varphi=\frac{Q_{净}}{Q_{总}}$，$Q_{净}$ 为货物列车平均承载的货物净重，φ 一般取值为 0.65~0.75，本书的 φ 统一取值 0.65，$k_{波}$ 为年度货流密度波动系数，一般取 1.1~1.2。而本书 $k_{波}$ 取值为 1.1。

而对于第二类客货共线情况需要说明的是，在速度为 200 千米/小时的线路中，需要特别处理，要将客运按式（4.31）计算统计，而不再是将客运量按 1 对/天=1.0 吨的方式统一折算成货运量。因为，此时的客运体现的是满足高质量快交通需求的能力，从而将其统计在高品质设计通行能力中。而货运依然按式（4.32）计算。

（2）铁路内循环干线的梳理。

本书梳理了成都和重庆的对外干线铁路。2019 年，成都形成了“1 环（成都枢纽环线）10 射（西成高铁、成渝高铁、成贵高铁、遂成铁路、成雅铁路、成灌铁路、宝成铁路、成渝路、达成铁路、成昆铁路）”的铁路网络，其中除成灌铁路为成都内部铁路线外，其他 9 条线路为成都铁路对外通道；而重庆基本形成“1 枢纽（重庆铁路枢纽）10 干线（成渝铁路、成渝高铁、遂渝铁路、兰渝铁路、襄渝铁路、渝利铁路、黔张常铁路、渝怀铁路、渝贵铁路、渝黔铁路）2 支线（达万铁路、宜万铁路）”的铁路对外通道。

而结合上述公式和取值标准，利用式（4.31）计算成都、重庆两城对外的铁路快交通客运通行能力，利用式（4.31）、式（4.32）可计算出其他非快线铁路干线年设计通行能力，同时本书将所推算的客运快线设计通行能力与通过查阅文献收集到的相应的铁路干线远景设计通行能力进行比较，两者量级一致，具有较强的一致性，因此说明此算法用来估算高质客运的设计通行能力具有可行性（见附录 F）。

（3）铁路内循通行能力评价结果。

采用类似公路、水路的汇总方式，可以得到 2000~2019 年成都和重庆两城市对外的铁路通行能力。不过，本书按市场需求进行细分，分为两类进行汇总，即从普通速度“量”设计通行能力和快速“质”设计通行能力（高质量快交通客运设计通行能力）的时序供应情况进行分类统计，并和重庆、成都统计年鉴的 2000~2019 年的货运量、客运量进行对比分析。

首先，从普速“量”的通行能力来看，如图 4.7 所示。

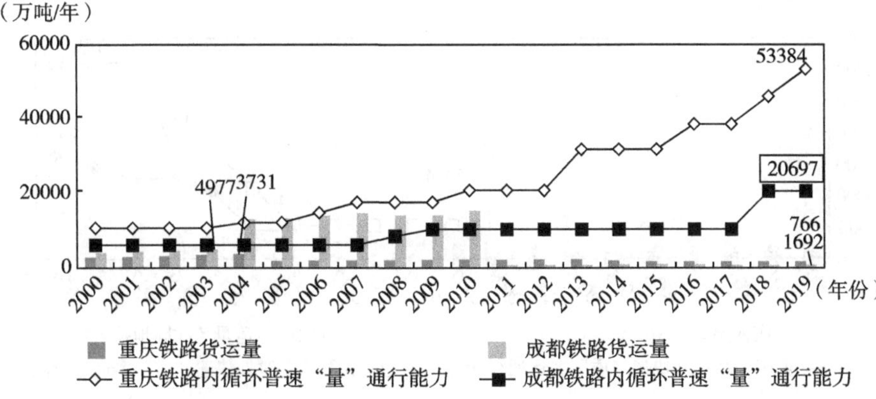

图 4.7　成都、重庆内循环铁路普速“量”通行能力与实际货运能力演化比较

从图 4.7 中实际货运量来看，2000～2019 年成都、重庆数据呈逐渐递减规律，与公路运量逐渐递增规律正好相反。不过需要说明的是，图中成都铁路货运量 2004～2010 部分数据异常，主要原因在于，在 2005 年由于成都铁路分局撤销，导致 2004～2010 年统计数据为西南三省合并后的铁路局数据①。而从图中的数据标签可以看出，重庆铁路货运量在 2004 年达到峰值 3731 万吨，从 2005 年开始呈现等级性下降趋势，到 2019 年降为 1692 万吨。而成都的铁路货运量（剔除异常曲线段），从 2003 年的 4977 万吨下降到 766 万吨，两者的数据共同体现了铁路在普速货运“量”市场方面的阶段性退出现象。从“量”的设计通行能力来看，总供给能力显示过于超前，从 2019 年的数据来看，重庆的远景设计通行能力为 53384 万吨，是实际货运量 1692 万吨的 32 倍，而成都 2019 年的远景设计通行能力为 20697 万吨，是实际货运量 766 万吨的 27 倍，体现了从普速“量”需求方面的供给严重过剩。

其次，从快速“质”的通行能力来看，如图 4.8 所示。

① 夏波，等．成都统计年鉴 2020［M］．北京：中国统计出版社，2020：218.

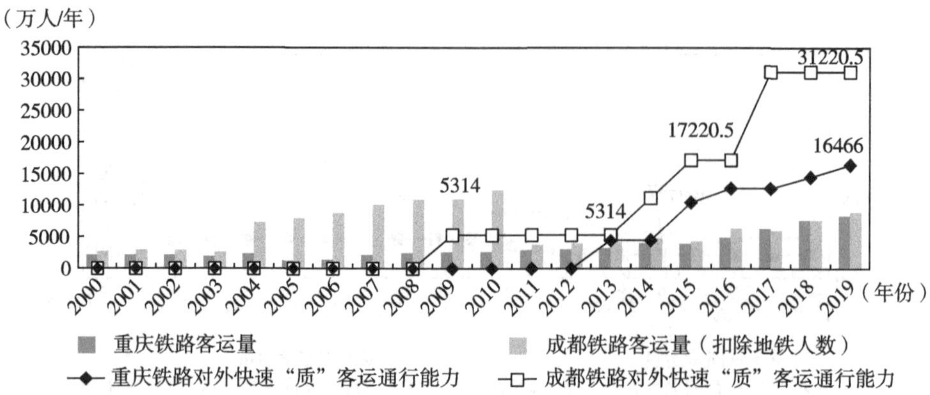

图 4.8　2000~2019 年成都、重庆内循环铁路快速“质”通行能力与实际客运对比变迁图

关于图 4.8 中的数据需要说明两点：第一，2004~2010 年成都的铁路客运数据与上文的货运数据存在相同的问题，其统计的依然是西南三省总的铁路客运数据，可以作为异常段剔除；第二，在 2011~2019 年的《成都统计年鉴》中铁路客运数据包括了市内地铁客运数据，因此，本书对该数据进行了处理，即减去了地铁客运值，从而得到成都铁路客运数据。

显然，从实际客运量来看，若剔除成都铁路客运异常段（2004~2010 年），则从图中可以看出成都、重庆的铁路客运数据呈现稳步上升趋势，与图 4.10 中两城市的铁路普速货运递减趋势正相反。可见，铁路“质”与“量”的需求呈两极分化，“质”增“量”减。

但从供给侧的角度，两城市供给能力分化严重，成都远高于重庆，不仅在供给时间上比重庆更早启动，而且供给能力处于更高层级。比如从 2019 年的数据来看，成都远景设计通行能力约为重庆的 2 倍（31220/16466）。若从近期设计通行能力的角度考虑，若假设近期设计通行能力为远期能力的 50%，重庆能提供的近期设计通行能力约为 164466/2 = 8233（万人/年），则显然已与重庆实际 8407 万人/年的客运量不匹配，说明重庆在满足高质量快交通的能力上存在不足，未来在此供给上需要补网，如正在修建的渝昆高铁、渝湘高铁和郑万高铁等。同时由于普通货运通行能力的过饱和供给，则可利用既有普通货运线路进行提速升级

改造，从而提供更多快速客运能力，实现“量”供给到“质”供给的经济型转换。作为成都虽然在“质”供给能力上处于更高的层级，但是聚焦到具体线路也还存在瓶颈制约问题，如北出通道西成高铁上座率平均已经高达95%，未来存在扩能问题。

4. 航空内循环通行能力

（1）航空通行能力相关概念、计算公式及取值标准。

航空作为快速“质”的交通方式，其设计通行能力（C_{4d}）的估算与前面三种通过线能力的估算方式不同，因为其制约航空通行能力的主因素不在线路，而是在点能力，即机场。故而，本书通过梳理成都和重庆两城市的机场信息，按时间年限进行机场吞吐能力的统计。一般机场的年设计通行能力（吞吐能力）可以在相关网站上查询到相应数据，少部分无法查询的则可根据航站楼面积反向推算。《民用机场总体规划规范》（MH5002-1999）中规定机场建设时应根据预测的年旅客吞吐量和典型高峰小时旅客数进行航站楼面积计算，机场吞吐能力和航站楼面积的关系，如表4.8所示。

表4.8　按年旅客吞吐量估算旅客航站楼的面积　　单位：平方米

类别	每百万旅客所需建筑面积 τ
国际旅客航站楼	12000~16000
国内旅客航站楼	7000~10000

资料来源：《民用机场总体规划规范》（MH5002-1999）。

根据表4.8，若已知建成的机场航站楼面积则可以反向估算出其设计的年旅客吞吐量。其具体计算公式可以为：

$$C_{4d}=100\frac{S}{\tau} \tag{4.33}$$

其中，C_{4d} 为机场的设计通行能力（万人/年）；S 为机场航站楼的面积（平方米）；τ 为每年百万旅客吞吐量所需的航站楼的面积，其中本书中国际航站楼取值为 12000 平方米/百万人，国内航站楼取值 10000 平方米/百万人。根据此思路本书梳理收集的重庆、成都机场的设计通行能力（见附录 G）。

（2）航空内循环通行能力评价结果。

同样按通航时间顺序汇总可得出 2000~2019 年成都、重庆两城市的对外航空客货通行能力与实际客货运量的对比变迁图，如图 4.9、图 4.10 所示。

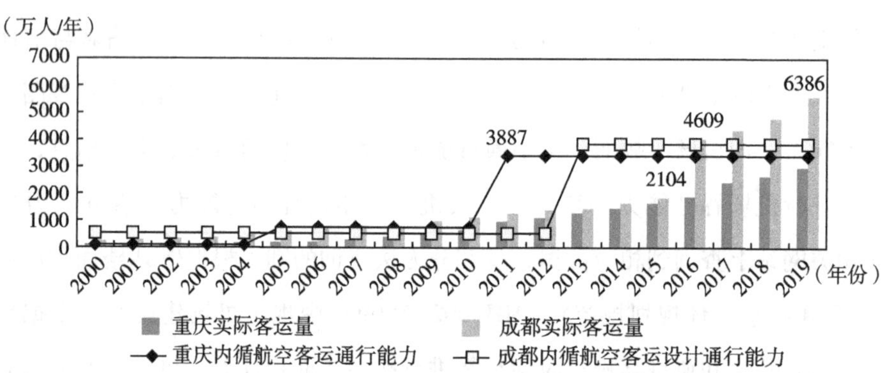

图 4.9　2000~2019 年成都、重庆内循环航空客运通行能力与实际客运对比变迁图

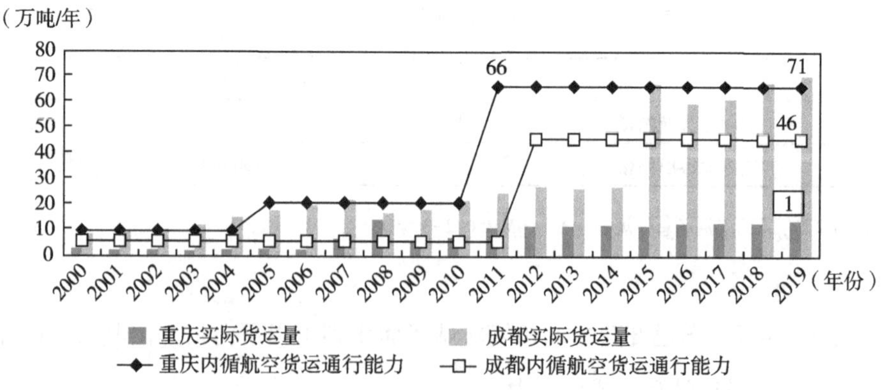

图 4.10　2000~2019 年成都、重庆航空货运通行能力与实际货运对比变迁图

由 4.10 可以看出，从实际航空客运吞吐量来说，成都和重庆客运量都处于攀升阶段，说明国内人们对快速“质”交通的需求激增，尤其成都在 2015~2016

年，从2104万人跳跃到4609万人，实现了翻倍式迅猛增长，2019年已突破到6386万人；从重庆和成都提供的客运通行能力来看，重庆基本处于供需平衡阶段，而成都严重的供不应求，2021年投入使用的天府国际机场带来3372万人的客运设计增量正好可解燃眉之急，2021年后，成都总计7772万人的客运设计通行能力，奠定了其在内外循环中航空枢纽中心的地位。从整体变迁来看，两城市的设计客运通行能力都有等级增长的特点。

由图4.10可以看出，航空货运作为高精尖和时效性强的快运产品，如重庆的航空货运产品主要为智能电子产品：笔记本、智能手机、智能手表等，代表了产业升级高技术含量产品的需求市场，与高铁、航空客运代表的高质人员交通不同，航空货运代表高质物流的发展。从成都和重庆不断增长的航空货运量来看，表明两城市对高精尖产品需求的不断增长。从成都和重庆比较来看，成都实际货运量远远高于重庆，第一说明成都对高精尖产品的需求比重庆旺盛；同时也说明供给上也比重庆要强。表明在第三产业的代表高端产业的升级方面成都较重庆有优势。

从两城市的货运通行能力来看，重庆供给超前，成都的供给不足，但2021年投入运营的成都国际天府机场增加了21万吨的供给，使成都2021年后的货运设计通行能力达到67万吨，处于基本供给平衡阶段，但还略显不足，因此成都在货运上需要扩能，也可与上文铁路货改客一样进行相反操作，进行客改货，尤其后疫情阶段，国内人员流动量减少，但高质量货物需求依然是高位，更加需要客改货的操作。

5. 管道内循环通行能力

管道作为长距离运输液体和气体的特殊运输方式，有其自身特点，其运输石油的能耗，每吨千米不足铁路的1/7。在大批量运输时与水运相当，在无水的情况下，管道运输是一种最绿色的运输方式。成渝地区双城经济圈已形成了兰成渝成品油管道、贵渝成品油管道、川气东送天然气管道、中贵天然气管道、兰成原油管道等所形成的综合立体管道交通网。本书首先对重庆和成都的管道网的设计通行能力进行了相关梳理（见附录H）。同样根据投产时间的累加，可以梳理出成都、重庆2000~2019年的管道年设计通行能力。由于管道运输产品为原油、成品油和天然气，本书为统一量纲，根据标准油气当量，本书采用BP公司在全球能源统计中热值计算，1000立方米天然气=3600万热值单位，1吨原油=4000万热值单位，由此得到1111立方米天然气=1吨原油。本书以此换算公式，将天然气转换成原油，最终得到成都、重庆的管道年设计通行能力。如图4.11所示。

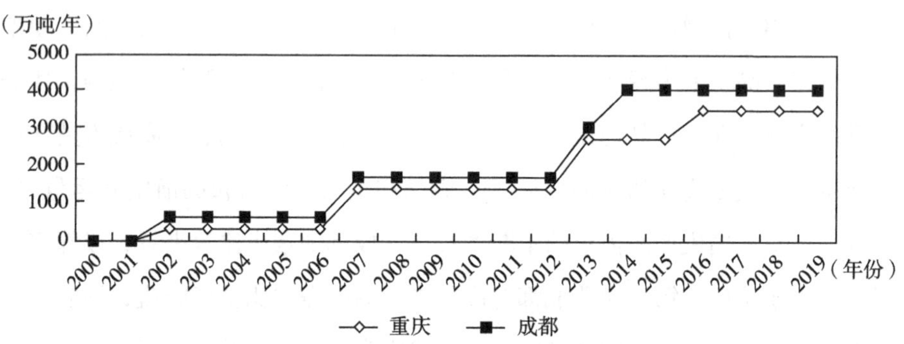

图4.11　2000~2019年成都、重庆内循环管道通行能力变迁图

从图中可以看出，成都的管道设计能力要略高于重庆，整体变迁来看两者等级增长趋势明显。2019年成都设计通行能力为4080万吨，而重庆为3529万吨。

（二）内循环可达性

内循环的可达性，主要计算成都、重庆两中心城市分别到30个省会（直辖市）城市的公路、铁路、航空最短通行时间（其中海口作为海岛无陆路直接可达，故而被去掉），根据五种运输方式的普及性去掉了水路，根据运输方式的特殊性去掉了管道。

1. 公路内循环可达性

公路内循环可达性与微循环公路网内部可达性所采用的方法一致，所不同的是刻画的省际互动，所以空间地理矢量数据是全国数据，同样由于全国公路路网矢量数据的可得性，本书利用Arcgis10.8软件计算了4个时间断面（2000年、2010年、2015年、2019年）重庆、成都到其他31个省会（直辖市）的可达性

（见附录 I），各主干线公路的速度赋值与表 4. 4 一致，最终所计算的 4 个时间断面的结果。

从计算结果可以看出，成都、重庆在国内的省际可达性方面时空距离在逐渐缩短，从分成的 5 个等级的最值来看，最大值从 2000 年的 55. 61 小时（重庆—乌鲁木齐），到 2005 年的 48. 71 小时（成都—拉萨），再到 2015 年的 38. 76 小时（成都—哈尔滨），以及 2019 年的 35. 90 小时（重庆—拉萨），逐渐递减。从 24 小时公路圈来看，2000~2019 年双城经济圈到其他省际城市从 20 个城市增加到 46 个城市。

而成都和重庆到其他省际公路可达性的平均值的变化如图 4. 12 所示。

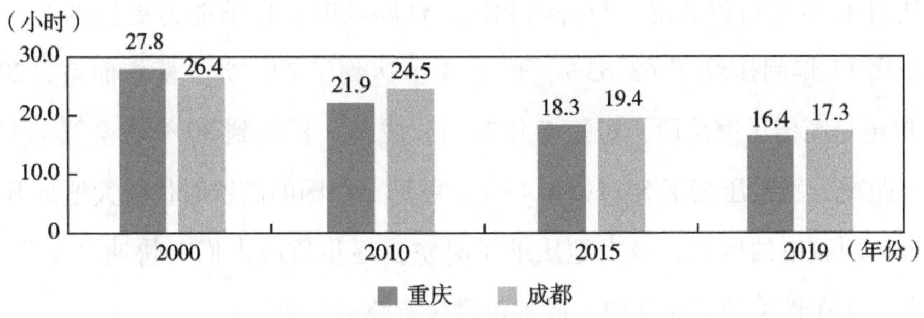

图 4. 12 成都、重庆 2000 年、2010 年、2015 年、2019 年内循环公路平均可达性变迁图

从图中可知，成都、重庆到各省会城市的可达性越来越快捷便利，成都的平均可达性从 26. 4 小时下降到 17. 3 小时，重庆从 27. 8 小时下降到 16. 4 小时，空间阻隔分别缩短到了 9. 1 小时和 11. 4 小时，可见，成都和重庆两城在公路可达性上基本上平分秋色，重庆要略胜一筹。

2. 铁路内循环可达性

铁路内循环可达性，衡量的是省际铁路互动最短旅行时间，通过 12306 铁路网分别查询成都、重庆到其他 30 个省会（直辖市）城市的火车时间，而其他时间截面则是通过查询当年的火车时刻表来计算，由于数据的可得性，本书查询到了 2005 年、2010 年、2014 年、2019 年截面数据（见附录 J），各年的铁路平均值如图 4. 13 所示。

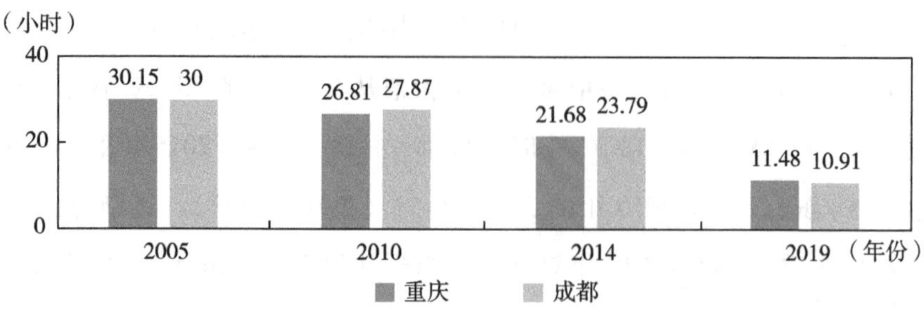

图 4. 13　成都、重庆 2005 年、2010 年、2014 年、2019 年的铁路内循环平均可达性变迁图

从图 4. 13 中可以看出，与公路相比，铁路的时空压缩能力更为迅速。成都时空距离 15 年间压缩了 63. 63%，而重庆也达到了 61. 7%。聚焦而言，2014～2019 年更是高倍压缩阶段，短短 5 年时间，成都、重庆到 30 个省会（直辖市）的时空距离分别被压缩了 54. 1%和 47%。可见，中国的高铁时代极大地提升了成都和重庆两城市的区位，极大地压缩了时空，逐步适应人们对快速“质”交通的需求。而在铁路的可达性中，成都较重庆有略微优势。

3. 航空内循环可达性

航空的内循环可达性，本书采取与铁路相同的方式采取查询的方式。其中，2019 年的可达性是根据携程网查询两城市之间的最短飞行时间确定，而其他时间截面的数据结合网上相关年份的航空时刻表，以及笔者实地走访调研重庆江北机场以及电访成都双流机场收集到的两机场与其他省会（直辖市）的通航时间进行推算。调研发现两机场的数据最早可以追溯到 2005 年，2005 年成都与其他 30 个省会（直辖市）全部通航，而重庆在 2007 年才实现与其他 30 个省会（直辖市）全部通航。其中 2005 年与 2 个城市（银川、呼和浩特）无直航，2006 年与 3 个城市（西宁、银川、呼和浩特）无直航，重庆—西宁航线在 2005 年只有 47 人次/年，所以 2006 年停航。由于 20 年间飞机并未实现提速，两城市之间只要直航，可达性基本恒定。对于 2007 年前重庆未直航的城市，如重庆—西宁、

重庆—呼和浩特，重庆—银川，本书采取中转的方式计算，分别采取重庆—西安—西宁、重庆—西安—呼和浩特以及重庆—兰州—银川的方式计算。

根据此思路，结合所收集的时刻表数据，论文计算了重庆、成都五个时间截面的省际航空平均可达性（见附录K），如图4.14所示。从图可以看出，航空的省际可达性15年间变化较小，重庆在2~2.1小时微弱变动，成都在2.1~2.2小时窄幅变动，基本处于2小时恒定值。

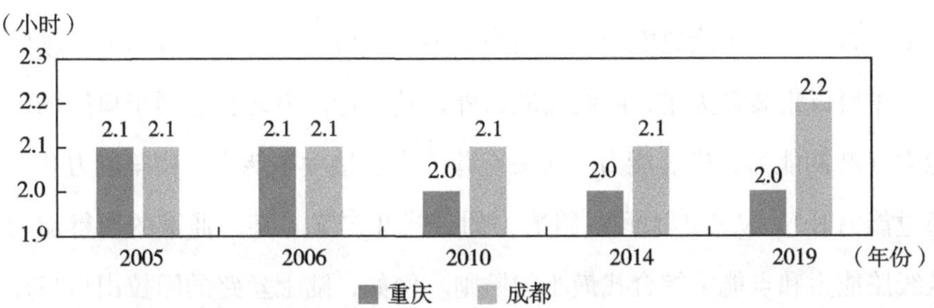

图4.14　成都、重庆2005年、2006年、2010年、2014年、2019年的航空内循环平均可达性变迁图

结合铁路、公路2019年数据来看，铁路可达性是航空的5.5倍左右，而公路在8倍左右。需要说明的是，2019年成都航空省际可达性比前几年高0.1小时，主要原因在于飞机由于经济或安全原因控制速度，如成都—杭州2005年可达性为2.1小时，2019年为2.6小时，但整体而言，飞机可达性基本恒定。

三、外循环

“一带一路”倡议，作为古丝绸之路的传承与发扬，陆海统筹，回应中国天然的海陆二象性。成渝地区双城经济圈作为对外开放高地，通过成渝双核的外循环对接“一带一路”倡议，同时也是对古丝绸之路的传承与发扬。成渝双核，通过渝新欧、蓉新欧等中欧班列铁路对接陆上丝绸通道；通过长江黄金水道，江海联运，对接海上丝绸之路；通过西部陆海新通道铁水联运，将陆上丝绸之路与海上丝绸之路无缝衔接，形成环丝路；通过重庆江北、成都双流、成都天府国际机场等突破古丝路束缚于地表的限制，形成空中丝绸之路。因此，本书的外循环移动性和可达性主要从以上几个国际通道展开定量分析。由于古丝绸之路主要目的是实现与欧洲交通互动，因此，本书成渝双核的外循环互动分析主要锁定在与欧洲互动而非全球互动。

（一）外循环移动性

与内循环的通行能力主要受制的线能力不同，承接外循环的国际运输通道有其自身的特点，除了线路能力，点能力也不能忽略。因为，一般而言，国际运输的货物主要以集装箱为主，除线路能力外，其通行能力还会受制于口岸的综合作业能力（装卸能力、换装能力、海关查验能力、接发车能力、调车能力和后方通道通过能力等）。从点能力和线路能力的公式和定义，某一通道的通行能力应满足从线路能力和点能力综合找最小的原则。例如，陆上丝路的阿拉山口口岸、霍尔果斯口岸，马拉舍维奇口岸等的点能力。海上丝绸之路的内河港口果园港、江津珞璜港、涪陵龙头港、上海洋山港等的点能力；环丝路的钦州铁路集装箱中心的点能力，都需要重点分析。

1. 统一量纲换算标准及说明

在本小节后文的国际通道通行能力的评估中，由于统计口径的不统一，涉及列、TEU、吨等不同量纲，本书结合中欧班列运行实际和相关规定进行取值，如 1 班列按 82 个 TEU（Twenty-foot Equivalent Unit）测算，1TEU 按 20 吨进行测算（雷洋，2021）。实际运行的中欧班列车厢数量并不固定，但是有数量限制，最多不能超过 41 节车厢，而 1 节车厢装载 1 个 40 英尺的集装箱，即可换算成 2 个 TEU，因此，按 1 列 41 节车厢换算，则为 41×2＝82 个 TEU；而 1 个 TEU 集装箱最大总载重量有国内和国际标准，国际标准是 24 吨，国内是 30. 48 吨，因为本书研究的是外循环，对应的是国际互动，因此采用国际标准，扣除标准集装箱自重 2. 2 吨，则 1TEU 的最大货运载重量为 21. 8 吨，为便于测算本书取值 20 吨/TEU 进行估算。

2. 国际通道通行能力分析

（1）陆上丝绸之路——渝新欧、蓉欧国际通道。

从陆上丝绸之路来看（渝新欧、蓉欧国际通道），2011 年作为最早开行的中欧班列“渝新欧”，其主要线路为：从重庆出发，沿襄渝线→西康线→陇海线→兰新线→阿拉山口/霍尔果斯口岸（准轨换宽轨）→伊列茨克→卡拉斯诺戈→马拉舍维奇（宽轨换准轨）→杜伊斯堡。但 2014 年后，兰渝线建成，国内段改为兰渝线→兰新线。从国内线路能力来看，薄弱环节在兰新铁路精河→阿拉山口段和精河→霍尔果斯段，这两段都为电力单线，从 TB10098-2017《铁路线路设计规范》可知，其通行能力为 2000 万~3000 万吨/年，换算成集装箱通行能力为 100 万~150 万 TEU，其余线路段为电力双线。

从渝新欧与蓉欧去程的运输实际来看，国内的铁路干线的运输能力相对充裕，但其全线去程运输瓶颈有两个：一个在中国阿拉山口/霍尔果斯口岸，另一个在波兰马拉舍维奇。即渝新欧与蓉欧去程的通行能力在点能力上，主要因为铁轨轨距不同，阿拉山口/霍尔果斯口岸和马拉舍维奇这几处口岸存在换装，这几处的换装能力成为制约渝新欧与蓉欧通行能力的瓶颈。以表征作业能力的重要指标：口岸换装堆存能力，进行分析，阿拉山口口岸年换装能力为 2975 列，霍尔果斯年换装能力为 3570 列（崔艳萍和廖浪，2022），则两地口岸的换装能力为 2975+3570=6545 列，换算成集装箱单位，则中国境内渝新欧与蓉欧所途径口岸的年通行能力为 6545×82=53. 67 万 TEU。

马拉舍维奇口岸，作为中欧班列进入欧洲的一个重要分拨枢纽点和铁路换装点，这里约有大大小小 23 个场站，经营着国内与国际间的货物运输与仓储，将来自中国的货物分流至波兰罗兹、德国纽伦堡以及荷兰蒂尔堡等各大欧洲城市，也同时将欧洲的产品运往中国[①]。目前，马拉舍维奇口岸的换装能力为 14 对/天[②]，则可推算其年换装能力为 10220 列（83. 8 万 TEU）。

① 凤凰新闻．跟着班列去旅行：走进波兰最大的“铁路转运港”——马拉舍维奇［EB/OL］. https：//baijiahao. baidu. com/s？id=1643228943498638548&wfr=spider&for=pc，2019-08-30.

② 波兰马拉舍维奇换装区的处理能力预计提升 4 倍［EB/OL］. https：//www. railfreight. cn. 2020/08/07.

因此，综合上述几个线路能力、点能力瓶颈因素来看，几者比较取小值，中欧班列“渝新欧”和“蓉欧”的通行能力为 53.67 万 TEU。

（2）海上丝绸之路——沪渝江海通道。

从海上丝绸之路来看，重庆→上海→海上丝绸之路（沪渝江海通道），从线路能力来看，内河线路是薄弱环节，取决于长江黄金水道的通行能力，2004 年前，重庆—宜宾段上游为瓶颈，根据测算约为 1.3 亿吨/每年，2004 年后三峡大坝运营成为瓶颈，通行能力为 1 亿吨/每年，若按 20 吨/TEU 进行测算，则三峡大坝的集装箱通过量为 500 万 TEU。从点能力来看，在内河水运环节，从“重庆→上海”段来看，出海港口上海洋山港为世界最大规模集装箱港区之一，集装箱吞吐能力 2005 年为 220 万 TEU，2010 年为 550 万 TEU，2020 年为 1340 万 TEU①。重庆内河港口的集装箱吞吐能力主要在果园港、江津珞璜港和涪陵龙头港，果园港为重庆外循环集装箱运输的主力港口，其设计通行能力为 200 万 TEU，珞璜港和涪陵港依次为 40 万 TEU 和 100 万 TEU，总计为 340 万 TEU。故而，综合比较点、线路能力，取最小的原则，可得出沪渝江海通道通行能力为 340 万 TEU/年。

（3）环线丝绸之路——西部陆海新通道。

从环丝路来看（西部陆海新通道），作为打通南北环线的关键通道，较北向陆路通道全线贯通时间要晚。2017 年 9 月，渝桂新铁海联运班列在重庆举行了首发仪式，并实现常态化运营，时间较传统东部海运线路少 12 天（姚树洁等，2018）。该通道的走向国内线路有两条线路，川黔线（重庆—贵阳）→黔桂线（贵阳—柳州）→湘桂线（柳州—黎塘）→黎钦线（黎塘—钦州）及渝怀线（重庆—怀化）→焦柳线（怀化—柳州）→湘桂线（柳州—黎塘）→黎钦线（黎塘—钦州），串联成渝、黔中、北部湾等地区。从线路能力来看，除了柳州→黎塘→钦州线路为双线外，其余为单线，从 TB10098-2017 可知山区单线的年通行设计能力为 2000 万～3000 万吨，两条线路合计为 4000 万～6000 万吨，以 1 单位

① 上海洋山港，https：//baike.supfree.net/get.asp？id=%C9%CF%BA%A3%D1%F3%C9%BD%B8%DB。

TEU 平均重量为 20 吨来测算，其线路瓶颈能力为 200 万～300 万 TEU。从现有线路的运营情况来看，与北向通道一样，也受制于点能力，关键枢纽在钦州铁路集装箱中心站。2019 年钦州铁路集装箱中心站正式开通运营，实现下车上船无缝衔接，铁路集装箱年装卸能力由 15 万 TEU 跃升至 105 万 TEU[①]。以 1 单位 TEU 平均重量为 20 吨来测算，约为 2100 万吨/年，若换算成与北向陆路通道相同的单位约为 1.28 万班列（按平均 82TEU/列换算）。综合 200 万～300 万 TEU 的线路能力和 105 万 TEU 的点能力，两相比较取小值，因此西部陆海新通道的年通行能力为 105 万 TEU。

（4）空中丝绸之路：成都、重庆空中丝路。

从空中丝路来看，成都因为水路的欠缺，较重庆更为倚重空中丝路的外循环力量。两者的外循环的通行能力，可根据航空点能力的梳理结果，测算出其国际综合通行能力，将国际客运按 13.3∶1（杜强等，2017）的比例折算成货运能力（万吨/年），成都 2000～2020 年外循环航空综合年通行能力一直保持恒值为 34.1 万吨，2021 年因为成都双流机场的投入实现飞跃式增长为 263.2 万吨；重庆 2000～2016 年为 14.0 万吨，2017 年因为重庆江北机场 T3 国际航站楼投入使用，跃升为 398.4 万吨。

综合上述分析四大国际通道的通行能力如表 4.9 所示。

表 4.9 成都、重庆外循环国际通道的通行能力

古丝路对接关联	通道名称	开通时间	通行能力	运输方式
陆上丝绸之路	渝新欧国际通道	2011 年	53.6 万 TEU	铁路
	蓉欧国际通道	2013 年	53.6 万 TEU	铁路
海上丝绸之路	沪渝江海通道	1993 年[②]	340 万 TEU	江海

① 新华社．广西钦州铁路集装箱中心站正式运营［EB/OL］. http：//www.gov.cn/xinwen/2019-06/30/content_ 5404724.htm#1.

② 从中可知重庆江海联运出口始于 1984 年，而江海联运集装箱业务开始于 1993 年。因为本书主要考量集装箱出口业务，所以该线路选取运营时间为 1993 年。参见：彭平．一头是长江 一头是大海——重庆海关促进江海联运纪实［J］. 中国海关，1994（9）：34-36.

续表

古丝路对接关联	通道名称	开通时间	通行能力	运输方式
环线丝绸之路	西部陆海新通道	2017 年	105 万 TEU	铁海
空中丝绸之路	重庆空中丝路	1990 年	14.0 万~398.4 万吨	航空
	成都空中丝路	1995 年	34.1 万~263.2 万吨	航空

资料来源：笔者综合计算整理所得。

（二）外循环可达性

基于成渝双核对外开放高地外循环主要范围的划定，本书从上述通道中选取了两城到欧洲交往的典型主干道，以典型线路为代表计算可达性。

（1）陆路丝绸之路通道选择渝新欧、蓉欧国际通道，本书遵循传统主线路，但因为蓉欧班列传统线路只到波兰的罗兹（9826 千米），为了与渝新欧有可比性，将该线路结合实际运营延伸到德国汉堡（10496 千米），从而统一了渝新欧和蓉欧北向通道的目的国（德国）。

（2）对于沪渝江海通道，从上海出海到欧洲的航线较多。本书从中选择了一条明星通道：中国—新加坡—埃及—希腊海上通道，OD 为上海洋山港—比雷埃夫斯港，总里程 14591 千米，该通道可通过希腊的比雷埃夫斯可快速直达欧洲心脏地带（Wang et al.，2020），而将 O 点移到重庆，该通道则分成两段：长江段（重庆—上海）2400 千米+海运段（上海洋山港—比雷埃夫斯港）14591 千米=17099 千米。

（3）西部陆海新通道，鉴于比雷埃夫斯港的突出的战略地位，论文选择的典型代表路线为成都/重庆—钦州港—新加坡港—苏伊士运河—比雷埃夫斯港，与沪渝江海通道选取的路线在新加坡港汇合一路西行至比雷埃夫斯港，从而到达欧洲，该通道分成两段：铁路（渝黔线）1216 千米+海运（钦州港—比雷埃夫斯港）13922 千米=15138 千米。

（4）空中丝路，依然选择古丝绸之路的终点罗马为代表，选择成渝两城与罗马的直飞航线。其中，成都到罗马 11 小时，重庆到罗马直飞 13 小时，可达性都已经在 24 小时时空圈内。根据上文梳理，各线路的可达性如表 4.10 所示。

表 4.10 成都、重庆外循环国际通道可达性

通道名称	典型线路互动国家	通行时间	运输距离（千米）	可达性
蓉欧国际通道	中国—哈萨克斯坦—俄罗斯—白俄罗斯—波兰—德国	2013 年	10496	14 天
渝新欧国际通道	中国—哈萨克斯坦—俄罗斯—白俄罗斯—波兰—德国	2011 年	11200	15 天
沪渝江海通道	中国—新加坡—埃及—希腊	1993 年	17099	（29~35.3 天）①
西部陆海新通道	中国—新加坡—埃及—希腊	2017 年	15138	21.3 天②
成都空中丝路	中国—罗马	2019 年	7618	0.46 天
重庆空中丝路	中国—罗马	2015 年	7897	0.54 天

资料来源：笔者综合计算整理所得。

第三节　成渝双核交通能级综合测度与分级

一、测度说明

本节将在上节对微循环、内循环、外循环三个圈层分别定性定量分析各自圈层可达性和移动性的基础上，首先，对各个圈层的可达性和移动性进行综合量化，得到 6×40=240 个数据元素；其次，对每层综合可达性和综合移动性利用乘法法则向上并合；再次，对数据进行无量纲标准化处理，得到三个圈层 2000~

① 此段时间是区间的原因是，考虑到三峡大坝是否拥堵的问题，如若三峡大坝不拥堵，待闸的时间为 0，则重庆到上海时间为 8 天，上海到希腊比雷埃夫斯港时间为 21 天，总时间为 29 天；若三峡大坝拥堵，存在待闸时间，以 2018 年三峡大坝平均待闸时间 6.3 天为算例，则重庆到上海需要 14.3 天，总时间则为 35.3 天。

② 铁路 1216 千米（渝黔线 1.8 天）+海运 13922 千米（19.6 天）总计 21.3 天。

2019年各自评价值；最后，利用专家打分法得到三个圈层各自权重，利用加法法则向上并合，得到成渝双核2000~2019年的交通能级综合评价。

（一）微循环测度说明

首先评价微循环的移动性和可达性，因为只分析和测度了内部公路网的数据，所以该数据即为微循环的综合移动性和可达性。其次利用式（4.14）即乘法并合法则计算出成都—重庆20年间的微循环水平。

（二）内循环测度说明

内循环与微循环测度相同，先分别评价出内循环移动性（公、水、铁、空、管）及内循环可达性（公、铁、空），同样利用式（4.14）并合出内循环水平。

1. 分担率 a_x 计算相关说明

移动性和可达性分担率 a_x 所采用的统计数据相同，根据重庆、成都统计年鉴和重庆、四川交通年鉴的资料可以收集2000~2019年五种运输方式的客货运量。其中需要说明的是客货及管道不同量纲的转换问题。管道按上文所采用的热当量换算，用1吨原油=1111立方米天然气，将天然气的立方米天然气转换为吨。杜强等（2017）指出不同运输方式的客运量转货运量，可根据中国统计制度规定的客运周转量转换为货运周转量比例系数，进行统一量纲：公路10∶1、水运3∶1、铁路1∶1、国内航空13.9∶1、国际航空13.3∶1。论文同样依据此换算系数，依次分别计算出2000~2019年五种运输方式的 a_x。但由于重庆管道运量统计数据缺乏，能查到的数据表明运量较小，所以重庆管道分担率取值为0；成都管道与重庆情况一致，故而分担率也取0，且成都水运分担率20年间在0~0.7也非常小，基本上可以忽略不计，因此也取值0。

2. 内循环移动性计算相关说明

根据式（4.8）计算成渝双核内循环综合通行能力（公、水、铁、空、管）。其中根据上文的客货运换算比例系数，对内循环五种运输方式的通行能力也进行客货运量纲统一。但还需要补充说明一点：有关公路设计通行能力的单位换算问题，由于上小节中评价的单位是10000pcu/年，因此也需换算成万吨/年，而每一个标准车型（pcu）的客货运折算载重量应该采用多少？根据公路《公路路线设计规范》（JTG D20-2017）中的相关内容，“公路汽车代表车型分类中有小客车、中型车、大型车和汽车列车四类，交通量换算的标准车型应采用小客车，具体是指小于19座的客车和载重质量小于等于2吨的货车”。因此，本书据此规定对标准车型（pcu）采用以小客车的载重作为估算标准，从客车客运的角度，19座以公路客货系数10∶1来估算约为1.9吨，与规定标准货车载重量2吨的值也较为接近，因此两者综合，本书取2吨/pcu进行测算转换。

3. 内循环可达性计算相关说明

综合可达性（公、铁、空）采用式（4.9）计算。但因为数据的可得性，内循环三种运输方式的可达性仅仅是几个时间截面。因此，结合上文梳理公、铁、空的内循环通行能力变迁图（见图4.5、图4.7、图4.10），发现其通行能力一般具有等级性或阶段性（即一段时间内其值恒定），而呈现阶段性或等级性变化的根本原因，是这一阶段没有新增的对外通道或干线，所以表现为对外通行能力恒定，而对外通行能力呈现持续上涨是因为持续有新增干线畅通。基于此原因，本书在通行能力恒定的年份，认为可达性也保持不变，因为没有新通道参与，可达性路径选择时还是按原有路径运行，时间不变，而对于通行能力持续增长的年份，本书采用插入法进行估算。

（三）外循环测度说明

所有的计算公式与步骤与内循环完全一致，在此不再赘述。唯一需要说明的是运输分担率 a_x 的问题，外循环涉及欧洲的互动，需要收集到成渝双核与欧洲客货运的运输量，但因为数据的可得性，本书采用2000~2019年欧洲统计局（Euro stat）的中国对欧盟货物出口的货运方式占比数据作为权重，计算外循环综合移动性和外循环综合可达性。

（四）交通能级评价说明

1. 数据的标准化

为消除各项指标因量纲不同带来的影响，对微循环、内循环、外循环水平进行标准化处理，本书采用线性比例变换法，计算公式为：

正向指标：$Y'_{ij}=\dfrac{x_{ij}}{\max\ (x_{1j},\ x_{2j},\ \cdots,\ x_{ij})}$ (4.34)

负向指标：$Y'_{ij}=\dfrac{\min\ (x_{1j},\ x_{2j},\ \cdots,\ x_{ij})}{x_{ij}}$ (4.35)

其中，Y'_{ij} 表示第 i 年第 j 个指标的无量纲后的值；x_{ij} 表示第 i 年第 j 个指标的原始值；max（x_{1j}，x_{2j}，…，x_{ij}）表示第 j 个指标的最大值。

2. 微循环、内循环、外循环的权重处理

三个圈层的交通循环水平评价之后，通过加法法则的式（4.12）计算出交通能级。其中三个圈层的权重是利用专家打分法，论文通过线上和线下方式调查了交通、经济领域的相关专家 20 名进行背靠背权重赋值，最终采用专家打分的平均值作为权重，本书调研结果，专家打分平均权重分别为：外循环权重 0.185、内循环权重 0.421、微循环权重 0.394，从而计算出成都—重庆 2000～2019 年交通能级变迁数据。

二、测度结果

根据上述方法和步骤，得到双核交通能级的评价，如图 4.15 和表 4.11 所示。

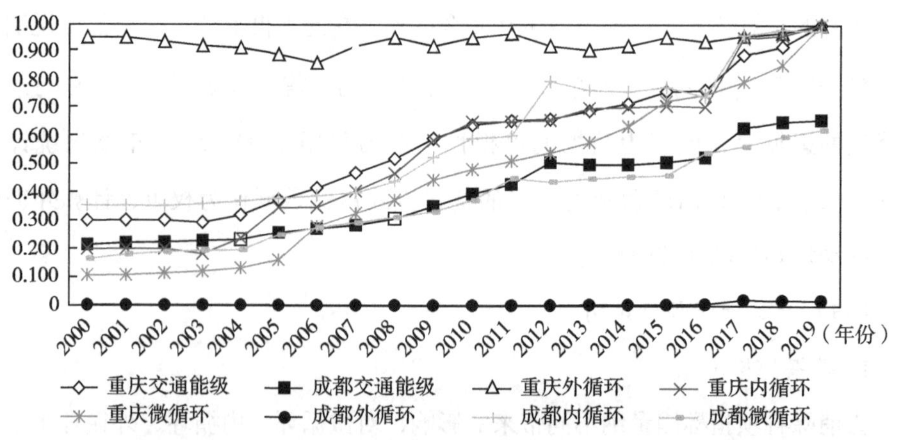

图 4.15　2000～2019 年成渝双核交通能级及分层演化图

表 4.11　2000～2019 年成渝双核交通能级总分层级测度值汇总

地区	年份	微循环	内循环	外循环	交通能级
重庆	2000	0.107	0.200	0.955	0.303
	2001	0.108	0.201	0.955	0.304
	2002	0.114	0.201	0.940	0.304
	2003	0.121	0.183	0.925	0.296
	2004	0.132	0.239	0.918	0.322
	2005	0.162	0.349	0.895	0.377
	2006	0.283	0.351	0.866	0.419
	2007	0.329	0.409	0.925	0.473
	2008	0.377	0.471	0.955	0.523
	2009	0.448	0.589	0.925	0.596
	2010	0.486	0.655	0.955	0.644
	2011	0.516	0.656	0.970	0.659
	2012	0.544	0.660	0.925	0.663
	2013	0.581	0.703	0.910	0.693
	2014	0.638	0.706	0.925	0.720
	2015	0.728	0.711	0.955	0.763
	2016	0.752	0.708	0.940	0.768
	2017	0.797	0.952	0.960	0.892
	2018	0.859	0.963	0.973	0.924
	2019	1.000	1.000	1.000	1.000
成都	2000	0.165	0.356	0.001	0.215
	2001	0.181	0.357	0.001	0.222
	2002	0.189	0.355	0.001	0.224
	2003	0.195	0.362	0.001	0.229
	2004	0.197	0.371	0.001	0.234
	2005	0.251	0.382	0.001	0.260
	2006	0.277	0.391	0.002	0.274
	2007	0.297	0.403	0.002	0.287
	2008	0.315	0.443	0.001	0.311
	2009	0.335	0.529	0.001	0.355
	2010	0.376	0.596	0.001	0.400

续表

地区	年份	微循环	内循环	外循环	交通能级
成都	2011	0.454	0.605	0.001	0.434
	2012	0.441	0.799	0.001	0.511
	2013	0.452	0.768	0.004	0.502
	2014	0.459	0.763	0.004	0.503
	2015	0.464	0.779	0.004	0.511
	2016	0.543	0.744	0.005	0.528
	2017	0.567	0.963	0.020	0.632
	2018	0.604	0.985	0.020	0.656
	2019	0.627	0.979	0.019	0.663

资料来源：笔者根据模型计算结果综合整理而得。

结合图 4.15 和表 4.11 可知，20 年间成都和重庆交通能级处于不断演进、积累或跃迁的向上攀升状态。20 年间重庆的交通能级一直领先于成都，两者基本保持较恒定的梯度差异，两条线基本呈平行蜿蜒上升状态；两城市差距最大在外循环交通水平，前期内循环水平成都较重庆有优势，但后期基本处于伯仲之间；微循环早期成都高于重庆，后期重庆开始反超。

三、测度分级

（一）等级划分依据

管楚度（2000）提出，任何发展中的系统事物状态，无论发展路径有多复杂，总是可以抽象为两种：量变特征状态和质变特征状态。而量变状态与质变状态是互换展开的，质变的根本是其事物结构变化，导致功能突变，并涉及其中支配变量的换元问题。而量变到质变的过渡时间比质变之后的稳定状态要短，因此事物发展过程中会呈现一定的各自稳定状态所表现的序列性，而这些序列性的发展顺序是确定的，发展过程中不许乱序、跳序和混序行为发生。而这些序列性即为论文所要划分的等级。

显然在质变时期会发生突变和跃迁，一般持续时间较短，而在量变时期相对

稳定，时间较长，以此标准，本书对成都—重庆两城的交通能级的各年的增长率进行计算，根据增长率的大小来判断其所处状态，增长率较低的时期为稳定量变状态，增长率较高时期为跃迁突破期即质变期。如图 4.16 所示，重庆经历了 3 次波峰段，成都经历了 3~4 次波峰。根据波峰突变阶段所处的年份并结合量变引起质变的规律，本书将 0~1 的交通能级，按 0.2 的间距划分为 5 个等级，部分划分根据波峰出现的位置进行了微调，具体划分结果如下：第 1 等级（0~0.25）、第 2 等级（0.25~0.40）、第 3 等级（0.40~0.60）、第 4 等级（0.60~0.80）、第 5 个等级（0.80~1.00）。两城在 2000~2019 年 20 年间交通能级的跃迁如图 4.16 所示。

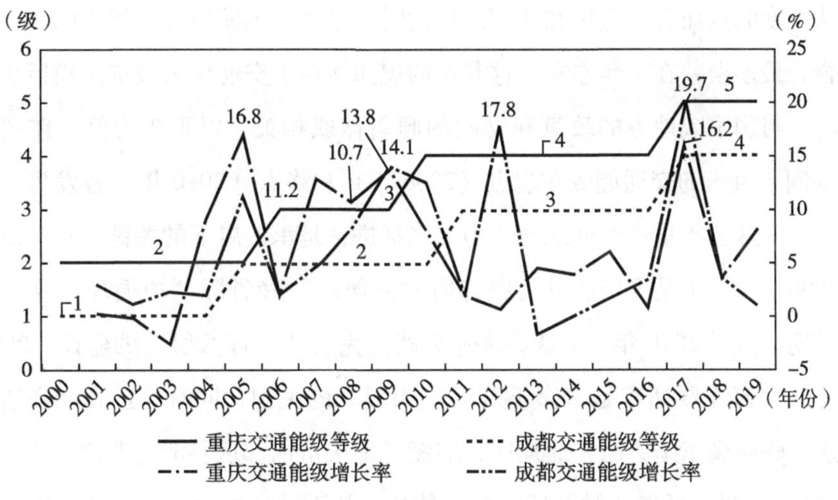

图 4.16 2000~2019 年成渝双核交通能级分级及跃迁时点图

（二）等级划分结果

从两城比较而言，20 年间重庆的交通能级基本错位高于成都一个等级。如 2017 年重庆和成都同时实现了等级跃迁，重庆在第 5 等级，而成都在第 4 等级，两者错位相差一个等级。重庆交通能级相对优势主要得益于重庆与长江黄金水道相连，这一得天独厚的禀赋对重庆持续加持赋能的结果。

从单城变迁而言，20 年间重庆的交通能级经历了 3 次跃迁，从第 2 等级升迁到第 5 等级的 4 个发展序列：2000~2005 年处于第 2 等级；2006~2009 年为第 3 等级（突变在 2005 年，波峰为 16.8%）；2010~2016 为第 4 等级（突变期在 2007~2009 年，波峰为 2009 年的 13.8%）；2017 年以后为第 5 等级（突变在 2017 年，波峰为 16.2%），而成都的交通能级 20 年间也经历了 3 次跃迁，从第 1 等级升迁到第 4 等级，2000~2004 年为第 1 等级；第 2 等级为 2005~2011 年（突变在 2005 年，波峰为 11.2%）；第 3 等级为 2012~2016 年（突变段为 2009~2012 年，波峰为 17.8%）；第 4 等级为 2017 年以后（突变在 2017 年，波峰为 19.7%）。结合两城的跃迁时间和峰值出现的时间，体现的是重庆和成都的交通能级跃迁基本与突变时期重合，说明以 0.2 为间距等级划分的合理性。

从突变时点而言，重庆和成都跃迁的时点基本与国家的五年规划的起点或终点重合，最多误差在 1 年左右，这其中的规律体现了交通作为投资规模巨大的公共产品，与国家或地方的政策和财政的倾斜休戚相关。以重庆为例，在“十一五”期间，重庆的交通能级在起点（2006 年）和终点（2010 年）各发生了一次跃迁，说明这五年重庆交通综合实力突飞猛进，是承上启下的关键 5 年。结合实际，2006~2010 年是重庆通过公路打通“微循环”和省际“内循环”主动脉的关键时期，截至 2010 年，重庆在高速公路上完成“二环八射”的建设，2009 年 12 月重庆二环全线通车是“微循环”实力提升的关键，同时通过渝湘高速和渝宜高速，联通渝东南、渝东北地区，缩短了重庆市内部区县时空距离（4 小时抵达主城），有利于提高“微循环”的一体化，从而破解城乡二元结构；同时，通过“八射”缩短了重庆到其他省际的时空距离（8 小时周边）促进内循环的畅通。

同时，与第 3 章图 3.6、图 3.7 和表 3.4 重庆和成都的经济发展阶段演化对比来看，重庆在 20 年间经济发展阶段也分为四个阶段，基本与重庆的交通能级等级变迁时间吻合。第一阶段，重庆 2005 年以前的经济发展属于前工业化时期，重庆交通变迁的时间节点为 2006 年（2 级升 3 级），滞后经济变迁 1 年；重庆经济第二阶段跃迁到第三阶段（工业化初期跃迁到工业化中期）的时间节点都在

2010 年，两者完全同步；重庆经济第三阶段跃迁到第四阶段（工业化中期跃迁到工业化后期）的时间为 2018 年，晚于交通能级 2017 年的跃迁时间。而成都在 20 年间经济发展阶段与交通能级都分为四个阶段，但整体来说成都的交通能级等级线跃迁时间都晚于成都的经济发展阶段的时间线。

第四节　本章小结

基于成渝地区双城经济圈能级提升需要分阶段分步骤，目前关键环节和突破口在成渝双核交通能级与经济能级的提升问题，因此，本章聚焦成渝地区双城经济圈的成渝双核能级基石之一：交通能级。

首先，本章依据相关理论构建了区域交通能级测度模型，主要从（微循环；内循环；外循环）×（移动性；可达性）构建 3×2 的区域交通能级测度模型。论文以场论中“场源”与“场”相互依存性为理论框架，从“内部综合发展水平”+“对外联系水平”的双向视角构建区域交通能级测度模型准则层。一级指标，根据空间运输联系互动的异质性，将交通系统分解成微循环、内循环、外循环三循环子系统，其中“内部综合发展水平”用“微循环”子系统刻画，“对外联系水平”用“内循环”和“外循环”两个子系统刻画；二级指标，依据交通“双产品”理论，从提供交通“双功能”角度，构建“移动性”和“可达性”二级指标体系。

其次，以区域交通能级指标体系和模型算法，对 2000～2019 年 20 年间的成渝双核城市的交通能级分别进行了计算。其中微循环：从内部公路路网通行能力×可达性进行评估与量化；内循环从综合通行能力（公、铁、水、空、管）×综合可达性（公路、航空、铁路）进行评价；外循环从综合通行能力（渝新欧、蓉新欧国际通道；沪渝江海通道、西部陆海新通道；重庆、成都空中丝路）和综合可达性（渝新欧、蓉新欧国际通道；沪渝江海通道、西部陆海新通道；重庆、成都空中丝路）进行评价和计算。

最后，对计算的结果，依据成都和重庆双核交通能级增长速率，结合量、质变关系，进行了等级划分。本书将 0~1 的能级值，按 0.2 的间距划分为 5 个等级，从量化的结果看，与增长速率峰值基本重合，说明划分的合理性。而 20 年间重庆、成都的交通能级都经历了 3 次变迁，但重庆能级基本错位高于成都一个等级。如重庆在 2017 年后处于第 5 等级，而成都则在 2017 年后才跃迁到第 4 等级，两者错位相差一个等级。

第五章　成渝双核经济能级测度与分级

基于第一章、第二章的经济能级基本概念和理论基础，结合场论中“场源”与“场”相互依存性等理论，构建区域经济能级测度模型和测度方法，并对模型进行了统计与实证的双重优化和检验；并对检验和优化后的测度模型利用综合模糊积分算法对2000~2019年20年间的成渝双核的经济能级分别进行了测度，并对测度的结果，依据成都和重庆双核经济能级发展的增长率速度特征，以及量变与质变的辩证关系，对经济能级进行等级划分。

第一节　区域经济能级测度模型构建

一、理论依据

根据前文对经济能级的定义，将所研究的地理空间具象到区域，则区域经济能级是指区域的经济功能量与级别大小，体现该区域的经济综合发展水平，以及该区域的经济功能对其以外地区的辐射影响程度。

首先，基于场论中“场源”与“场”互相依存理论，本书从更高层理论的角度，突破传统多聚焦“内部综合发展水平”单一视角，将经济能级从“场源”

与“场”双向视角展开测度。“内部综合发展水平”承担“场源”作用，“对外经济联系水平”承担“场”作用。

其次，根据经济功能的定义，是指所研究的地理空间在该地域经济发展中为满足人类自身生存和发展需要所承担任务和所起的作用和功效。在不同的社会发展阶段人类对经济所应承担的任务和作用的要求不一样。从全球而言，越来越多的学者（Berg et al.，2017；Roberts，2020）研究“广义经济学”，主要从经济、社会、生态更广阔的角度考虑人类生存和发展需要。从中国而言，结合现阶段中国高质量经济的发展需要，如马茹等（2019）、涂建军等（2021）指出中国高质量发展问题主要体现为经济、社会、生态三大领域的综合质量发展水平问题。可见，随着经济的发展，不同阶段所需解决的核心问题不同，因此，经济所承担的主要任务和作用即经济功能不同，即经济功能在满足最基本的作用和功效的基础上已有所延伸和扩展。结合中国现阶段经济所应承担的任务和作用的研究成果，论文将经济“内部综合发展水平”从经济、社会、生态三个角度进行测度；对外经济联系水平，与交通能级的外部联系水平展开的视角一致，从内外“双循环”的角度展开测度，在具体测度方法和指标选择上，由于引力模型的机械性、城市流强度产业发展阶段的适应性问题、城市内部锁定联系存在数据可靠性和权威性的局限等问题（Wang et al.，2022），综合比较上述研究方法，本书最终采用比例法和投入产出表中国内省际“贸易额”指标测度对外经济联系水平。

二、模型构建

（一）内部综合发展水平

以往评价区域经济内部综合发展水平多从社会经济发展水平的角度，并且评价指标体系相当成熟，主要从经济规模、经济结构、人民生活水平等角度评价。对之分类，经济规模和经济结构主要体现的是对经济发展水平的刻画，从文献具体指标梳理来看，主要体现的是对生产水平的测度；人民生活水平，主要体现的是对社会发展水平的刻画。社会发展是以人为本的发展，强调对人们生存和生活的保障、对思想和文明的推进（涂建军等，2021），由于思想和文明的推进等的

无形性和量化困难，因此学界一般用生活水平来量化社会发展水平。因此，结合中国现阶段经济所应承担的任务和作用，从生产水平、生活水平、生态水平三个维度，分别对经济、社会、生态三大领域的水平进行了测度。

1. 生产水平方面

本书综合沈惊宏等（2012）、李金滟（2012）、孟德友等（2013）、游细斌等（2017）和沈非等（2019）所采用的相关指标：如GDP、人口总数、人均GDP、全社会固定资产投资总额、第二产业比重、第三产业比重、地均GDP、城镇化率、社会消费品零售额、人均城镇居民可支配收入、农村人均可支配收入等，将这些指标从经济规模、经济质量和经济密度上进行分类并对部分指标进行细化和补充。

（1）在经济规模上（人、地、钱）采用GDP总量、人口总数指标（李金滟，2012）和全社会固定资产投资总额。因为我国区域人口流动性较大，本书在人口总数指标上主要采用常住人口指标，表现区域人口集聚能力。另外，本书试着加入了行政面积（周振华，2005）这一指标，主要想刻画区域所能辐射的幅员范围及未来的土地资源使用潜力。

（2）经济质量指标实际脱胎于经济结构，本书更多倚重于经济结构中体现高质量发展优化的指标。借鉴已有文献的做法，用第二产业、第三产业占比表征产业结构优化程度（唐正霞，2019），体现的是经济高质量发展的方向（涂建军等，2021）。因此，本书将第二、第三产业占比作为评估经济质量指标。

（3）经济密度指标，由于区域经济发展的非均衡性，会形成不同“密度”的经济空间，“密”“疏”经济空间之间梯度的存在，导致广泛的辐射性。这种“密”“疏”经济空间可用经济密度来描述，实质反映的是区域经济的集聚水平（郝凤霞和张诗葭，2021）。在指标选取上有人口密度（常住人口与其土地面积之比）、人均GDP（按常住人口平均）、地均GDP（GDP与其土地面积之比）（石林等，2018）。分别体现区域人口的聚集能力以及人和地的经济产出效益和密集程度，值越大说明经济集聚水平更显著。

2. 生活水平方面

在新时代背景下，我国社会主要矛盾已经转化为人民日益增长的美好生活需要和不平衡不充分的发展之间的矛盾。因此，本书主要从“美好生活需要”和“不平衡不充分发展之间”这个社会主要矛盾的两个方面去设计。综合借鉴游细斌等（2017）、李连成等（2017）文献评价人民生活水平所采用的指标：城乡可支配收入、城乡恩格尔系数和社会消费品零售总额等指标。本书从民生总量、民生质量、民生协调三个角度进行构建。

消费作为最终需求，是人民对美好生活需要的最直接体现，因此，用社会消费品零售总额表征生活水平总量，体现对美好生活满足的总量水平；民生质量选取城乡居民人均可支配收入和城乡居民恩格尔系数来衡量。人均可支配收入是从总量上回答的生活质量，恩格尔系数从消费结构上回答的生活质量。民生协调主要从城乡可支配收入比、城乡消费支出比和城镇化率三个指标（戢晓峰和谢世坤，2019；陈景华等，2020）来体现区域内部的不平衡不充分发展的问题，前两个是负向指标，后者是正向指标。其中，城镇化率是伴随工业化发展，农村人口向城镇集中的过程，也是国家现代化的标志，更是破解城乡二元结构，缩小城乡差距的重要举措。

3. 生态水平方面

综合相关文献所设计的指标，从生态治理、生态污染、生态质量三个方面评价。生态治理从工业治理投资额度来衡量。生态污染，文献主要从工业废水、工业废气、工业固体废物的排放总量来衡量（韩瑞玲等，2019；刘琳轲等，2021），或地均“三废”排放量（韩玉刚和曹贤忠，2015）或单位 GDP 排放量（李光龙，2019）来衡量，本书采用单位 GDP 的废水、废气、固定废物来衡量。生态环境质量，本应该包括土壤、水质、空气等质量，但本书主要研究环境和交通之间的问题，交通对环境的污染主要以汽车排放的尾气、颗粒物以及噪声污染为主，因此在生态质量方面本书主要从空气质量与噪声的角度来衡量，指标拟采用空气质量达到及好于 2 级的天数和交通噪声监测情况。

（二）对外经济联系水平

对外经济联系水平主要表征区域对外的集聚—辐射能力，主要从外部经济功能总量，即要素流动总量的角度评价。无论从外循环（全球）视角还是内循环（国内）视角，外向型经济（对外经济联系水平）主要体现在货物、人员、资金、技术、信息等要素的互动与交流（李燕和贺灿飞，2011）。由于信息与技术的无形性难以统计量化，以及技术互动主要附着于货物、人员等，故而本书的对外经济联系水平仅从物资、人员、资金流动角度考虑。根据统计数据的可得性，货物流动采用的是流入和流出两个指标的总和，外循环采用进出口总额，内循环采用投入产出表中省际"贸易额"即国内省际流入与流出总量；人员流动和资金流动，由于数据的可得性，只采用了流入数据，主要刻画区域在内、外循环中的对人员和资金的集聚能力。

1. 货物要素流动刻画

外循环采用进出口贸易量指标，内循环采用的是投入产出表中的省际货物流入与流出指标，代表的是国内省际的"贸易"量，其全面、客观地反映了内循环中省际之间的货物要素流动情况，但存在统计数据不连续的问题，可作为某几个时间截面的重要参考指标，也可以通过插值法完善。

2. 人员要素流动刻画

入境旅游人次和国内旅游人数，代表区域在双循环体系中人员要素流动的衡量，其不仅仅只包含旅游观光为目的的人群，还包含商旅、学旅、文旅等所有出行目的的人员流动。例如，根据重庆统计年鉴主要统计指标解释，"入境游客具体是指报告期内来我国观光、度假、探亲访友、就医疗养、购物、参加会议或从事经济、文化、体育、宗教活动的外国人、港澳台同胞等入境游客"①。这些所有出行目的的人员流动，体现的是在双循环体系中区域对人员的吸引力和牵引力。

3. 资金要素流动刻画

实际利用内、外资的指标可衡量区域在内外循环体系中资金要素流动的情

① 重庆市统计局．重庆统计年鉴 2020［M］．北京：中国统计出版社，2020：524.

况。实际利用内资是指，区域外部地区在区域内以从事经济活动为主要目的，进行的独资、合资、参股合作等而流入的资金①，全面反映了内循环中区域对国内资金的吸引和牵引力，体现内循环的资金流入能力。实际利用外资额度是由外商直接投资（FDI）、外商其他投资、对外借款、其他利用外资四个指标的总和②，全面反映了在外循环中区域利用国外资金的能力，是国外资金的流入。这两个指标体现了区域对国内外资金的吸引力和牵引力。

综上所述，区域经济能级测度模型初步构建如图 5.1 所示。指标层一共 29 个指标，城乡恩格尔系数、城乡可支配收入占比、工业废水、废气、废物排放 5 个指标为负向指标外，其余则为正向指标。

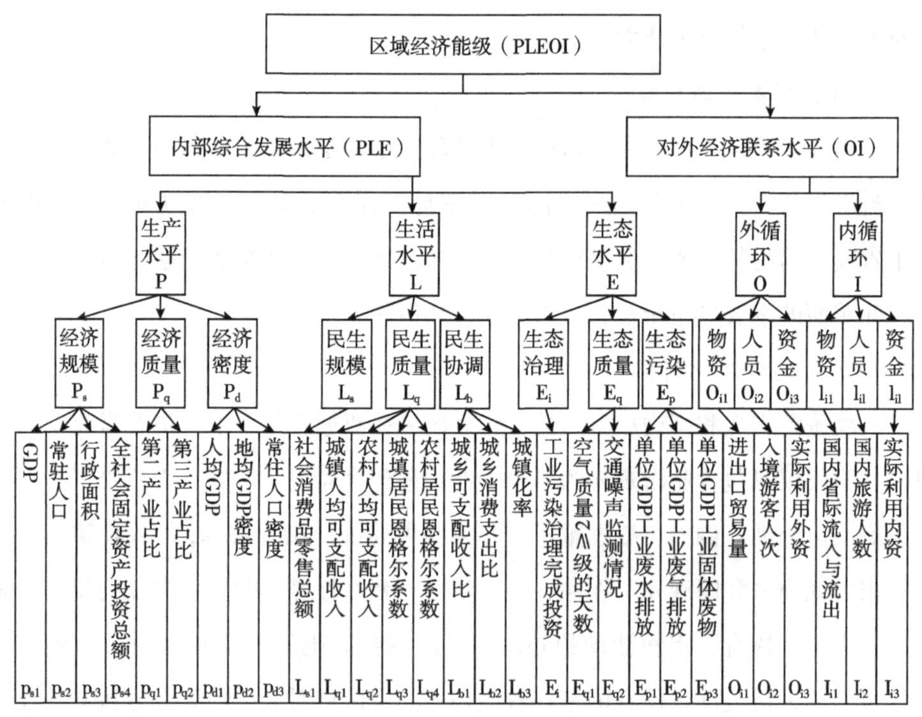

图 5.1　区域经济能级测度模型初步构建

① 重庆市统计局．重庆统计年鉴 2020［M］．北京：中国统计出版社，2020：525.

② 重庆市统计局．重庆统计年鉴 2020［M］．北京：中国统计出版社，2020：518.

三、测度方法

（一）模型验证与优化

区域经济能级测度与区域交通能级测度一样也涉及多层次多指标体系综合评价问题，但两者构建的测度模型完备性不同。交通能级测度模型是基于交通“双产品”理论的完备模型，而经济能级测度模型，却由于在不同的经济发展阶段经济功能的延伸和变化，是开放性测度模型，因此，本书经济能级测度模型的构建是在梳理相关文献基础上集成的测度模型，故而，还需要检验经济能级测度模型的科学性与合理性，因此，本书需对构建的模型进行统计学与实证双重验证与优化，在证明所构建的测度模型的科学性与合理性之后，才能将之用于下一步的应用研究。综上所述，首先，本书利用克隆巴赫系数对模型的信度进行分析并对指标体系进行第一次的筛选；其次，利用结构效度的因子分析法对筛选后的指标体系进行进一步的效度分析和指标筛选。由于通过信效度检验和优化的模型只能证明模型在统计学上的适配性，在实证上是否合理，还需进一步验证。本书主要通过引入比对城市，测度几个城市的经济能级，从而进行横向比对验证模型的合理性。

（二）综合权重模糊积分法

对于通过信效度检验筛选的经济能级测度模型，由于各指标之间的相互独立性仍然具有一定的模糊性，如经济规模与民生规模、生态治理与生态质量等指标间独立性问题。模糊积分是建立在模糊数学的基础上，能有效处理系统中模糊不确定性问题，同时作为一种非线性数学方法，更加高效地解决因非独立性因素间的交叉作用造成评价难度大的问题（王建波等，2018）。因此本书采用不需要假设指标间相互独立的模糊积分法进行综合评价，量化出区域经济能级。又由于模糊积分中的重要指标模糊密度与各指标的权重相关，为避免主观权重的人为因素，以及客观权重对数据的依赖性，本书对各指标的权重采用主客观结合的方式来计算。即客观权重采用熵权法，主观权重采取专家评分法，两者结合得出综合权重。基于此思路，区域经济能级综合权重模糊积分法的计算过程和方法如下：

1. 原始数据的标准化

与计算交通能级一样，需要对原始数据进行相同的处理，正向指标通过式（4.33）和负向指标通过式（4.34）对数据进行无量纲的标准化处理。

2. 熵权法计算客观权重

熵权法是一种针对原始数据的差异化与规律性进行识别并赋权的方法。其计算有如下三步：

（1）计算 j 指标的比例。

$$P_{ij} = \frac{Y'_{ij}}{\sum_{i=1}^{m} Y'_{ij}} (1 \leqslant i \leqslant m)(1 \leqslant j \leqslant n) \tag{5.1}$$

其中，m 为评价对象数，n 为评价指标数，$P = (P_{ij})_{m \times n}(0 \leqslant P \leqslant 1)$，$\sum_{i=1}^{m} P_{ij} = 1$，其中 $i = 1, 2, \cdots, m$；$j = 1, 2, \cdots, n$。

（2）计算 j 指标的信息熵。

$$E_j = -k \sum_{i=1}^{m} p_{ij} \ln(p_{ij})\text{，其中 } k = \frac{1}{\ln m} \tag{5.2}$$

（3）计算 j 指标的熵权。

$$W_j = \frac{1 - E_j}{n - \sum_{i=1}^{n} E_j} \tag{5.3}$$

3. 计算综合权重

$$\beta_j = \frac{\alpha_{j \times W_j}}{\sum_{j=1}^{n} \alpha_{j \times W_j}} \quad j = 1, 2, \cdots, n \tag{5.4}$$

其中，α_j 为主观权重；W_j 为根据熵权法计算的客观权重，两者结合得出综合权重 β_j，作为模糊积分中的模糊密度。根据评价指标之间的传递关系，计算上述相关权重以及各评价指标的 g（X_i）数值。

4. λ 模糊测度

模糊测度是使用模糊积分方法的前提条件和关键要素，其中 λ 模糊测度是经常用到的测量和度量方法。其定义如下：

定义1：若模糊测度 g 满足以下附加性质：若 $A \cap B=\phi$，$g(A \cup B)=g(A)+g(B)+\lambda g(A)g(B)$，其中 $\lambda \epsilon[-1, \infty)$，则称 g 为 λ 模糊测度或 g_λ 测度。

若 $X=\{x_1, x_2, \cdots, x_n\}$ 为有 x 限集合，且各变量 x_i 的模糊密度函数为 $g(x_i)$，则 g_λ 可以写成：

$$g_\lambda(\{x_1, x_2, \cdots, x_n\})=\sum_{i=1}^{n} g(x_i)+\lambda \sum_{i1=1}^{n-1} \sum_{i2=i1+1}^{n} g(x_{i1})g(x_{i2})+\cdots+\lambda^{n-1} g(x_1)g(x_2), \cdots, g(x_n)$$

$$=\frac{1}{\lambda}\left|\prod_{i=1}^{n}(1+\lambda g(x_i))-1\right| \lambda \epsilon[-1, \infty), \lambda \neq 0 \tag{5.5}$$

5. 模糊积分计算出最终结果

模糊积分是定义在模糊测度基础上的一种非线性函数，不需要假设评价指标间的相互独立性，模糊积分方式很多，本书采用运用最为广泛的 Choquet（Murofushi & Sugeno，1989）模糊积分方式，其定义如下：

定义2：设 $f(x_1) \geqslant f(x_2) \geqslant \cdots \geqslant f(x_i) \geqslant \cdots \geqslant f(x_n)$，$f$ 的模糊测度 g 在 X 上的 Choquet 模糊积分为：

$$\int f d_g=f(x_n)g(X_n)+[f(x_{n-1})-f(x_n)]g(X_{n-1})+\cdots+[f(x_1)-f(x_2)]g(X_1) \tag{5.6}$$

其中，$f(x_j)$ 表示评价对象在第 i 个指标标准化之后的指标值；$g(X_j)$ 同时考虑属性 x_1，x_2，…，x_n 时的重要程度，$g(X_1)=g\{(X_1)\}$，$g(X_n)=g\{(X_1, X_2, \cdots, X_n)\}$。

第二节　成渝双核经济能级测度模型双重验证、优化及结果

一、模型优化及测度数据来源及说明

（一）数据来源

根据图5.1预设的区域经济能级测度模型的初步框架，可知目标层为区域经济能级，准则层为内部综合发展水平和外部经济联系水平，具体层级关系、指标代码及指标性质如表5.1所示。本书分别从国家统计局、各城市统计年鉴、文化旅游委员会、投资促进局、生态环境局、统计公报、政府工作报告、投资指南、投入产出表等，收集了重庆、成都、天津、北京四个城市2000~2019年20年的统计数据。之所以收集天津和北京的数据是为了扩充后续区域经济能级测度模型信度和效度检验统计的样本量，以及模型构建之后加入比对城市进行横向比对再进行实证检验。本书以年为单位作为样本，则4个城市20年间共形成4×20=80个样本数据。而由于每一个样本对应29个指标数据，因此本书共收集了80×29=2320个统计数据。同时为了对比验证样本量的大小会影响信效度结果，本书同时组建了重庆—成都—天津三个城市60个样本量的数据。

（二）相关数据处理说明

（1）不同统计口径数据有差异，如当国家与各城市自身的统计年鉴数据有差异时，本书以最新的2020年重庆、成都、天津、北京统计年鉴数据为准。

（2）对于部分缺失指标采用插值法。如果是基本递增函数，采用等差数列法插值，如通过投入产出表收集的四个城市的国内省际流入与流出缺失部分便采用此方法。而对于非递增函数采用平均值插入法，如生态质量指标，四个城市都缺少2000~2003年的空气质量优于或等于二级天数的数据，故而采用平均值插入法。

表 5.1 区域经济能级测度模型初步构建

目标	准则层	一级指标	二级指标	三级指标	单位	指标性质
区域经济能级测度模型 PLEOI	内部综合发展水平（PLE）	生产水平（P）（Production level）	经济规模（P_S）（Production scale）	GDP（P_{S1}）	亿元	+
				常住人口（P_{S2}）	万人	+
				行政面积（P_{S3}）	万平方千米	+
				全社会固定资产投资总额（P_{S4}）	亿元	+
			经济质量（P_q）（Production quality）	第二产业占比（P_{q1}）	%	+
				第三产业占比（P_{q2}）	%	+
			经济密度（P_d）（Production density）	人均 GDP（P_{d1}）	元/人	+
				地均 GDP（P_{d2}）	万元/平方千米	+
				常住人口密度（P_{d3}）	人/平方千米	+
		生活水平（L）（Life level）	民生规模（L_S）（Life scale）	社会消费品零售总额（LS_1）	亿元	+
			民生质量（L_q）（Life quality）	城镇人均可支配收入（L_{q1}）	元	+
				农村人均可支配收入（L_{q2}）	元	+
				城镇居民恩格尔系数（L_{q3}）	%	-
				农村居民恩格尔系数（L_{q4}）	%	-
			民生协调（L_b）（Life balance）	城乡可支配收入占比（L_{b1}）	NA	-
				城乡消费支出占比（L_{b2}）	NA	-
				城镇化率（L_{b3}）	%	+
		生态水平（E_i）（Ecological level）	生态治理（E_i）（Ecological investment）	工业污染治理完成投资（E_i）	万元	+
			生态质量（E_q）（Ecological quality）	空气质量≥2 级天数（E_{q1}）	天	+
				交通噪声污染（E_{q2}）	分贝	-
			生态污染（E_p）（Ecological pollution）	单位 GDP 工业废水排放（E_{p1}）	万吨/亿元	-
				单位 GDP 工业废气排放（E_{p2}）	亿标立方米/亿元	-
				单位 GDP 工业固体废物（E_{p3}）	万吨/亿元	-
	对外经济联系水平（OI）	外循环（O）（Outer interaction level）	物资（O_{i1}）	进出口贸易额（O_{i1}）	万美元	+
			人员（O_{i2}）	入境游客人次（O_{i2}）	人	+
			资金（O_{i3}）	实际利用外资（O_{i3}）	万美元	+
		内循环（I）（Internal interaction level）	物资（I_{i1}）	国内省际流入与流出（I_{i1}）	万元	+
			人员（I_{i2}）	国内旅游人数（I_{i2}）	万人	+
			资金（I_{i3}）	实际利用内资（I_{i3}）	亿元	+

（3）选择扩充样本进行横向比对时，本应该从其他三大增长极中各自选择一个代表城市，如选择上海、北京、广州，但是由于数据的可得性，如投入产出表等只能查到直辖市和省级数据，因此广州没有相应城市数据，上海却未能查到相应数据，而天津、北京可以查询到 2000 年、2002 年、2005 年、2007 年、2010 年、2012 年、2015 年和 2017 年 8 年左右的数据，故而最终本书集中选择了京津冀的两个城市做横向比较和扩充样本量的城市。但是由于北京无法查询利用内资的统计数据，故而采取将重庆、成都、天津的利用内资的数据平均赋值给北京，显然北京作为首都，中国的政治文化经济中心，利用内资的能力肯定应该是高于这几个城市的平均值，用此数据肯定会得到北京低估的经济能级。因此本书获得了两组数据，一组数据为成都、重庆、天津数据齐全的 60 个样本数据；另一组数据为北京的内资采用其他三城市平均处理的 80 个样本数据。

（4）在进行信效度检验之前，本书通过式（4.33）、式（4.34）和式（5.1）对原始数据进行处理（见附录 L）。

二、模型统计学优化与适配性检验

（一）经济能级测度模型信度和效度检验

区域经济能级测度模型中的每一个具体指标，本书已结合文献梳理和数据可得性进行取舍，整体虽已具备内容效度，但作为新构建的指标体系，还处于一种定性的假设阶段，还需要定量评价以检验评价指标的科学性及合理性，本书采用信度对该指标体系进行分析和优化，并用结构方程模型检验该指标体系效度。

1. 信度分析

本书研究的信度，主要指内部信度，即对一组测量指标是否测量同一个概念，同时检验指标项的内在一致性程度如何（范如国和张宏娟，2012）。最常用的内部信度系数为克隆巴赫 Alpha（Cronbach'α）。根据 Peterson（1994）的观点，当检验的 Cronbach'α 值大于 0.7~0.8 表示信度相当好，在 0.8~0.9 表示信度非常好。除整体信度的 Cronbach'α 值检验外，可进一步对指标体系进行净化处理，对单个指标进行检验，剔除信度较低的指标，本书利用修正后指标的总相关系数（Corrected Item Total Correlation，CITC）进行选择。卢文岱（2002）提出剔除的标准有两条：第一，CITC 的值应该大于等于 0.4；第二，删除后此指标的 Cronbach'α 值（Cronbach Alpha Item Deleted，CAID）显著增加。

根据以上原则，本书利用 SPSS 26.0 软件对收集的 60 个样本和 80 个样本的两组数据分别进行信度分析，具体如表 5.2 所示。

表 5.2　区域经济能级测度模型整体信度分析比较

样本（个）	Cronbach α
80	0.960
60	0.921

资料来源：本书整理。

从表中可以看出两组的信度都非常好，但显然样本越多越有利于 SPSS 软件做出更准确的信度判断。对于指标的优化，本书选取可靠性更高的 80 个样本组进行分析，具体见表 5.3 区域经济能级测度模型个体指标优化。

表 5.3　区域经济能级测度模型个体指标优化

指标	CITC	CAID	Cronbach'α	指标是否保留
O_{i1}	0.905	0.956	0.960	√
O_{i2}	0.879	0.957	0.960	√
O_{i3}	0.852	0.957	0.960	√
I_{i1}	0.867	0.958	0.960	√
I_{i2}	0.967	0.956	0.960	√
I_{i3}	0.969	0.956	0.960	√
P_{s1}	0.987	0.956	0.960	√
P_{s2}	0.824	0.960	0.960	√
P_{s3}	0.390	0.961	0.960	×
P_{s4}	0.963	0.956	0.960	√
P_{q1}	-0.606	0.962	0.960	×

续表

指标	CITC	CAID	Cronbach'α	指标是否保留
P_{q2}	0.806	0.960	0.960	√
P_{d1}	0.990	0.956	0.960	√
P_{d2}	0.982	0.956	0.960	√
P_{d3}	0.757	0.960	0.960	√
L_{s1}	0.912	0.956	0.960	√
L_{q1}	0.967	0.956	0.960	√
L_{q2}	0.973	0.956	0.960	√
L_{q3}	0.549	0.960	0.960	√
L_{q4}	0.746	0.960	0.960	√
L_{b1}	0.772	0.960	0.960	√
L_{b2}	0.785	0.959	0.960	√
L_{b3}	0.854	0.960	0.960	√
E_i	0.039	0.968	0.960	×
E_{q1}	-0.273	0.963	0.960	×
E_{q2}	0.110	0.961	0.960	×
E_{p1}	0.945	0.956	0.960	√
E_{p2}	0.838	0.958	0.960	√
E_{p3}	0.912	0.956	0.960	√

资料来源：本书整理。

从表5.3中数据可知行政面积（P_{s3}）、第二产业占比（P_{q1}）、工业污染治理完成投资（E_{i1}）、空气质量≥2级天数（E_{q1}）与交通噪声污染（E_{q2}）的CITC值都小于0.4，且CAID比未删除的Cronbach α要大，所以需将这些指标删除，评价指标体系中还剩24个指标。

删除指标原因分析：P_{s3}只有四个城市的数据，四城之间面积倍差较大，且20年间每个城市的行政面积基本恒定，导致从统计学角度未能通过验证，但是从理论角度，人口、土地面积都代表该地区主动或被动（行政原因）吸引获得的资源，应该是规模的表征。

第二产业占比（P_{q1}）不能通过的原因在于其指标性质的两面性，亦正亦负，需根据区域不同的经济发展阶段来判断，在工业化后期以前，第二产业占比越高，经济质量越好。但工业化后期之后，第三产业占比才更能代表高质量发展方向，第二产业中的传统制造业此时反而会成为阻碍经济质量发展的负向指标。

工业污染治理完成投资（E_{i1}）、空气质量≥2 级天数（E_{q1}）与交通噪声污染（E_{q2}）三个关于生态水平评价的指标未能通过检验，主要原因在于早期生态环境保护意识缺乏，经济快速发展是以牺牲生态水平的粗放型发展，数据显示，四大城市早期经济越不发展，空气质量越高，导致空气质量指标与整体呈现负相关。而 E_{i1} 虽为正，整体贡献太小而被淘汰，显然还是因为生态环境保护意识不到位，导致工业污染生态治理的投资力度不够而导致。E_{q2} 作为交通噪声污染指标与交通休戚相关，虽然交通噪声占城市噪声的 80%（何寿奎，2020），但从 CITC 来看，其值仅为 0.11，说明交通噪声污染并非影响生态水平的关键因素。

2. 效度分析

效度即有效性，是指测量工具或手段能够测出所需测量事物的准确程度。效度是评价中最重要的因素，直接影响整个研究的价值（李晓东和卢振波，2007）。常用于效度分析的内容效度和结构效度（黄磊，2015）。

（1）内容效度指所设计的题项，能否代表所要测量的内容或主题（孙雅波等，2014）。本书的整体指标体系框架及个体指标选择是依据相应理论及文献整理的基础上综合所得，表明已经具备一定的内容效度。

（2）结构效度指测量结果体现出来的某种结构与测值之间的对应程度。显然，本书需要重点检验结构效度。最理想的结构效度分析方法是利用因子分析测量评价指标体系的结构效度。在做因子分析前要检验样本数据是否适合做因子分析。

根据 Kaiser（1974）的观点，当测量的 KMO 大于 0.6，且 Bartlett 检验卡方值显著时适合做因子分析。利用 SPSS26.0 对 80 个样本的数据进行了 KMO 和巴特利特检验，其 KMO 值为 0.887，且 Bartlett 球形度 χ^2 为 5743.092，df 为 406，且 Sig. 值 $0.000<0.05$ 表明显著，说明样本数据适合做因子分析。

由于本书的区域经济能级测度模型已初步构建，维度已知，所以不需做探索性因子分析（Exploratory Factor Analysis，EFA），但需要做验证性因子分析（Confirmatory Factor Analysis，CFA），主要目的也即判断潜在构面（维度）上的测量指标是否真能反映该结构的特性。本书通过 AMOS 26.0 软件采用最大似然估计法对生产、生活、生态外、外循环、内循环（PLEOI）五个构面（维度）分别进行单因子 CFA 检验和五合（PLEOI）的一阶多因子 CFA 检验。

AMOS 提供了 25 种拟合度指标作为判断依据，本书结合 Jackson 等（2009）统计的各文献报告累计频次最高的 11 种指标作为标准进行汇报，具体标准如表 5.4 所示。而单个构面及整体五合一阶多因子的 CFA 的具体拟合度指标值，可见表 5.5 及图 5.2、图 5.3、图 5.4 中截图右上方的文本所示。由于本书样本收集的局限性，最多只有 80 个样本，为了分析样本限制对模型适配度的影响，本书也测试 60 个样本五合模型的拟合值，进行横向比对。本书假设在 CFA 验证中，同一模型，不同的样本大小，拟合度不同，样本越少拟合度越差。针对本书而言，60 个样本的五合模型的拟合度确实比 80 个样本五合模型的拟合度差，即 60 个样本能通过的拟合度指标比 80 个样本的拟合度指标少，如表 5.4 所示。

表 5.4　CFA 模型拟合度标准及 80 样本和 60 样本模型拟合值

拟合度指标	拟合良好	基本拟合	P	L	E	O	I	五合模型（80 样本）	五合模型（60 样本）
卡方 Chi-square（χ^2）	越小越好	NA	3.10	10.1	0	0	0	**164.2**	**271.4**
自由度（degree of freedom，df）	NA	NA	3	8	0	0	0	**92**	**92**
卡方与自由度之比（Chi-square/df）	1~3	<5	**1.04**	**1.26**	NA	NA	NA	**1.79**	**2.95**
P 值（P-value）	>0.05	>0.7	**0.38**	**0.26**	NA	NA	NA	0.00	0.00
拟合优度指数（Goodness of Fit Index，GFI）	>0.9	>0.7	**0.98**	**0.96**	**1**	**1**	**1**	**0.84**	**0.74**
修正的拟合优度指数 AGFI（Adjusted GFI）	>0.9	>0.7	**0.92**	**0.90**	NA	NA	NA	**0.70**	0.52

续表

拟合度指标	拟合良好	基本拟合	P	L	E	O	I	五合模型（80 样本）	五合模型（60 样本）
比较拟合指数（Comparative Fit Index，CFI）	>0.9	>0.7	**1**	**1.0**	NA	NA	NA	**0.98**	**0.93**
近似误差均方根（Root-Mean-Square Error of Approximation，RMSEA）	0.05~0.08	0.1	**0.02**	**0.06**	NA	NA	NA	**0.10**	0.18
规范拟合优度指数（Normed Fit Index，NFI）	>0.9	>0.7	**1.0**	**0.98**	NA	NA	NA	**0.95**	**0.90**
增值适配指数（Incremental Fit Index，IFI）	>0.9	>0.7	**1.0**	**1**	NA	NA	NA	**0.98**	**0.93**
Tucker-Lewis 指数，又称 NNFI（Tucker-Lewis Index，TLI）	>0.9	>0.7	**1.0**	**0.99**	NA	NA	NA	**0.96**	**0.89**

资料来源：根据 Jackson（2009）及本书数据整理而得。

a：Single factor CFA test chart of P
Chi-square=3.104 df=3
Clhi-square/df=1.035 p=0.376
GFI=0.984 AGFI=0.921
CFI=1.000 RMSEA=0.021
NFI=0.996 IFI=1.000 TLI=1.000

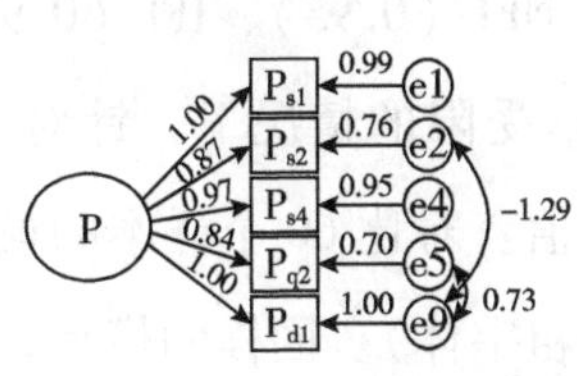

b：Single factor CFA test chart of L
Chi-square=10.074 df-8
Chi-square/df=1.259 p=0.260
GFI=0.962 AGFI=0.900
CFI=0.996RMSEA=0.057
NFI=0.979 IFI=0.996 TLI=0.992

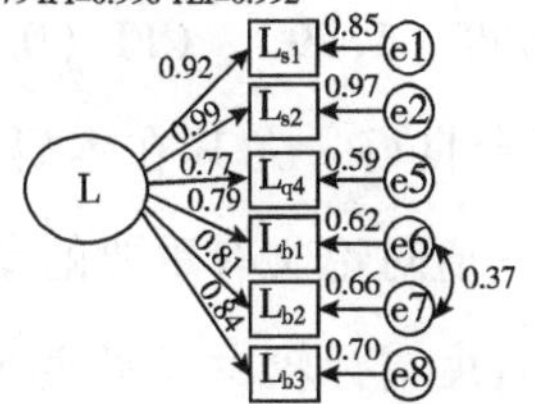

c：Single factor CFA test chart of E
Chi-square=0.000 df=0
Chi-square/df=\ cmindf p=\ p
GFI=1.000 AGFI=\agfi
CFI=\ cfi RMSEA=\ rmsea
NFI=\ nfi IFI=\ ifi TLI=\ tli

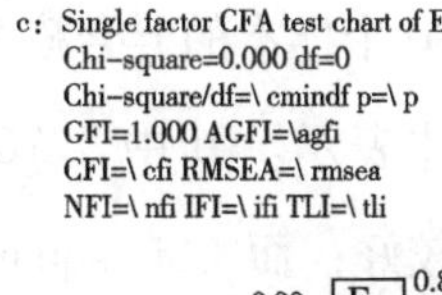

d：Single factor CFA test chart of O
Chi-squlare=0.000 df=0
Chi-square/df=\ cmindf p=\p
GFI=1.000 AGFI=\ agfi
CFI=\ cfi RMSEA=\ rmsea
NFI=\ nfi IFI=\ ifi TLI=\ tli

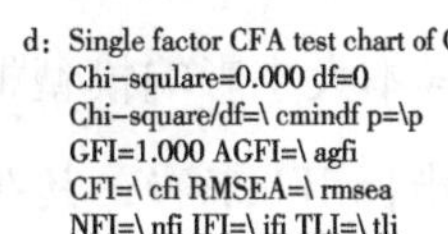

e：Single factor CFA test chart of I
Chi-square=0.000 df=0
Chi-square/df=\ cmindf p=\ p
GFI=1.000 AGFI=\ agfi
CFI=\ cfi RMSEA=\ rmsea
NFI=\ nfi IFI=\ ifi TLI=\ tli

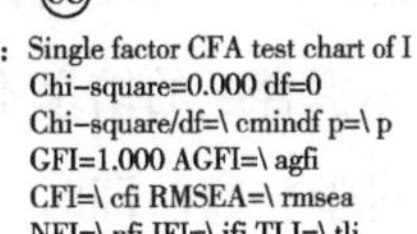

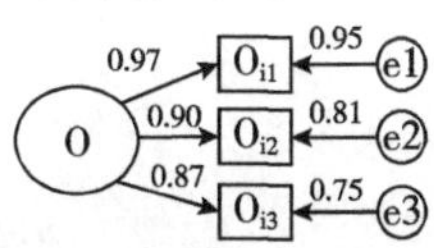

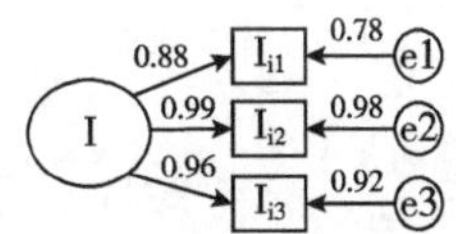

图 5.2 P、L、E、O、I 单因子 CFA 检验图

结合表 5. 4 及图 5. 2，①从模型最终结果来看，五个单因子 CFA 模型拟合度指标都符合了条件。需要说明的是生态水平（见图 5. 2（c））、外循环（见图 5. 2（d））和内循环（见图 5. 2（e））构面的右上角文本只显示了 GIF = 1 数值，其他指标未显示，这表明属于饱和模型，证明潜变量和显变量之间是属于一种理想状态，即生态水平、外循环和内循环的模型适配度极高。②从个体指标来看，汇总 5 个构面中的指标可知，从上一步优化出的 24 个指标中进一步减少到 20 个，其中 P_{d2}、P_{d3}、L_{q1}、L_{q3} 未通过检验被去掉，但从理论层面上看 P_{d2}、P_{d3}、L_{q1}、L_{q3} 分别作为经济密度和民生质量的观察变量还是合理的，应该是数据共线性问题导致未通过。以此 20 个指标为基准进行五合一阶多因子的 CFA 检验，其中 80 样本和 60 样本的模型结果分别如图 5. 3、图 5. 4 所示。

结合图 5. 3、图 5. 4 和表 5. 4 可知：①从个体指标来看，20 个指标中 18 个指标通过，农村人均可支配收入（L_{q2}）和城乡消费支出占比（L_{b2}）未通过一阶多因子的 CFA 检验，但同样从理论层面 L_{q2}、L_{b2} 分别作为民生质量和民生协调的观察变量也具有一定的合理性，应该也是数据共线性问题。②从模型最终结果来看，80 个样本的五合模型拟合度较好，如表 5. 4 所示，通过的拟合度指标已用加粗字体表示。其中，AGIF（0. 70）、RMSEA（1. 00）基本拟合；GFI（0. 84）拟合较好；而 Chi-square/df（1. 79）、CFI（0. 98）、NFI（0. 95）、IFI（0. 98）和 TLI（0. 96）等指标拟合良好。尤其在本研究样本受限的情况下，针对 IFI 不受样本数影响的特性，其值对论文有重要的参考价值。对比 60 个样本的模型拟合度指标，能通过的拟合度指标较少（见表 5. 4 加粗字体）。同样的模型，样本大小不同，指标拟合度的结果不一样，说明样本大小影响模型拟合度结果，样本越大越有利于科学判断。同时，从重要参考指标 IFI 来看，其在小样本中也拟合良好，依然高达 0. 93，进一步预示本研究所构建的 PLEOI 模型有良好的拟合度。

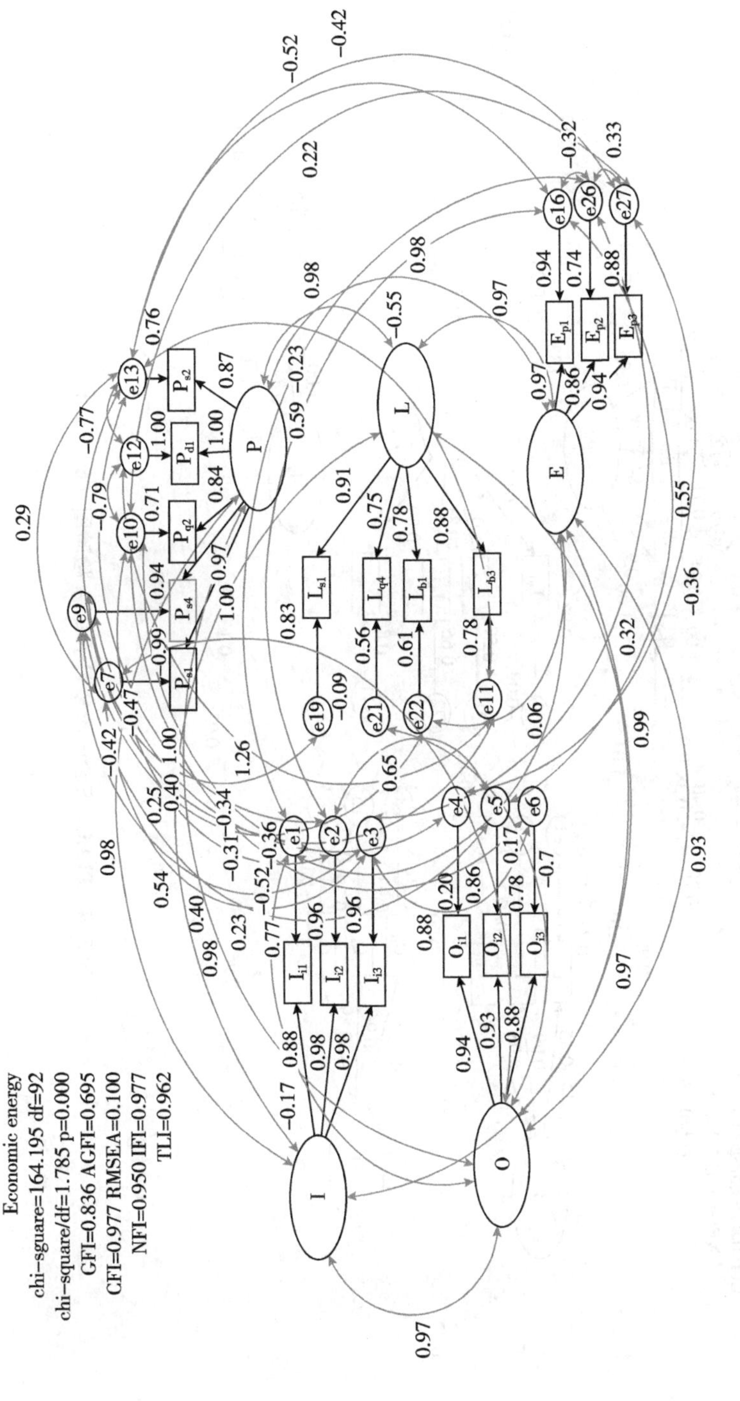

图 5-3　PLEOI 五合一阶多因子 CFA 检验图（80 样本）

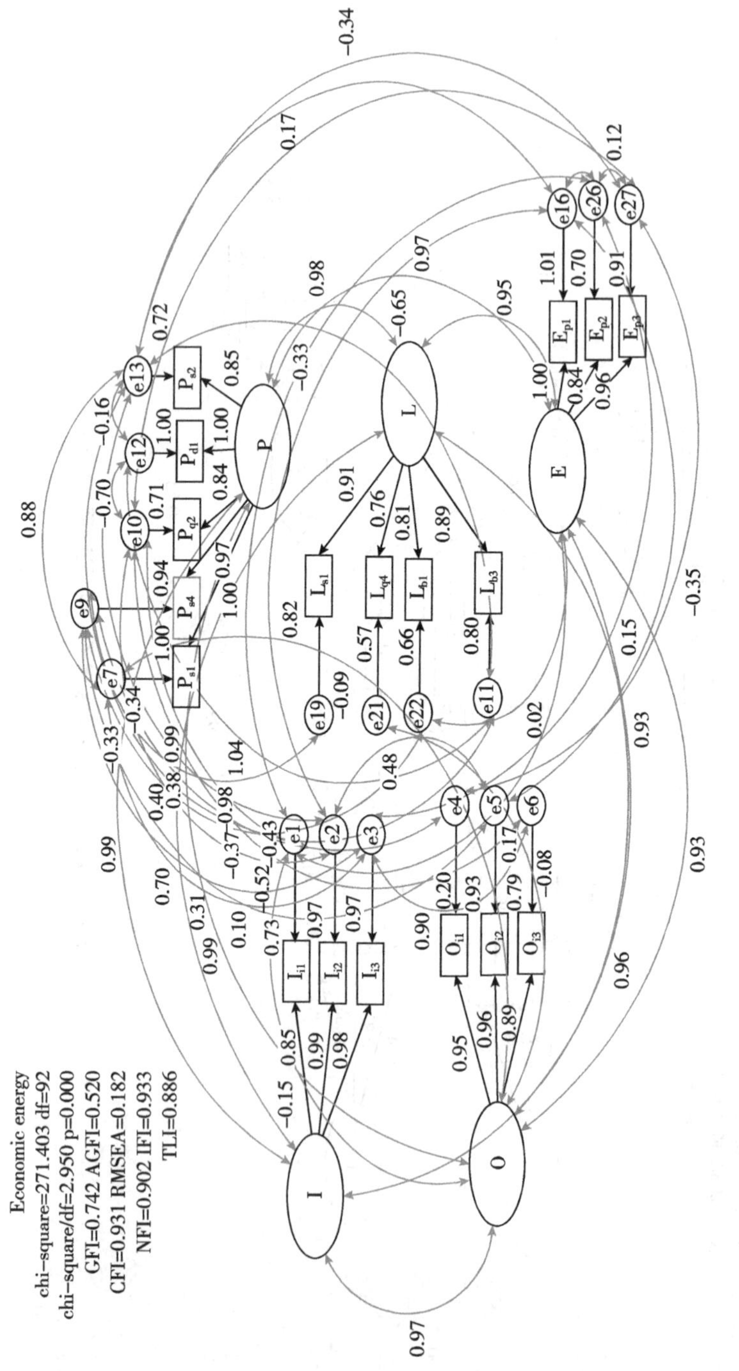

Economic energy
chi-square=271.403 df=92
chi-square/df=2.950 p=0.000
GFI=0.742 AGFI=0.520
CFI=0.931 RMSEA=0.182
NFI=0.902 IFI=0.933
TLI=0.886

图 5-4 PLEOI 五合一阶多因子 CFA 检验图（60 样本）

（二）通过统计学检验、优化的经济能级测度模型

鉴于以上统计数据的表现，可得出本书所构建的模型具备了良好的结构效度，而其测度模型的指标总数被进一步优化，从 20 个降为 18 个，进一步说明，区域经济能级测度模型通过了统计学检验，拟合优度高，优化的模型如表 5.5 所示。

表 5.5　区域经济能级测度模型

外部经济联系水平						内部综合发展水平											
外循环			内循环			生产水平					生活水平				生态水平		
						规模			质量	密度	规模	质量	协调		生态污染		
O_{i1}	O_{i2}	O_{i3}	I_{i1}	I_{i2}	I_{i3}	P_{s1}	P_{s2}	P_{s4}	P_{q2}	P_{d1}	L_{s1}	L_{q4}	L_{b1}	L_{b3}	E_{p1}	E_{p2}	E_{p3}

资料来源：笔者整理而得。

三、模型实证合理性检验

区域经济能级测度模型虽然通过了统计学检验，但拟合优度高的结构方程模型既不能保证该模型一定正确，也不能说明该模型具有科学与实践上的适用性，只能表明论文所收集的实际数据与所假设的模型具有较高的匹配程度。鉴于此，本书将此通过统计学验证的模型对成都、重庆、北京、天津的区域经济能级利用综合模糊积分的方式进行定量的综合评价，通过比对，进一步实证测度指标体系的科学性与合理性，同时若通过实证检验，则此量化的结果又可以反过来指导实践。

（一）计算过程及步骤

1. 数据选择

计算经济能级采用的原始数据与上文的 80 个样本相同，包含重庆、成都、北京、天津各 20 年 18 个评价指标的数据，并采用相同的方式对数据进行标准化处理。

2. 主客观权重、综合权重取值及λ取值

利用熵权法的计算式（5.3），从最底层开始计算的客观权重，本书利用SPSSPRO数据软件平台计算各指标的客观权重。例如，第三层指标（P_{S1}、P_{S2}、P_{S4}）计算的客观权重为（0.349、0.312、0.338），而主观权重，根据所收集的专家打分的平均赋值为（0.442、0.267、0.292）（见附录M）。主客观结合，根据式（5.4）算出综合权重（0.459、0.248、0.294），其值即为模糊积分中的模糊密度。

已知模糊密度则可根据式（5.5）计算其模糊测度，而计算模糊测度之前，确定λ的取值非常关键，而相关研究表明λ取值为一正数时，评价着重考虑指标之间的“均衡性”；小于0并趋近于0时，评价兼顾考虑某些特殊指标与指标间“均衡性”（孙金花等，2014）。而本指标体系中，各层需考虑“均衡性”的同时兼顾某些特殊偏好，如生活水平L的下层指标体系L_s、L_q、L_b，既考虑均衡同时兼顾某些特殊偏好，我们既要考虑三者之间的均衡性，又要考虑当下应当重点解决的特殊问题，如民生协调（L_b）等问题。鉴于此，本指标体系考虑“均衡性”与“特殊性”兼顾，按相关文献，此时λ一般取值为-0.5（Wang et al.，2020）。故而，论文对各层级λ都取值-0.5。

例如，针对（P_{S1}，P_{S2}，P_{S4}），λ取值-0.5，计算模糊测度，并归一化模糊测度，并根据式（5.6）计算Choquet模糊积分，即为对应的上层指标值P_s，即分别对应重庆、成都、北京、天津各自2000~2019年的生产规模值。

其他指标也以此步骤一步步一层层，从下往上层推算，从而最后算出重庆、成都、北京和天津四城市比对的经济能级量化值。本书主要通过Matlab编程计算各层级指标值（见附录N）。而其各指标主客观权重、综合权重及计算层级顺序，如表5.6所示。

表 5.6　各指标层次权重及计算层级顺序

指标	客观权重	主观权重	综合权重	对应上层指标			
				二级	一级	准则层	目标层
P_{s1}	0.349	0.442	0.459	P_s			
P_{s2}	0.313	0.267	0.248				
P_{s4}	0.339	0.292	0.294				
L_{b1}	0.703	0.563	0.753	L_b			
L_{b3}	0.297	0.437	0.247				
P_s	0.300	0.335	0.299		P		
P_q	0.384	0.368	0.421				
P_d	0.316	0.297	0.280				
L_s	0.524	0.299	0.484		L		
L_q	0.269	0.397	0.325				
L_b	0.207	0.304	0.191				
E_{p1}	0.349	0.300	0.325		E		
E_{p2}	0.250	0.420	0.326				
E_{p3}	0.402	0.280	0.349				
O_{i1}	0.465	0.375	0.509		O		
O_{i2}	0.252	0.293	0.216				
O_{i3}	0.283	0.333	0.275				
I_{i1}	0.448	0.369	0.487		I		
I_{i2}	0.235	0.318	0.220				
I_{i3}	0.317	0.313	0.292				
P	0.296	0.350	0.315			PLE	
L	0.221	0.340	0.229				
E	0.483	0.310	0.456				
O	0.321	0.445	0.275			OI	
I	0.679	0.555	0.725				
PLE	0.425	0.615	0.541				PLEOI
OI	0.575	0.385	0.459				

资料来源：根据本书收集、计算的结果综合整理而得。

3. 计算结果

成都、重庆、北京和天津四城的经济能级2000~2019年测度结果如表5.7所示。

表5.7 成都、重庆、北京和天津四城经济能级测度结果

年份	成都PLEOI	重庆PLEOI	北京PLEOI	天津PLEOI
2000	0.1604	0.1405	0.2899	0.1664
2001	0.1627	0.146	0.2678	0.1696
2002	0.1672	0.1501	0.2623	0.1759
2003	0.1704	0.1529	0.2679	0.1745
2004	0.1738	0.1502	0.2903	0.186
2005	0.1767	0.1576	0.3109	0.193
2006	0.1812	0.1614	0.3357	0.2067
2007	0.1865	0.167	0.3704	0.2201
2008	0.2097	0.1886	0.4103	0.2405
2009	0.2271	0.2036	0.4273	0.2673
2010	0.2546	0.2367	0.4757	0.2749
2011	0.2818	0.2893	0.5345	0.3109
2012	0.3112	0.325	0.5958	0.3378
2013	0.323	0.348	0.6224	0.3714
2014	0.3751	0.3854	0.6507	0.3858
2015	0.4267	0.4257	0.7074	0.4156
2016	0.4594	0.5262	0.753	0.4135
2017	0.489	0.6353	0.8027	0.3984
2018	0.5561	0.6599	0.8599	0.3865
2019	0.5465	0.694	0.9152	0.3608

资料来源：根据本书经济能级测度结果整理而得。

（二）四城比对实证合理性

首先，本书通过引入对比城市北京进行横向比对，通过实证进一步检验模型设计的科学性与合理性，通过上述计算步骤，本书量化出成都、重庆和北京的经济能级演化图如图5.5所示。从三个城市的比较排名来看，2000~2019年，北京

经济能级始终排名第1①。显然与实际相符，北京作为首都，是中国的政治、文化和经济中心，其经济能级高于成都和重庆是无异议的，说明本书所构建的经济能级指标体系，从实证的角度也具备合理性。其次，从成渝双核的角度来看，两条能级线基本重合，不分伯仲，与现实西部成渝双龙头的定位也一致。最后，从单城纵向对比来看，三城市的经济能级基本处于整体上升期，也符合实际。故而可得出 PLEOI 模型通过实证检验的结论。

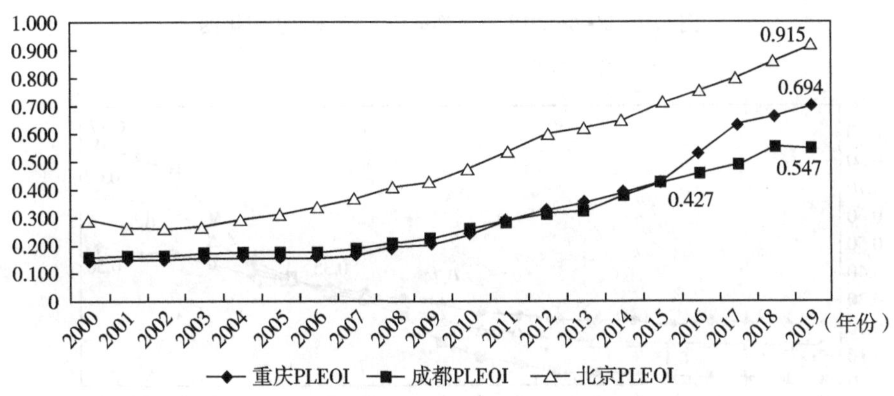

图 5.5　2000~2019 年成都、重庆、北京三城经济能级演化图

四、四城版成渝双核经济能级测度结果

鉴于本书所构建的评估模型，已通过了统计学和实证双重检验，具备了科学性和合理性，故而用该模型量化的结果可运用于实际，聚焦成渝双核，研究两中心城市的经济能级的演化特征、规律及问题。从目标层和准则层的演化来看，成都和重庆内部综合发展水平（PLE）和对外经济联系水平（OI）及经济能级（PLEOI）三线演化图分别如图 5.6 和图 5.7 所示。

① 正如上文所述，因内资数据低估，从而导致北京经济能级低估，那么用此指标体系评估北京经济能级排名第1更无异议。

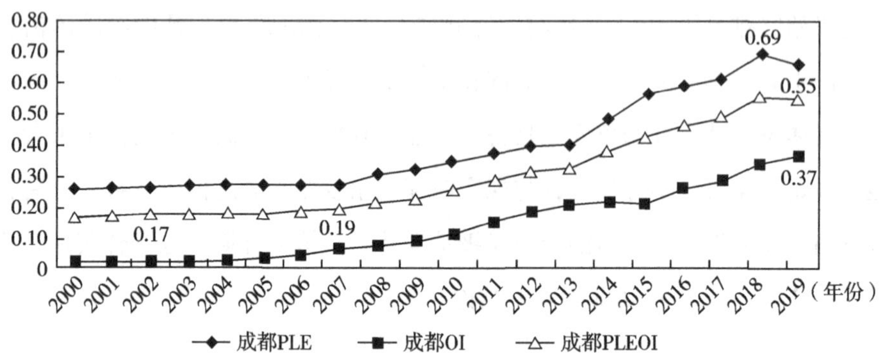

图 5.6　2000-2019 年成都各层级经济能级演化图

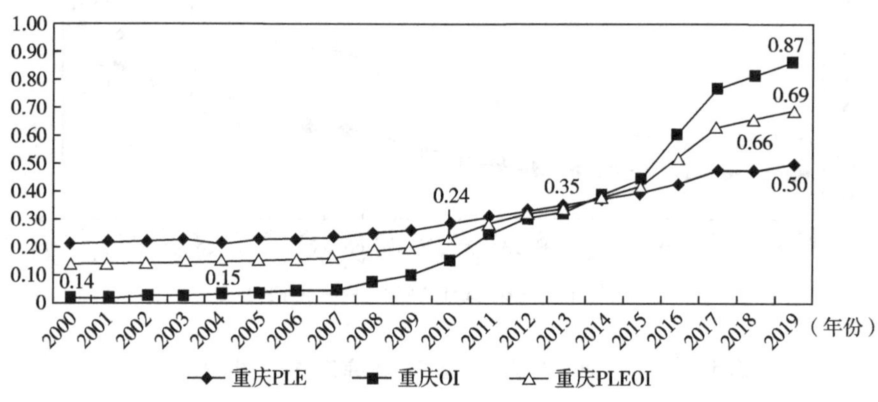

图 5.7　2000~2019 年重庆各层级经济能级演化图

（一）成都经济能级测度结果分析

从图 5.6 中可知，第一，从分指标来看，成都的内部综合发展水平（PLE）一直领跑于对外经济联系水平（OI）。尤其 2013 年以后，“一带一路”倡议之后，成都的 OI 依然处于低位缓慢增长，说明成都的对外经济联系水平并未因为互动圈的增大而提高，但是成都的内部综合发展水平在“一带一路”倡议之后，脱颖而出，得到了飞速发展，最高值达到 0.69。

第二，从经济能级总体指标来看，以工业发展阶段为依据，在前工业化时期（2002 年之前），成都经济能级基本保持在 0.17 级别。在工业化初期（2003~2007 年），成都经济能级变化幅度处于 0.17~0.19，变化较小。工业化中期

（2008~2015年），成都经济能级变化幅度处于0.21~0.43，此阶段增长相对较快。工业化后期（2016年之后），经济能级为0.459~0.547，增长飞速。

（二）重庆经济能级测度结果分析

从图5.7可知，第一，从分指标来看，最初重庆内部综合发展水平（PEL）一直领跑于对外经济联系水平（OI），2013年之后，形式反转，对外经济联系水平OI超过内部综合发展水平，并从2013年的0.35增长到2019年的0.87，增加了2.5倍，属于高速飞跃发展期，应该归功于2013年“一带一路”倡议之后，重庆定位“内陆开放高地”能量的释放。

第二，从经济能级总体指标来看，以工业化发展阶段为依据，重庆前工业化时期（2000~2004年）经济能级处于0.14~0.15，基本处于平稳缓慢增长期，平均年能级指数增长为0.002个单位，这一取值与成都前工业化初期的取值基本一致；工业化初期（2005~2010年），经济能级处于0.16~0.24，为起步增速期，年平均能级指数增长为0.013个单位，是第一时期的6.5倍；工业化中期（2011~2018年），经济能级处于0.24~0.66，此阶段为高速发展期，年平均能级增速增长为0.046，是第一时期的23倍。后工业化阶段（2019年至今）重庆经济能级0.69，能级指数增长0.03/年，是第一时期的15倍，也属于快速发展阶段。

从成渝双核的比较来看，重庆在对外经济联系水平（OI）上优势明显，成都在内部综合水平（PEL）上有优势。从这一视角，在OI和PLE上，成渝双核恰好形成错位，正好一个主“内”，一个主“外”，两者可互补融合，成为破解“瑜亮情结”合力提升经济能级的契机。

第三节　双城版成都、重庆经济能级测度及分级

正如本章第二节所述，本书已经计算出了成都、重庆的经济能级测度值，且实证了模型的合理性，但需要说明的是，上文成都、重庆经济能级的结果可用于

分析双城的演化特征、规律及问题的定性分析，但不能直接与第四章成都、重庆交通能级测度值进行定量耦合分析。原因在于上文计算经济能级时，用线性比例法对数据进行标准化时，因为加入北京这个优等生，会使重庆和成都指标的取值会相对变小，所以在与交通能级耦合时，应该还原成与交通能级同等条件，即只考虑成都、重庆双城时所计算的结果才具有可比性，否则会导致耦合失真。

一、测度结果

利用通过统计和实证双重验证经济能级测度模型（18 个指标体系），将成都、重庆双城单列出来，采用与第二节同样的方法，重新计算出两城的经济能级。其中各层级的权重与表 5.6 一致，最终结果如表 5.8 所示。

表 5.8　2000~2019 年成都、重庆经济能级总分层级测度值汇总

地区	年份	外循环（O）	内循环（I）	内部综合发展水平（PLE）	经济能级（PLEOI）
成都	2000	0.025	0.013	0.318	0.204
	2001	0.030	0.018	0.322	0.206
	2002	0.041	0.018	0.329	0.213
	2003	0.038	0.018	0.337	0.219
	2004	0.051	0.020	0.339	0.221
	2005	0.066	0.029	0.343	0.225
	2006	0.083	0.040	0.342	0.230
	2007	0.118	0.060	0.341	0.240
	2008	0.155	0.065	0.388	0.276
	2009	0.190	0.088	0.413	0.299
	2010	0.282	0.109	0.450	0.340
	2011	0.416	0.141	0.482	0.383
	2012	0.531	0.175	0.525	0.430
	2013	0.619	0.190	0.537	0.456
	2014	0.623	0.201	0.640	0.521
	2015	0.499	0.211	0.738	0.571

续表

地区	年份	外循环（O）	内循环（I）	内部综合发展水平（PLE）	经济能级（PLEOI）
成都	2016	0.559	0.256	0.780	0.615
	2017	0.691	0.277	0.833	0.667
	2018	0.853	0.332	0.936	0.768
	2019	0.945	0.359	0.883	0.749
重庆	2000	0.033	0.016	0.270	0.175
	2001	0.036	0.022	0.278	0.182
	2002	0.043	0.025	0.281	0.185
	2003	0.041	0.036	0.291	0.194
	2004	0.061	0.038	0.277	0.188
	2005	0.068	0.043	0.292	0.200
	2006	0.088	0.048	0.297	0.207
	2007	0.116	0.052	0.302	0.214
	2008	0.173	0.072	0.330	0.243
	2009	0.203	0.105	0.339	0.261
	2010	0.291	0.159	0.370	0.305
	2011	0.499	0.262	0.413	0.383
	2012	0.629	0.319	0.444	0.432
	2013	0.717	0.347	0.469	0.466
	2014	0.884	0.414	0.491	0.526
	2015	0.770	0.488	0.524	0.550
	2016	0.733	0.693	0.568	0.640
	2017	0.729	0.889	0.650	0.759
	2018	0.803	0.945	0.653	0.791
	2019	0.842	1.000	0.682	0.833

资料来源：根据本书的计算结果整理而得。

对比表5.7和表5.8成渝双核的经济能级测度值，“四城版”的值要比同期“双城版”的要小，说明确实因为加入了北京这样的优等生而经济能级相对变小。同时，本书将重新计算的成渝双核的各层级经济能级演化（双城版）与上文计算的成渝双核各层级经济能级演化（四城版）进行对比，如图 5.8 所示。

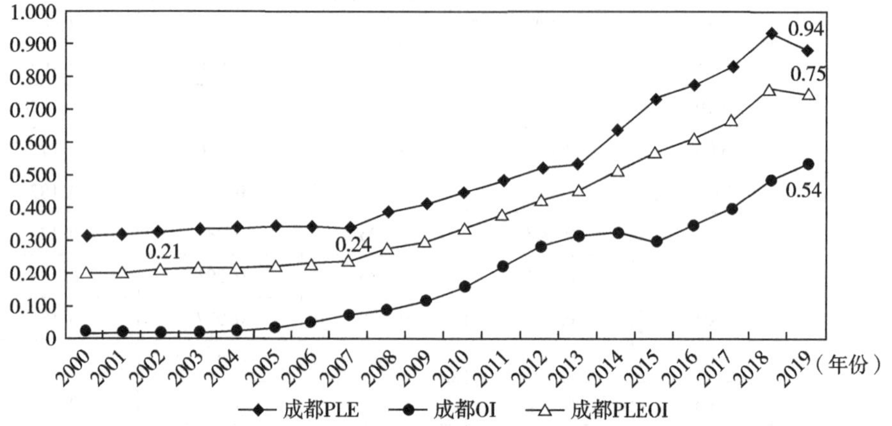

—◆— 成都PLE —●— 成都OI —△— 成都PLEOI

（a）成都各层级经济能级演化图（双城版）

—◆— 重庆PLE —●— 重庆OI —△— 重庆PLEOI

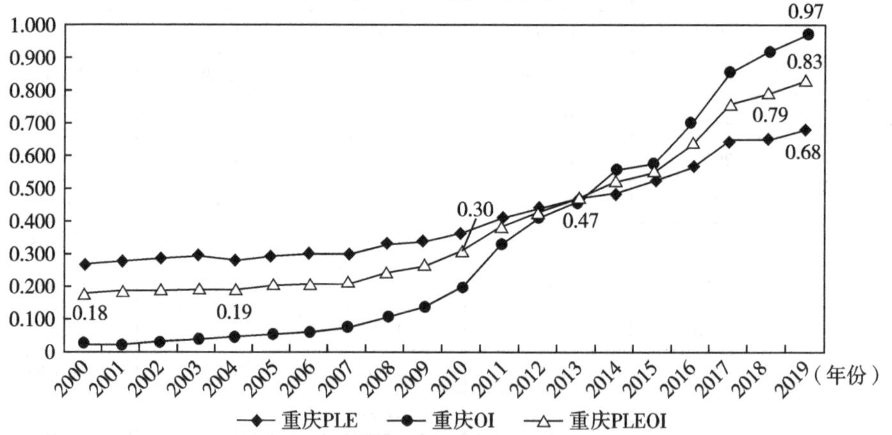

（b）重庆各层级经济能级演化图（双城版）

图 5.8 成渝双核各层及经济能级四城版与双城版对比

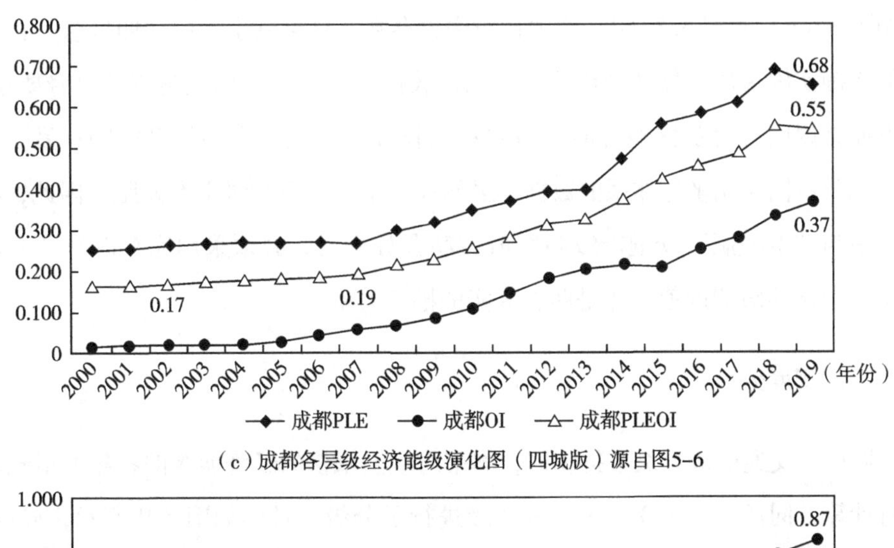

（c）成都各层级经济能级演化图（四城版）源自图5-6

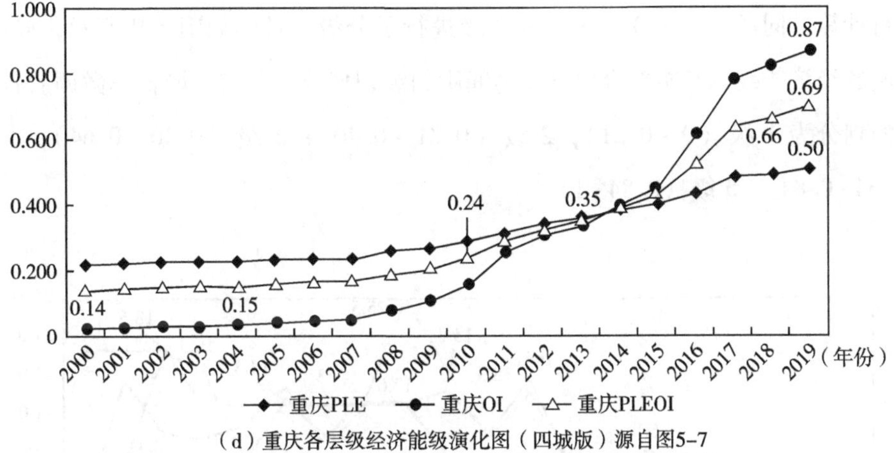

（d）重庆各层级经济能级演化图（四城版）源自图5-7

图5.8 成渝双核各层及经济能级四城版与双城版对比（续）

由图5.8可知，成渝双核各层级PLE、OI、PLEOI演化图“双城版”与“四城版”变化一致，即在各关键时点及拐点变化同步，说明整体演化定性判断一致，如上文分析成都的PLE强势，在图5.8（a）中依然强势，重庆2013年之后OI强势，在图5.8（b）依然可见，从而也双向证明了测度值的可信度。而对应各关键时点及拐点的值，双城版的数值都要比同期“四城版”要大。如图5.8（a）所示，双城版2019年对应的PLE、OI、PLEOI的值分别为（0.94、0.54、0.75），而相对应的图5.8（c）的值依次为（0.68，0.37，0.55），同样的现象在图 5.8（b）和图 5.8（d）中的比对中也存在。可见成渝双核（四城版）的经济能级确实因为加入标杆城市北京，相比较而言，比只考虑成渝双核自身要小。一方面，说明成渝双核经济能级与北京比较确实存在很大的提升空间；另一方面，说明不同对比坐标体系的数据，虽然性质未变，但数量上有差距，因此，在后文中与“双城版”交通能级测度值做耦合分析时，必须采用完全对等“双城版”的经济能级测度值，才是两者真实的耦合关系。

二、测度分级

同样与交通能级分级依据相同，本书对成渝双核的经济能级的各年的增长率进行计算，同样结合量变，对经济能级进行了分级，具体如图 5.9 所示，成都、重庆的经济能级也基本符合以 0.2 为间距的级别划分，并结合增长率微调后各等级的划分为 1 级（0～0.21）；2 级（0.21～0.40）；3 级（0.40～0.64）；4 级（0.64～0.84）；5 级（0.84～1）。

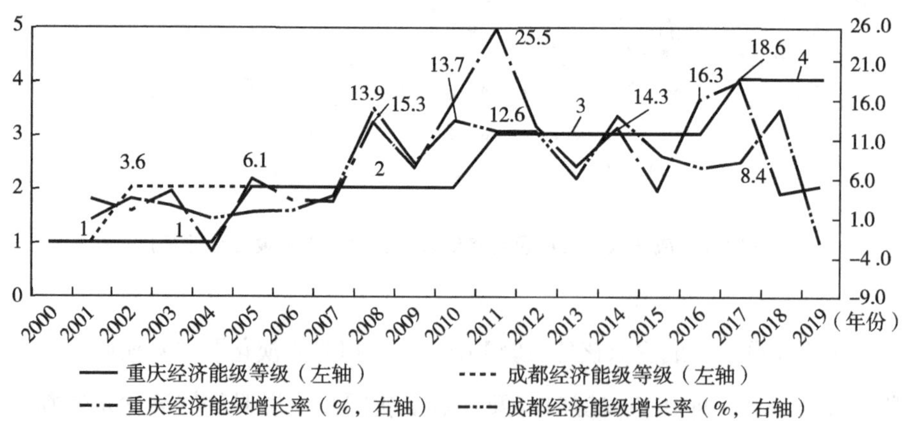

图 5.9　2000～2019 年成渝双核经济能级分级及跃迁时点

从双城比较而言，2005 年以前重庆的经济能级基本低于成都一个等级，2005 年之后跃迁成第 2 等级与成都同一级别，成渝双核开始完全同步，2011 年、

2017 年，同步完成 2 进 3 和 3 进 4 的等级轨道跃迁，这种完全同频共振现象符合西部双龙头的定位现实。

从单城变迁分析而言，第一，成都在 20 年间也经历了 3 次跃迁，2000～2001 年属于第 1 等级；2002～2010 年属于第 2 等级（突变点在 2002 年，波峰为 3.6%，主要前期能级低，跃迁能量低）。2011～2016 年属于第 3 等级（突变期在 2008～2011 年，波峰在 2008 年为 15.3%）。第二，2000～2019 年 20 年间重庆经济能级经历了 3 次跃迁，2000～2004 年为第 1 等级；2005～2010 年为第 2 等级（突变的在 2005 年，波峰为 6.1%）；2011～2016 年为第 3 等级（突变期在 2008～2011 年，波峰在 2011 年为 25.5%）；2017～2019 年为第 4 等级（突变期在 2016～2017 年，波峰在 2017 年为 16.3%）；2016～2019 年为第 4 等级（突变期在 2014～2016 年，波峰在 2014 年为 14.3%）。而这一等级划分与重庆和成都的工业发展阶段的时间划分基本重合，两者互相印证，说明其合理性。

第四节　本章小结

本章聚焦成渝地区双城经济圈的成渝双核能级基石之二：经济能级。

首先，构建区域经济能级测度模型。本章继续以场论中“场源”与“场”相互依存等理论为框架，从“内部综合发展水平”+“外部经济联系水平”互相依存的双向维度，构建了区域经济能级的测度模型的初步框架。同时，通过引入横向比较城市北京和天津，收集四个城市 80 个样本的数据，对模型进行了统计学和实证的双重验证和优化，从而构建出经过双重验证与优化的区域交通能级测度模型。

其次，将构建的模型应用于成渝双核城市经济能级的测度，利用综合模糊积分方法并结合 Matlab 软件，计算出双核 2000～2019 年经济能级的测度结果。

最后，对测度结果根据增长率和量变的规律进行分级。成渝双核 2000～2019

年都经历了 3 次变迁。在 2001 年之前，两者都处于第 1 等级，但 2002 年成都首先实现跃迁处于第 2 等级，高于重庆一个级别，但在 2005 年，重庆也实现跃迁，之后双城完全同步，2011 年同时跃迁到第 3 等级，2017 年同时跃迁到第 4 等级，符合西部地区双核定位的实际。

第六章　成渝双核交通能级与经济能级耦合关系

本章首先剖析了交通能级和经济能级的耦合机理；其次，基于耦合机理，结合交通能级和经济能级的测度结果，对成渝双核的交通能级和经济能级进行了静态演化和动态预测的耦合关系研究，前者总结其耦合关系演化的规律和特征，后者对其耦合关系进行预测。

第一节　耦合机理分析

场作为场源或场点与外部的作用力，分为向心力和离心力，是物质运动存在的本质，是万物发生的基础。能级作为场的外在表现形式，与外界互动从而吸收能量或者辐射能量，是受空间力的作用支配。城市能级从宏观上表现为城市“经济景观”的形成，从中观上表现为城市与外界的对外联系水平和方向，从微观上表现为各种资源要素（人员、物资、资金）的集聚与扩散。经济能级作为城市能级的主导，通过城市的产业结构集聚和扩散各种资源要素，促进城市经济能级的优化提升，产生更多更广范围的资源要素流动位移需求；交通能级作为城市能级的基础，为各种资源要素集聚与扩散提供空间位移服务，即满足空间运输联系需求。同时由于经济发展，技术进步，交通技术发展，提高可达性，降低了城市之间互动阻力，导致互动作用力增强，即降低了成本，促成更多的资源要素的流动，从而创造了空间运输联系需求。

因此，从宏观上而言，交通能级和经济能级存在交替推拉现象。正如本书第二章文献梳理得出的交通与经济的互动共生现象为学界共识，如荣朝和（1993）的“运输化理论”、韩彪（2003）的“交替推拉理论”等理论，体现交通能级与经济能级之间存在紧密的耦合关系。正如郝凤霞和张诗葭（2021）指出，交通与经济之间的耦合关系可以归纳为相互影响—相互促进—相互协调的过程，内在的表现形式为交通推动经济发展，经济发展又拉动交通的发展，两者相互交替推拉，形成良性循环。交通对经济的推动作用主要包括优化区域产业结构、降低生产成本和增加投资促进区域经济增长。经济对交通的拉动作用主要包括增加交通需求、增加资金投入和提高技术供给水平。而空间运输联系需求为两者耦合的交链点，通过满足空间运输联系需求（经济传能量给交通）、创造空间运输联系需求（交通传能量给经济）等方式传递能量。

从微观上而言，各城市的“经济景观”实力和能级辐射带动效应是极化效应与扩散效应的动态演化与外在表现（卢庆强等，2023）。各种资源要素的集聚与扩散，结合第三章成渝地区双城经济圈的辐射现状特征。从表3.3定性研究表明在成渝地区双城经济圈内部，成都、重庆都市圈作为场核，处于扩散（辐射）阶段，辐射方式为面辐射阶段，但两者为弱辐射，其辐射范围有限。从成渝地区双城经济圈与区域外部的互动来看，主要与其他三增长极进行比较，在外部互动中，为“场点”，处于被动集散状态，主要承接其他第三增长极的产业的扩散（被动集聚）和被其他三增长极虹吸高端资源要素（被动扩散），其辐射方式于点—轴辐射阶段。可见成渝地区双城经济圈在内部互动和外部互动上所处的经济辐射阶段不同，即内部扩散和外部扩散所处的阶段不同，存在异质性。结合第二章场的集聚—辐射效应理论，内部扩散是导致结构变革，量变走向质变的根本动力，是内部一体化的根本保障。目前成渝双核处于面辐射阶段，正是内部优化向高等级演化的关键；外部扩散是淘汰不适应部分的机制，是提高效率的关键，但

与其他三增长极相比，成渝地区双城经济圈处于被动集散阶段，与主动淘汰冗余的机制不同，效率不高。基于内部扩散与外部扩散的异质性，导致系统在结构上的异质性。由于结构耦合是指总耦合系统由不同属性的子系统耦合而成，具有多层级的特性，低层级要素通过影响高层级要素，进而对系统整体发挥作用（张芷若，2019）。因此，由于对交通能级和经济能级的耦合机制的研究，还需要下沉到两系统内部的组成结构，对不同属性的结构进行耦合研究，即从结构耦合的多层级耦合进行研究。从交通能级与经济能级的测度模型可知，交通能级的内部发展水平与经济能级的内部发展水平之间的耦合关系属于内部扩散效应，是区域内部优化向高等级演化的关键因素；交通能级的外部联系水平与经济能级的外部联系水平之间的耦合关系属于外部扩散效应，是区域提升效率的关键。

第二节　耦合关系模型构建

正如前文所述，用于研究交通和经济的互动共生的耦合关系的模型较多，有灰色系统模型（汪传旭，1999；仲维庆，2013）、投影寻踪模型（孟德友，2013）等模型。但这几种模型无法区分低水平协调问题，耦合协调度模型在研究耦合度的基础上，进一步研究两者的耦合协调度，能区分出低水平协调，从而能促成两者良性互动。刘琳轲等（2021）、王淑佳等（2021）也指出，随着科学发展观认识的深入，耦合协调强调整体性、综合性和内生性等方面的发展聚合，因此耦合协调度模型成为衡量作用对象间耦合关系的科学、有效的研究工具。但是，耦合协调度模型仅仅分析的是作用对象互动共生的静态耦合关系，因此，越来越多的耦合关系研究会在研究耦合协调度模型的基础上，进一步利用 VAR 模型，研究作用对象间动态交互响应，从而实现对耦合关系的动态预测研究（候玉巧和汪发元，2020；张玉泽等，2023）。基于此，本书选择能区分低水平协调的耦合协调度模型研究交通能级和经济能级的静态耦合关系演化，并在此基础上进一步利用 VAR 模型，研究交通能级和经济能级的动态交互响应的耦合关系，旨在通过耦合协调度模型研究两者耦合关系的静态演化规律，通过 VAR 模型实现两者关系的动态预测。

一、静态演化模型

耦合关系的静态演化模型主要选择能区分低水平协调的耦合协调模型，包括耦合度和耦合协调度。

（一）耦合度

项勇等（2018）耦合度是描述这种相互作用程度大小的衡量，无利弊之分。其本意是反映这种相互作用的效率高低。综合考虑以往学者所使用的模型，推广到具有简洁性和普适性的 n 元系统的耦合度模型，其公式如下：

$$C=\left[\frac{\prod_{i=1}^{n} U_i}{\left(\frac{1}{n}\right)\sum_{i=1}^{n} U_i}\right]^{\frac{1}{n}} \tag{6.1}$$

其中，n 为子系统个数（个）；U_i 为各子系统值，其分布区间为［0，1］，故耦合度 C 值区间为［0，1］。鉴于本书研究的是区域交通能级和经济能级之间共生的关联关系，故而 n 取值为 2，则耦合度模型公式为：

$$C=2\frac{\sqrt{U_1U_2}}{U_1+U_2} \tag{6.2}$$

其中，耦合度取值的判定标准，综合相关学者的标准（张旺等，2013；尹鹏等，2015），如表 6.1 所示。

表 6.1　耦合度判定标准

耦合度 C	0	(0，0.3]	(0.3，0.5]	(0.5，0.8]	(0.8，1)	1
发展阶段	无序	低度耦合	拮抗阶段	磨合阶段	高度耦合	共振耦合

资料来源：根据文献（张旺等，2013；尹鹏等，2015）综合整理而得。

总体来说，C 值越小，表明耦合度越低，C 值越大，表明耦合度越高。不过需要说明的是，比如 C 值在（0.8，1）阶段时，虽然能表征高度耦合，相互作用程度高，但却并不能区分出良性耦合，故而，还需要进一步的测算，对耦合度进行修正，测算协调发展的程度，即测算良性耦合。因此我们需要引入耦合协调度模型。

（二）耦合协调度

耦合协调度是度量系统之间或者系统内各因素之间在发展过程中能否彼此和谐一致的程度，表明了系统在发展过程中，由无序到有序的趋向，能够定量地描述系统之间在发展过程中协调情况的好坏程度（项勇等，2018）。在耦合度修正中，一般引入协调修正系数 T，公式如下所示：

$$T = \sum_{i=1}^{n} \alpha_i \times u_i, \ \sum_{i=1}^{n} \alpha_i = 1 \tag{6.3}$$

结合综合序参量重要程度，给定参数值计算得到耦合协调度 D：

$$D = \sqrt{C \times T} \tag{6.4}$$

其中，参数 α_i 的值待定，需根据在子系统中的重要性而定，而耦合度协调判定标准，较多研究者采用了廖重斌（1999）所界定的标准，如表 6.2 所示。

表 6.2　耦合协调度判定标准

耦合协调度 D	等级	耦合协调度 D	等级
(0，0.09]	极度失调	(0.50，0.59]	勉强协调
(0.10，0.19]	严重失调	(0.60，0.69]	初级协调
(0.20，0.29]	中度失调	(0.70，0.79]	中级协调
(0.30，0.39]	轻度失调	(0.80，0.89]	良好协调
(0.40，0.49]	濒临失调	(0.90，1.00]	优质协调

资料来源：根据文献（廖重斌，1999）综合整理而得。

二、动态预测模型

VAR 模型能够解释多个相关联变量的动态关系，常用于时间序列变量系统的动态影响分析（候玉巧和汪发元，2020）。本书通过构建了 VAR 模型，研究区域交通能级与经济能级动态响应耦合关系，分析步骤如下：

（一）确定 VAR 模型

各时间序列变量需要通过以下四个步骤的检验，构建出 VAR 模型，用于动态响应预测分析。

1. 平稳性检验

首先采用单位根检验判断数据的平稳性，进行单位根检验的目的是为了判断时间序列是否平稳，而判断时间序列是否平稳，是判断是否满足协整检验的前提。但是结合社会经济实际来看，时间序列很少能平稳，比如本书量化出的成渝双核的交通能级和经济能级（见图 6.1），2000~2019 年，跨越 20 年，其变化趋势基本随时间依次递增，从中体现的是成渝双核交通与经济不断的进步与发展，体现出非平稳的时间序列特征。

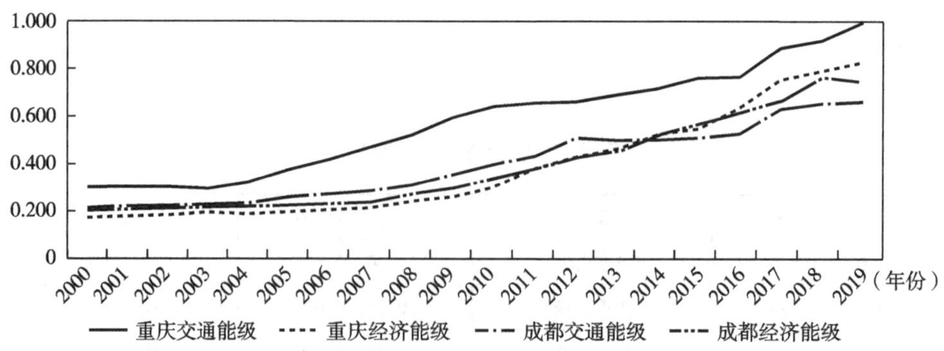

图 6.1　2000~2019 年成渝双城交通能级与经济能级变迁

鉴于此，本书主要通过单位根检验判断交通能级和经济能级是否能同阶单整，以同阶单整作为协整检验的前提。具体而言，当不同序列存在同阶差分稳定的情况下，可在构建 VAR 模型的基础上确定滞后阶数，然后进行协整关系检验。

2. 构建 VAR 模型确定滞后阶数

VAR 模型（向量自回归模型）是 1980 年 Sims 提出的一种采用多方程自回归模型为联立形式的一种非结构化的模型，通过将系统中每个内生变量作为系统中所有内生变量滞后值的函数来构造模型，不以任何经济理论为基础，只根据变量数据本身来确定模型的动态结构，模型的每一个方程中，内生变量对模型的全部内生变量的滞后值进行回归，进而估计全部内生变量的动态关系并进行预测（丁正良和纪成君，2014；乔桂明和张峰，2019）。

VAR（i）模型的数学表达式为：

$$y_t = A_1 y_{t-1} + \cdots + A_i y_{t-i} + HX_t + \varepsilon_t$$

$$t = 1, 2, \cdots, T \tag{6.5}$$

其中，y_t 是 n 维内生变量列向量；X_t 是 m 维外生变量列向量；i 是滞后阶数；T 是样本个数。$n\times n$ 维系数矩阵（$A_1 \cdots A_i$）和 $n\times m$ 维矩阵 H 是待估计的系数矩阵。ε_t 是 n 维扰动列向量，其中，$E(\varepsilon_t)=0$，$E(\varepsilon_t, y_{t-i})=0$，其满足零均值、同方差、无自相关、不与解释变量相关的古典假定。

3. 协整检验

主要研究两个非平稳的时间序列是否存在一个具有稳定关系的线性组合，若这样的线性组合存在，则表明两个序列存在协整关系。协整关系在经济学上的意义是指两时间序列相互间有着长期稳定的比例关系（黄承锋等，2011）。结合本书，若交通能级和经济能级之间能够存在协整关系，则说明两者形成了一个长期均衡性的系统。在两者满足长期均衡性系统的条件下，可以进行格兰杰因果关系检验。

4. 格兰杰因果

主要表明一个变量的过去值是否能帮助预测另一个变量值的未来，即表明一个变量是否对另一个变量有“预测能力”。其描述如下（雷天等，2016）：假定 2 个时间序列 y_t 和 x_t，向量序列 W_t 存在因果关系产生的环境中，W_t 包含 0~t 期因果关系环境的所有相关信息；W_t 和 W'_t 为 2 个相关信息集。具体为 W（x_{t-P}，y_{t-P}，W_{t-P}，$p\geqslant0$）；W'_t（y_{t-P}，W_{t-P}，$p\geqslant0$）。对比两组信息集可知，W 包含了所有可得信息，W'_t 则为排除了时间序列 x_t 过去和现在值的 w_t 信息集。令 f（y/W）为给定条件下 y 的条件分布，E（y/W）为对应的条件均值。在考虑 W 的情况下，若 E（y_{t+1}/W_t）$=E$（y_{t+1}/W'_t），则说明 x_t 不是 y_{t+1} 的原因，反之则认为 x_t 是 y_{t+1} 的原因。

（二）动态耦合关系预测分析

1. 脉冲响应函数（Impulse Response Function，IRF）

脉冲响应函数（IRF）刻画的是，在 VAR 模型中给予一个内生变量冲击（如一个标准差的新息冲击）给其他内生变量带来的当前和未来取值变化轨迹。脉冲响应能全面直观地反映变量间的动态交互关系。

2. 方差分解

在进行脉冲响应分析之后，可通过方差分解反映每个结构冲击对内生变量变化的相对贡献度（刘达禹等，2016）。

第三节　成渝双核静态耦合关系演化分析

一、方案设计

基于交通能级与经济能级的耦合机理，宏观上，从交通能级与经济能级交替推拉的耦合关系，将通过总层级进行规律研究。微观上，根据结构耦合机理，结合交通能级和经济能级测度模型不同组成结构属性不同，构建了三层结构。因此，论文从多层级的角度构建了 4 对耦合关系，实证研究成渝双核在 2000~2019 年的耦合度和耦合协调度变迁，具体如图 6.2 所示。总耦合关系研究成渝双核 2000~2019 年交通能级与经济能级的耦合度及耦合协调度变迁。分层级耦合关系

分别为：交通能级外循环与经济能级外循环；交通能级内循环与经济能级内循环；交通能级微循环与经济能级内部综合发展水平，一共3对，为下文表述方便，本书将3对分层级的耦合关系简称为外循环耦合关系、内循环耦合关系和微循环耦合关系。因此，多层级耦合关系对应关系如图6.2所示。

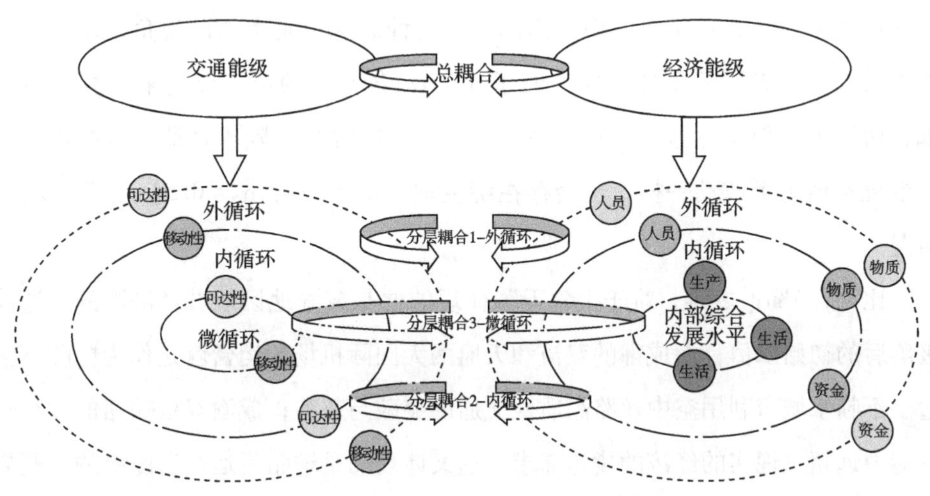

图6.2 交通能级与经济能级总分层级耦合对应关系

二、总层级

根据第四章和第五章中，表4.12的交通能级测度值和表5.8的经济能级测度值，以及式（6.2）、式（6.3）和式（6.4），分别计算成渝双核交通能级和经济能级的耦合度（C）、协调修正系数（T）和耦合协调度（D），从而衡量2000~2019年双城交通能级与经济能级之间相互作用的大小以及耦合协调性的静态演化。

（一）参数 α_i 赋值方案设计

在耦合协调度计算中需要涉及式（6.3）中参数 α_i 的值，需考虑交通能级和经济能级在系统中的重要程度而定，本书以 α_1 值代表交通能级的重要性参数，以 α_2 值代表经济能级重要性参数。根据第二章文献梳理对交通能级和经济能级两者的互动关系界定主要有三种：第一种，经济能级驱动型，交通能级是匹配经济能级的“影子伴随者”，体现供给需满足需求的理念；第二种，交通能级驱动型，即认为交通能级是引领经济能级的开拓者，通过可达性，改变区位，成为运输需求的创造者；而第三种正如上文所述，为双向联动型，即两者互动共生关系，是学界共识，因此，第三种观念也是本书的视角，基于互动共生关系，两者同等重要，应该赋予 α_1、α_2 各 0.5 的值，以此来计算两者的耦合协调度。但实际这是一种理想状态，现实中因为受限于资源，这两者如价格围绕价值上下波动一样，也会存在绕主轴（$\alpha_1=0.5$，$\alpha_2=0.5$）上下波动的情况。

比如，“蜀道之难，难于上青天”体现的便是成渝地区双城经济圈的交通能级落后的初始赋值；而成都的双流和天府两大国际机场的运营就是作为内陆不沿边、不临水城市利用空中丝路高质快交通的突破与超前；成渝双核铁路的货运通行能力远超过现实的经济的货运需求，这又体现的是铁路货运交通能级的过剩导致的不经济。

因此，本书基于这种上下波动的现实，在两者同等重要的理想状态下增加了四种设计方案，作为对照组，对两者耦合协调度的敏感性进行分析（见表 6.3）。具体而言，从方案一到方案五，本书依次将 α_1 的值逐渐增加，将 α_2 的值依次递减，其中 $\Delta\alpha_1=0.2$，$\Delta\alpha_2=-0.2$，一方面体现从方案一到方案五对交通能级的重视程度是递增设计，又因为 $\alpha_1+\alpha_2=1$，所以另一面体现的是对经济能级的重视程度依次递减设计，体现在某一时间点，如果依次增加对交通能级的权重，同时，依次减少了对经济能级权重，看两个能级的耦合协调性会呈现何种变化。通过比对在同一时间点这五种方案的耦合协调度，我们可以分析交通能级和经济能级在促进良性耦合协调方面的边际效用。同时我们以方案三（$\alpha_1=0.5$，$\alpha_2=0.5$）作为两者耦合的理想状态，作为分析主轴，进行重点分析 2000~2019 年两者耦合协调度的静态演化。

表 6.3　五种方案设计的α_i赋值

方案设计	关系界定	α_1	α_2
方案一	经济能级非常重要	0.1	0.9
方案二	经济能级比较重要	0.3	0.7
方案三	两者同等重要	0.5	0.5
方案四	交通能级比较重要	0.7	0.3
方案五	交通能级非常重要	0.9	0.1

资料来源：笔者整理而得。

（二）分析结果

1. 耦合度

根据式（6.2）及表 4.12 和表 5.8 的测度值可以计算出成渝双核交通能级和经济能级的耦合度演变如图 6.3 所示。

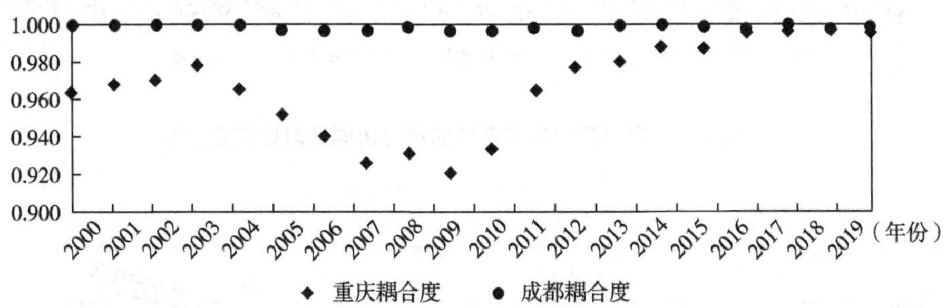

图 6.3　2000~2019 年成渝双核交通能级与经济能级耦合度变迁

由图 6.3 可知，2000~2019 年成渝双核的交通能级和经济能级的耦合度 C 都处于 0.9~1，是一种高度耦合状态。说明 20 年间两城市交通能级和经济能级互相作用力都非常大，从而也实证了成渝双核交通和经济之间高度关联的现实。从两个城市分别来看，成都的耦合度处于 0.998~1 高位窄幅变动，而重庆的耦合度在 0.92~1.00 振动，呈“U”形，先下降筑底再上升，尤其在 2008 年金融危机及汶川大地震双向扰动下，2009 年两者有稍微的脱耦现象，作用力达到最低谷，说明重庆受国际国内形势影响较大，反向说明其在内外循环中的重要地位。从两个城市比较来看，成都交通能级与经济能级的耦合度一直高于重庆。但成渝双核经济能级和交通能级这种高度的作用力究竟是良性的共生促进还是恶性的相互制约与限制，需要结合两者的耦合协调度来判断。

2. 耦合协调度

根据设计方案，成渝双核的耦合协调度纵横向比较结果如图 6.4、图 6.5 所示。

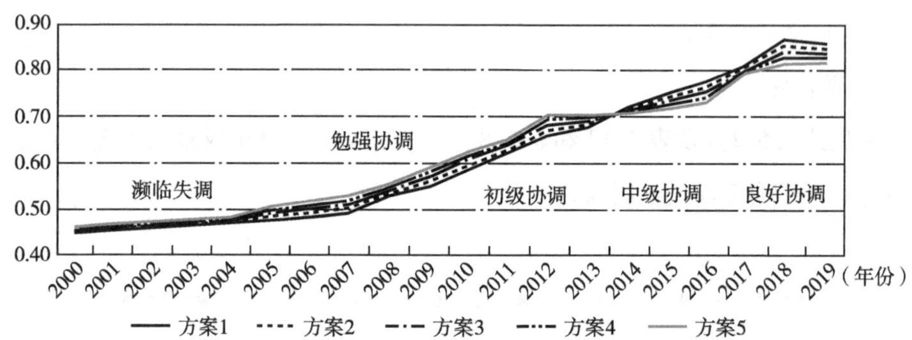

图 6.4　成都五种方案设计的耦合协调度对比变迁

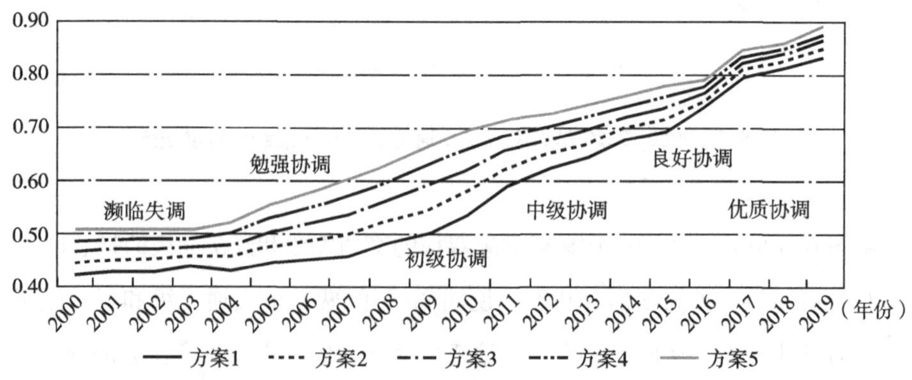

图 6.5　重庆五种方案设计的耦合协调度对比变迁

（1）成都耦合协调度演化。

首先，成都市交通能级与经济能级耦合协调性呈平缓提升趋势，但始终处于优质协调以下状态。以方案三为标准（$\alpha_1=0.5$，$\alpha_2=0.5$，学界主流观点），从纵轴的时序来看，成都的交通能级与经济能级的耦合协调度与重庆类似，20 年间不断向上攀升，体现两者的耦合协调性不断优化的过程。整体经历五个阶段，2000~2005 年濒临失调阶段，2006~2009 年勉强协调阶段，2010~2013 年初级协调阶段，2014~2016 年中级协调阶段，2017~2019 年良好协调阶段。

其次，在促进耦合协调性优化的关键因素方面，交通能级与经济能级呈现交替推拉驱动现象。从横向对比来看，从同一时点不同的方案设计比对来看，成都五个方案的排列顺序并不恒定，有反转交错。说明 20 年间，增加交通能级的权重并不一定带来交通能级与经济能级耦合协调性的优化提升，如图 6.4、图 6.5 所示，2004 年之前，增加交通能级的投入带来的边际效用非常有限，五条线基本收敛为一条线，说明此阶段的交通能级驱动能力有限，而且两者也处于濒临失调的低水平耦合阶段。2004 年之后，交通能级带来的边际效用有所增加，基本恒定，较重庆而言，其驱动效果不明显。尤其，2014 年之后，出现负效应，形成反转，五个方案的排名正好颠倒，表明越增加交通能级的权重会越恶化两者之间的耦合协调性，说明此阶段交通让位经济，经济成为驱动因素。

（2）重庆的耦合协调度演化。

首先，重庆市交通能级与经济能级耦合协调性呈有序提升趋势。我们也从理想状态方案三来看，从纵轴的时序来看，在 20 年间，重庆交通能级和经济能级的耦合协调性逐渐向有序良性优质的协调水平进步，其中经历了 6 个阶段的演变，2000~2004 年濒临失调阶段，2005~2008 年勉强协调阶段，2009~2010 年初级协调阶段，2011~2014 年中级协调阶段，2015~2016 年良好协调阶段，2017~2019 年优质协调阶段。

其次，重庆市交通能级是促进耦合协调性有序提升的关键要素。从横向对比来看，从方案 1~5，在 $\Delta\alpha_1=0.2$，$\Delta\alpha_2=-0.2$ 恒定的冲击下，如图 6.5 所示，从方案 1~5，五条演化线从下到上依次递增排列，虽五条线的间距有从小到大再到小的变化，但交通能级对耦合效用正向的边际效用始终未变。表明在 20 年间，重庆交通能级是促成两系统达到共生优化的关键因素，即增加交通能级权重，会促成更优的互动关系，虽然后期有一些衰减收敛，但正效应未变，说明重庆属于交通驱动型。

最后，重庆市交通能级驱动型效用呈现阶段性特征。具体而言，2010~2011 年优化提升贡献最大，如图 6.5 所示五线的间距最大，说明相同的投入，带来的耦合协调度优化效用最高，说明此阶段交通驱动能力最大。而 2010 年的“十二五”规划和 2011 年重庆中欧班列的运行对交通能级具有里程碑意义，2011 年之后，增加交通能级权重带来的边际效用逐渐递减，五线逐渐收敛接近理想状态方案 3，说明交通能级驱动能力越来越弱，逐渐过渡到交通能级与经济能级双驱动的共生优质协调阶段。

（3）成都、重庆耦合协调度演化对比。

首先，双核交通能级与经济能级之间耦合协调性具有向高水平演进的共性特征。结合图 6.4 和图 6.5，对双城进行比较而言，从时序上来看，双核交通能级与经济能级的总耦合协调性都向高水平协调方向演进，两者的起点相同，2000~2004 年都处于濒临失调阶段，然后一直往上攀升。

其次，双核交通能级与经济能级之间耦合协调性也具有差异性特征。2004 年之后，在同一时点重庆的演进水平基本要高于成都的演进水平。例如 2019 年，重庆已处于优质协调阶段，而成都依然处于良性协调阶段，落后于重庆一个层级；从横向不同的方案设计来看，20 年间重庆交通能级在促进交通能级与经济能级耦合性优化方面的边际效用远远高于成都，甚至在 2014 年后成都出现负效应，说明重庆的交通驱动能力远高于成都的交通驱动能力，成都的交通驱动能力一直不足，甚至在 2014 年之后交通让位经济成为经济驱动类型。

三、分层级

交通能级和经济能级的耦合性关系，既表现在交通能级与经济能级的总层级系统上，也通过结构耦合，体现在不同属性结构的耦合，向上传递影响系统整体

耦合关系，具体表现在交通能级和经济能级的各个分层级子系统上。本书在上述有关成渝双核交通能级和经济能级的总层级耦合关系（耦合度与耦合协调性）研究基础上，基于三个层级属性不同，进一步研究双核交通能级和经济能级各个子系统之间的耦合性关系规律，采用与总层级相同的公式、相同参数方案设计（见表 6.3），从交通能级和经济能级的分层级的角度对耦合关系进行细分和更深层次的分析。

（一）分层耦合 1：外循环

1. 耦合度

成渝双核从外循环层级耦合度来看（见图 6.6），成都的耦合度呈“U”形，2000~2011 年处于递减阶段，2011 年之后处于缓慢增长阶段，但整体耦合度都非常低，除 2000~2014 年、2017 年和 2018 年耦合度在 0.3~0.4（拮抗阶段）外，其余都低于拮抗阶段，即处于无序、低度耦合，说明成都外循环层级的经济与交通之间互动极差，关联度不高；而重庆外循环层级的交通和经济耦合度 20 年间基本呈递增趋势，从低度耦合（2000~2003 年）、拮抗阶段（2004~2007 年）、磨合阶段（2008~2010 年），到高度耦合（2011~2019 年），相互的作用力越来越大，即相互的关联度越来越高。

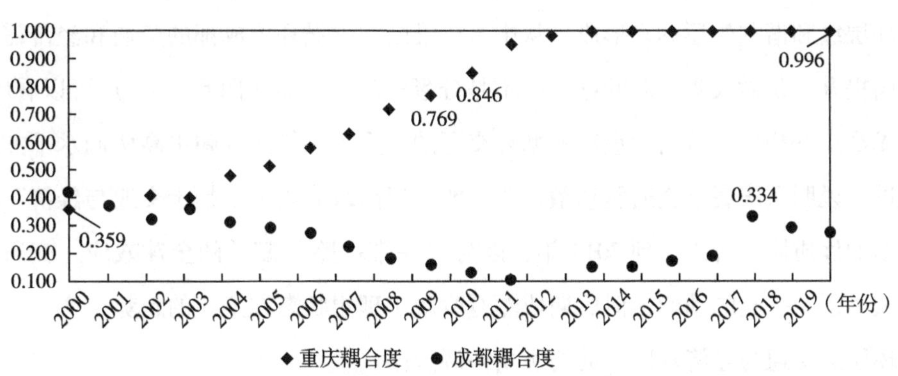

图 6.6　成渝双核交通能级与经济能级外循环耦合度演变

2. 耦合协调度

成渝双核外循环耦合协调度演化如图 6.7（a）为成都演化图，图 6.7（b）为重庆演化图。首先从标准方案 3 来看，成都外循环的耦合协调度在 20 年间基本处于失调阶段，即成都的交通能级与经济能级在外循环层次处于一种低水平的消耗关系，经历了极度失调（2000~2004 年）、严重失调（2005~2012 年）、中度失调（2013~2016 年）到轻度失调（2017~2019 年）。甚至成都 2019 年终期的协调水平较重庆的起点水平濒临失调还低，可见成都在外循环耦合协调性上存在严重短板，在终期时低于重庆 6 个级别；而重庆的外循环耦合协调度不断优化攀升，表现良好态势。其中历经濒临失调（2000~2004 年）、勉强失调（2005~2007 年）、初级协调（2008~2009 年）、中级协调（2010 年）、良好协调（2011~2012 年）和优质协调（2013~2019 年）五个阶段，其与总耦合协调性阶段数一致。

从横向比对来，如上文设计一样，α_1、α_2 的变化与总耦合设计相同，从图 6.7（a）中可以看出，同一时点，若逐渐增加对成都外循环交通的投入会不断恶化两者的耦合协调关系，可见成都是属于经济驱动型，而且经济驱动的能力处于递增的状态，说明成都的外向型经济正在推动外向型交通的发展。不过无论如何提升，两者始终处于低水平耦合协调性阶段。说明此时成都交通与经济在外循环层级和谐共生还远未形成。从中可以推断在外循环上成都的交通和经济需要双向提升，是做大蛋糕的问题，而不是分蛋糕问题。而从图 6.7（b）可以看出，与成都正好相反，若增大重庆外循环交通的权重可以使两者朝更高协调水平方向迈进，说明重庆属于交通驱动型，驱动能力逐渐减弱收敛，趋于交通与经济双向驱动的优质协调阶段，到 2014 年，因为“一带一路”赋予的全球效应，交通先行赋予了新一轮的动能，但后期依然有收敛于理想状态方案 3 的趋势，实现在外循环层级交通与经济双向驱动的优质协调阶段。

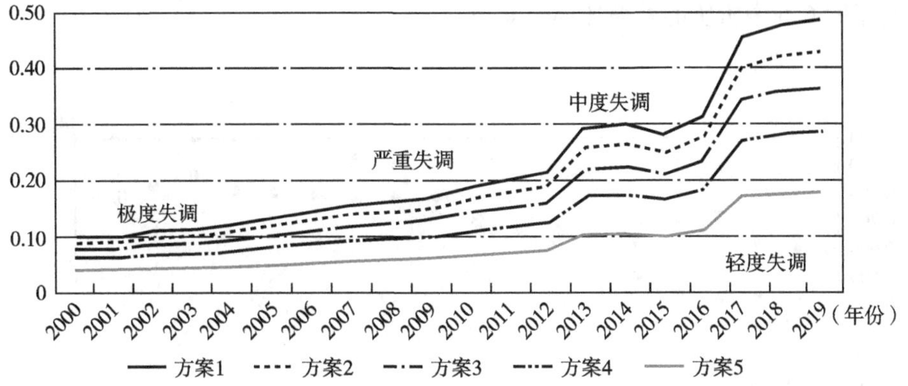

（a）成都

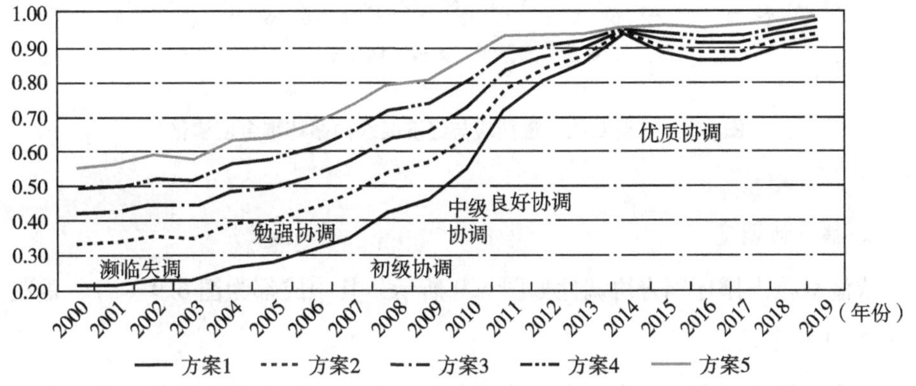

（b）重庆

图 6.7　成渝双核交通能级与经济能级外循环耦合协调度演化

（二）分层耦合 2：内循环

1. 耦合度

内循环主要聚焦成渝双核与国内省际的交通和经济的互动情况，其耦合度演化如图 6.8 所示，从中可以看出成都的内循环耦合度，从拮抗阶段（0.374）一直攀升到高度耦合（0.886），整体也高于其外循环的耦合度，但比重庆内循环的耦合度要小。重庆的耦合度呈“U”形，2007 年、2008 年左右受金融危机和汶川大地震等的影响，使其耦合度降到最低，然后一路攀升到高耦合度阶段，从磨合阶段（0.518）一直到共振耦合（1.000），整体不仅高于成都的耦合度，而且也高于图 6.6 中重庆的外循环耦合度。

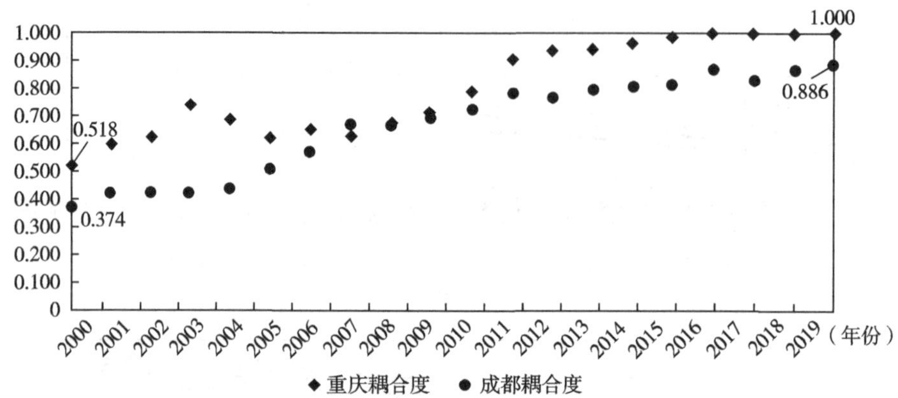

图 6.8 成渝双核交通能级与经济能级内循环耦合度演化

2. 耦合协调度

成渝双核内循环耦合协调性如图 6.9（a）所示，其中成都为图 6.9（a），重庆为图 6.9（b）所示。

首先，同样以方案三为标准，从时序上来看，双核都处于不断攀升状态。从图 6.9（a）来看，成都依次为中度失调（2000~2003 年）、轻度失调（2004~2006 年）、濒临失调（2007~2009 年）、勉强协调（2010~2011 年）、初级协调（2012~2016 年）、中级协调（2017~2019 年）阶段；从图 6.9（b）来看，重庆依次为中度失调（2000~2003 年）、轻度失调（2004~2007 年）、濒临失调（2008）、勉强协调（2009~2010 年）、初级协调（2011~2012 年）、中级协调（2013~2015 年）、良好协调（2016）、优质协调（2017~2019 年）阶段。重庆初期也为中度失调，但在 2019 年终期，重庆已达到优质协调，而成都依然处于中级协调阶段，具体而言，20 年间，重庆内循环经历了 8 个阶段，成都经历了 6 个阶段。可见在内循环的双向互动上，成都低于重庆 2 个层级，但比外循环的差距要小。

其次，从五个方案的横向对比来看，成渝双核交通能级与经济能级在内循环

（国内省际互动）上的耦合协调度，成都一直属于交通驱动型，而重庆早期属于交通驱动型，2016 年之后处于交通与经济双驱动的优良协调阶段。研究表明，20 年间，在内循环上成渝双核比较一致，即与国内省际的互动上，整体表现为交通能级驱动型，即交通能级是促成双向高水平耦合协调的关键因素。重庆在 2016 年达到良好协调之后，五线收敛于理想状态方案 3，演化为交通能级与经济能级双驱动的优良协调阶段。而成都交通能级驱动的边际效用要比重庆明显，还处于攀升状态的中级协调阶段，还未能形成良性耦合协调性。

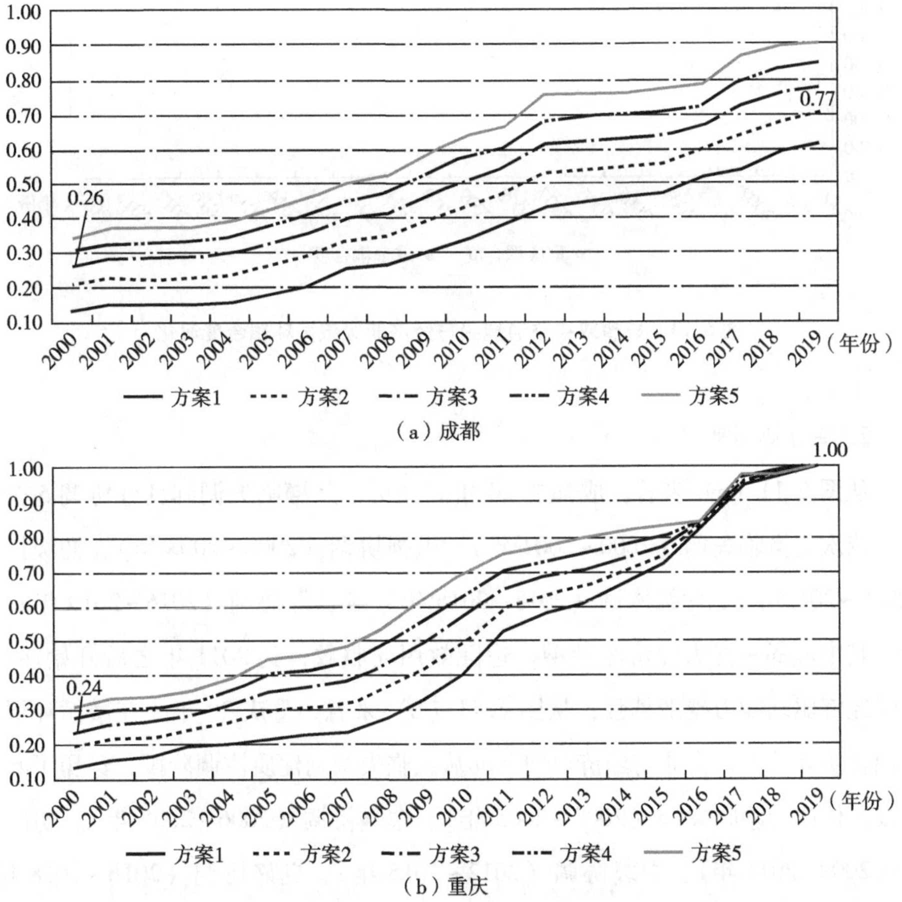

（a）成都

（b）重庆

图 6.9 成渝双核交通能级与经济能级内循环耦合协调度演化

（三）分层耦合 3：微循环

1. 耦合度

微循环的耦合度是描述区域内部交通与区域内部经济发展水平之间的作用力大小，从图 6.10 来看，成渝双核在 20 年间耦合度一直居高位，处于高度耦合和共振耦合的状态。成都相比重庆有略微优势。

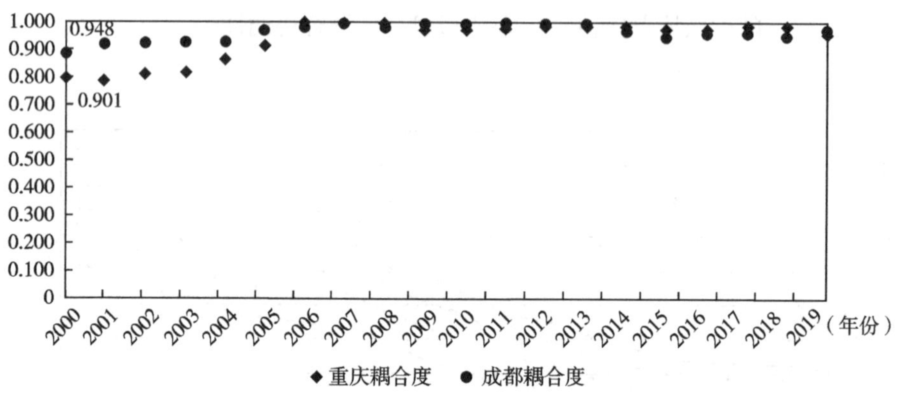

图 6.10 成渝双核交通能级与经济能级微循环耦合度演化

2. 耦合协调度

从图 6.11（a）来看，成都在 20 年间经历了从濒临失调到良好协调 5 个阶段，依次为濒临失调（2000~2001 年）、勉强协调（2002~2008 年）、初级协调（2009~2012 年）、中级协调（2013~2015 年）及良好协调（2016~2019 年）阶段，其中成都一直为经济驱动型，边际效用先收敛，到 2011 年之后开始递增，表明经济驱动能力越来越强；从图 6.11（b）来看，重庆 20 年间在微循环层级的耦合协调性上，交通与经济双向互动从濒临失调到优质协调阶段，经历了 6 个阶段，依次为濒临失调（2000~2005 年）、勉强协调（2006~2008 年）、初级协调（2009~2011 年）、中级协调（2012~2015 年）、良好协调（2016~2018 年）及优质协调（2019 年），其中在 2007 年前属于经济驱动型，2007 年之后为交通驱动型，且交通驱动的边际效用有递增趋势。

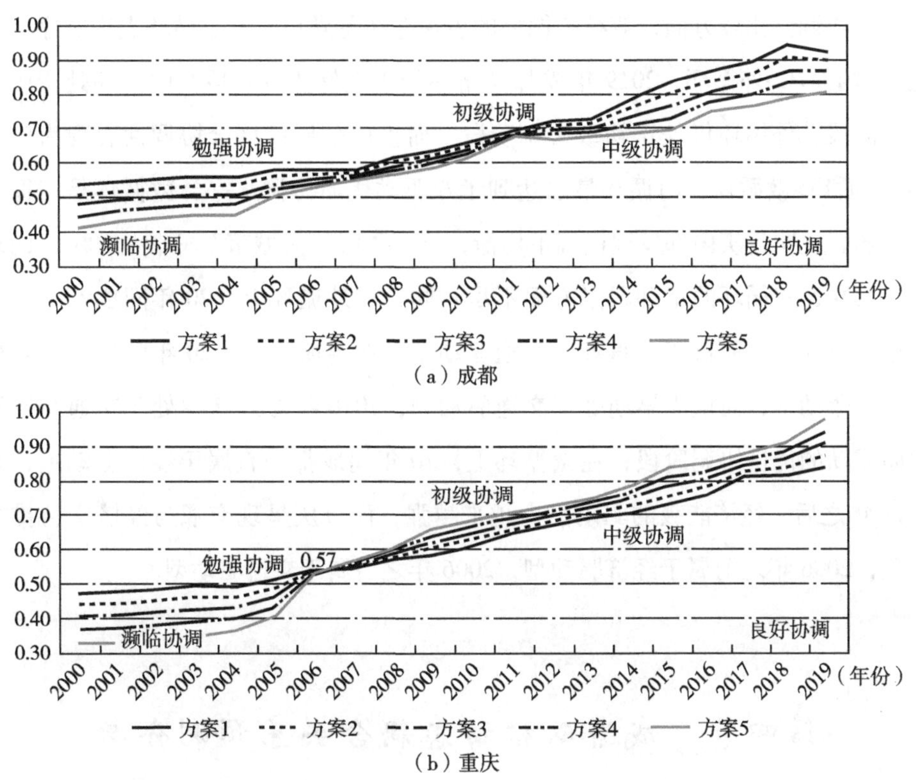

图 6.11　成渝双核交通能级与经济能级分微循环耦合协调性演化

综合 3 对分层级耦合关系结论如下：

（1）在耦合度上成渝双核也存在共性和异性。共性在于，20 年间双核整体耦合度即交通与经济的相互作用力大小依次为微循环>内循环>外循环；异性在于，在外循环上，成渝双核耦合度分化最大，成都在外循环耦合度上长期处于无序、低度耦合阶段，到 2019 年成都还处于拮抗阶段（0.3～0.5），这说明在外循环上成都的交通和经济之间的互动问题最严重，而重庆在 20 年间不断攀升，两者作用力越来越大，尤其 2011 年中欧班列渝新欧打通陆上丝路外循环综合叠加之后，作用力达到了高度耦合阶段。

（2）在耦合协调度上成渝双核也存在共性和异性。共性在于，在 20 年间双核在 3 个循环的耦合协调度处于不断攀升优化的状态；异性在于，首先，在三循环耦合协调性比较方面，双核三循环的表现存在差异：成都三循环表现顺序为微循环>内循环>外循环，2019 年成都微循环处于良好协调阶段，内循环处于中级协调阶段，外循环仅处于初级失调阶段，而重庆分层级耦合协调性表现为内循环>外循环>微循环，内循环最强达到了双驱动优质协调水平，微循环是三循环中最弱，说明重庆内部发展极端不均衡，符合重庆“大城市”+“大农村”的现实；其次，三循环的驱动因素方面不尽相同：在外循环上，20 年间成都一直处于经济驱动型，而重庆一直处于交通驱动型；在内循环上，20 年间成都一直处于交通驱动型，而重庆早期处于交通驱动型，2016 年之后基本处于交通与经济双向驱动的优良协调阶段；在微循环上，20 年间成都一直属于经济驱动型，且 2011 年之后，经济能级的驱动能力越来越强，而重庆呈现交通与经济交替推拉现象，2006 年之前属于经济驱动型，2006 年之后属于交通驱动型。

第四节　成渝双核动态耦合关系预测分析

根据前文的动态耦合关系预测模型 VAR 模型，本书将成渝双核的交通能级和经济能级测度值分成两组，利用 EViews 10 软件分别进行分析。其中，用 TE、EE 分别代表重庆交通能级和经济能级的时间序列，用 DTE、DEE 分别代表成都的交通能级和经济能级的时间序列。

一、VAR 模型的确定

（一）平稳性检验

本书选用较常用的 ADF（Augment Dickey-Fuller Test）进行单位根检验，检验序列的平稳性，具体检验结果如表 6.4 所示。

表 6.4 成渝双核交通能级与经济能级 ADF 检验结果

序列名称	检验（C，T，K）	ADF 值	1%水平	5%水平	10%水平	P 值	结论
DTE	（C，T，0）	-2.383	-4.533	-3.674	-3.277	0.376	不平稳
DEE	（C，T，1）	-0.786	-4.572	-3.691	-3.287	0.948	不平稳
D（DTE）	（C，0，0）	-3.641	-3.857	-3.040	-2.661	0.016*	平稳
D（DEE）	（C，T，0）	-6.577	-4.572	-3.691	-3.287	0.0003**	平稳
TE	（C，T，2）	-3.483	-4.616	-3.710	-3.298	0.074	不平稳
EE	（C，T，0）	-1.172	-4.533	-3.674	-3.277	0.887	不平稳
D（TE）	（C，0，0）	-3.584	-3.857	-3.040	-2.660	0.017*	平稳
D（EE）	（C，T，1）	-4.643	-4.616	-3.710	-3.298	0.0095**	平稳

注：检验类型 C、T、K 分别表示常数项、趋势项和滞后阶数。D（TE）、D（EE）、D（DTE）和 D（DEE）表示这几个序列的一阶差分序列。*表示在 5%的显著性水平下显著；**表示在 1%的显著性水平下显著。

资料来源：根据 EViews 10 软件运行结果整理而得。

检验结果表明：序列 DTE、DEE、TE、EE 的 ADF 值都大于 5%的水平值，$p>0.05$，说明统计不显著，不能拒绝原假设（H_0：序列存在单位根），即原假设成立，换言之，说明成渝双核交通能级与经济能级原序列都不平稳；对上述四个序列进行了一阶差分后，D（DTE）、D（DEE）、D（TE）和 D（EE）的 ADF 值都小于 5%的水平值，$p<0.05$，甚至 D（EE）和 D（DEE）的 $p<0.01$，说明统计显著，可以拒绝原假设，即原假设不成立，则表明四个差分序列不存在单位根，从而说明成渝双核交通能级与经济能级一阶差分都是平稳系列，因此形成了两组成渝双核交通能级与经济能级单阶同整序列，可以进行下一步检验。

（二）构建 VAR 模型确定滞后阶数

本书对两组单阶同整序列分别构建 VAR 模型并根据 AIC、SC 等多准则联合判断确定两组最优滞后阶数 i。

从表 6.5 的五个检验指标中有 4 个确定滞后期 1 为最优滞后期，因此本书对成都序列建立 VAR（1）模型。在确定最优滞后期后，通过 AR 根对 VAR（1）模型进行稳定性检验。

表 6.5　成都交通能级与经济能级 VAR 模型滞后阶 i 的确定

Lag	LogL	LR	FPE	AIC	SC
0	75.05923	NA	1.02e-07	-7.585182	-7.436060
1	137.7628	99.00560*	3.64e-10*	-13.23819*	-12.64170*

注：* 表示根据相应准则选择的滞后阶数。

资料来源：根据 EViews 10 软件运行结果整理而得。

同样，从表 6.6 的五个检验指标中也有 4 个确定滞后期 1 为最优滞后期，因此本书对重庆序列也建立 VAR（1）模型。在确定最优滞后期后，通过 AR 根对 VAR（1）模型进行稳定性检验。

表 6.6　重庆交通能级与经济能级 VAR 模型滞后期 i 的确定

Lag	LogL	LR	FPE	AIC	SC
0	24.24291	NA	0.000290	-2.471435	-2.372505
1	79.53942	92.16085*	9.75e-07*	-8.171047*	-7.874257*
2	81.46809	2.785846	1.26e-06	-7.940899	-7.446248

注：* 表示根据相应准则选择的滞后阶数。

资料来源：根据 EViews 10 软件运行结果整理而得。

（三）协整关系检验

根据上文确定的最优滞后阶，在构建的成都、重庆两组 VAR（1）模型的基础上，采用 Johansen 法，分别对 DTE-DEE 和 TE-EE 偶对进行协整检验，以确定双核的交通能级与经济能级是否都具有长期的均衡关系。检验结果如表 6.7 所示。

表 6.7　成都、重庆双城交通能级与经济能级协整关系检验

协整关系偶对	Hypothesized No. of CE (s)	Eigenvalue	Trace Statistic	0.05Critical Value	Prob. **
DTE-DEE	None *	0.632754	21.24570	20.26184	0.0365
	At most 1	0.163555	3.214695	9.164546	0.5414
TE-EE	None *	0.508282	13.17504	12.32090	0.0359
	At most 1	0.021854	0.397735	4.129906	0.5916

注：* 表示在 5%的显著性水平下显著。

资料来源：根据 EViews 10 软件运行结果整理而得。

从表 6.7 可知，DTE-DEE 和 TE-EE 偶对都在 95%的置信区间内拒绝了原假设（H_0：偶对无协整关系），反之，则表明无论是 DTE-DEE 还是 TE-EE 偶对都存在长期的均衡关系，从而说明成渝双核的交通能级和经济能级之间存在长期的均衡关系。

（四）格兰杰因果关系检验

上述的协整检验证明成渝双核的交通能级和经济能级具有长期的均衡关系，而是否存在统计学上的因果关系还需要进行进一步的验证。由 Granger 因果检验得出无论成都还是重庆皆存在交通能级是经济能级的格兰杰因果，而经济能级不是交通能级的格兰杰因果。具体检验结果如图 6.12 所示。图 6.12（a）是成都交通能级和经济能级的格兰杰因果检验结果展现，从中可以看出当解释变量为 DEE 时，p（0.0171）小于 0.05 显著，说明原假设（H_0：DTE 不是 DEE 的格兰杰因果）不成立，反之则证明 DTE（成都交通能级）是 DEE（成都经济能级）的格兰杰因果。而当解释变量是 DTE 时，p（0.6550）大于 0.05，统计不显著，不能拒绝原假设，说明 DEE（成都经济能级）不是 DTE（成都交通能级）的格兰杰因果；而同理，如图 6.12（b）可以判断出 TE（重庆交通能级）是 EE（重庆经济能级）的格兰杰因果，但 EE（重庆经济能级）不是 TE（重庆交通能级）的格兰杰因果。

Dependent variable：DEE

Excluded	Chi-sq	df	Prob.
DTE	5.687880	1	0.0171
All	5.687880	1	0.0171

Dependent variable：DTE

Excluded	Chi-sq	df	Prob.
DEE	0.199600	1	0.6550
All	0.199600	1	0.6550

（a）成都

Dependent variable：EE

Excluded	Chi-sq	df	Prob.
TE	5.143915	1	0.0233
All	5.143915	1	0.0233

Dependent variable：TE

Excluded	Chi-sq	df	Prob.
EE	0.169277	1	0.6808
All	0.169277	1	0.6808

（b）重庆

图 6.12　成渝双核交通能级与经济能级格兰杰因果检验结果

可见，成渝双核交通能级和经济能级不仅存在长期的协整关系，而且交通能级是经济能级的格兰杰因果，但经济能级不是交通能级的格兰杰因果，双核的检验结果步调完全一致，此外，说明本书双重验证了成渝双核交通能级与经济能级之间的动态脉冲响应耦合关系。

二、动态响应预测结果

（一）脉冲响应分析

在交通能级和经济能级存在长期均衡关系和有单向格兰杰因果的前提下，仍然基于上述构建的 VAR（1）模型，分别刻画 DTE-DEE 和 TE-EE 的交互脉冲响应函数（IRF），进一步对两组序列的耦合关系进行预测。两组 IRF 结果见图 6.13（成都）、图 6.14（重庆），其中实线表示在一个标准单位新息变量扰动下，响应变量的脉冲响应变化轨迹，虚线表示正负两倍标准差构建的偏离带。本书选择的预测期数为 20 年。

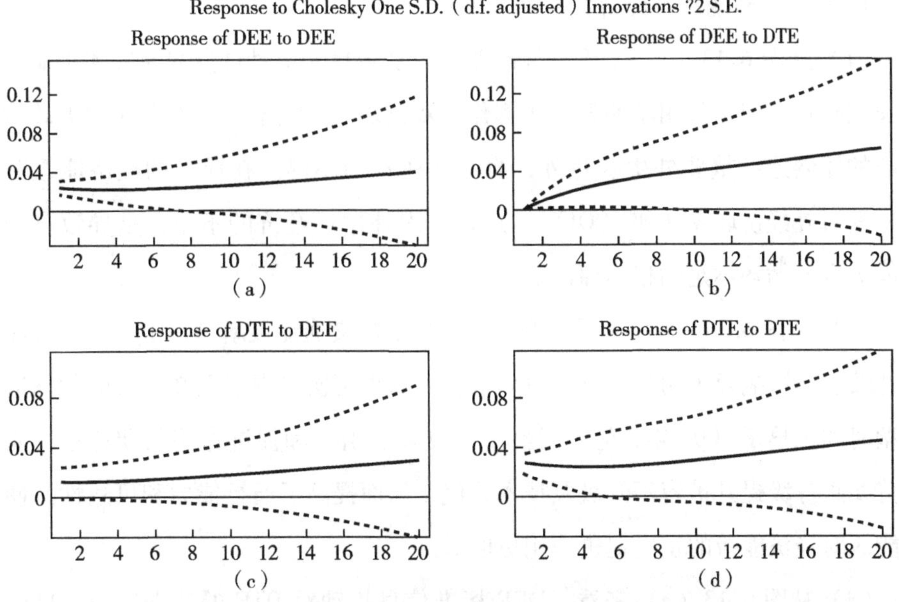

图 6.13 成都交通能级与经济能级脉冲响应函数

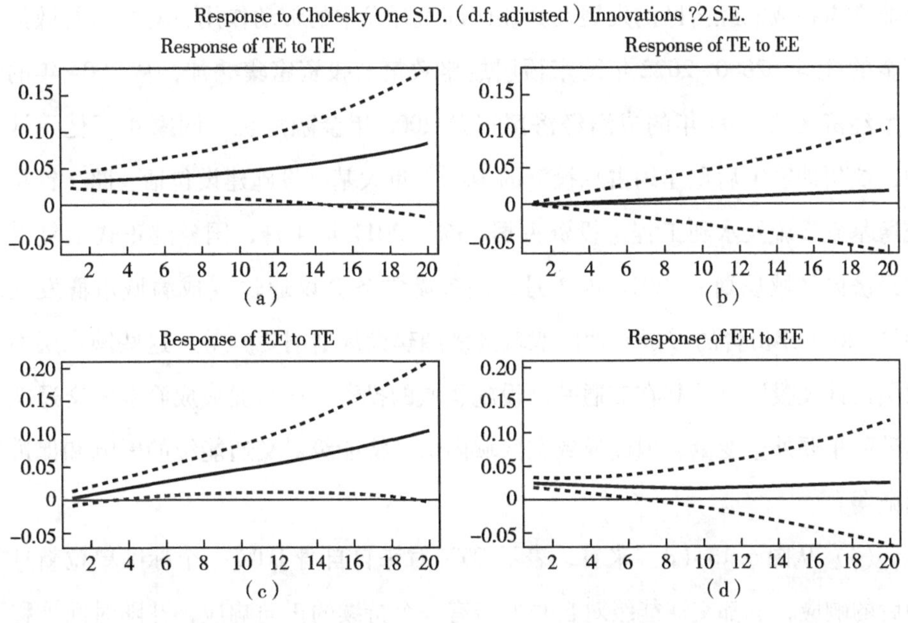

图 6.14 重庆交通能级与经济能级脉冲响应函数

1. 成都交通能级与经济能级脉冲响应分析

（1）从图 6.13（a）来看，标准差的经济新息冲量对自身的促进和影响为正且长期存在，但是效用不明显。成都作为双核之一，在宏观层面存在中央政策和财政的倾斜这一重要外生变量外，自身的驱动力不够。在成都的经济能级分解中，其对外经济联系水平（OI）是短板，内外循环经济的不足，是导致自身经济能级良性循环不足的根本原因。

（2）从图 6.13（b）来看，增加一个标准的交通能级新息冲击，对经济能级的持续正向影响效果明显，且随时间推移。这也再次体现了上文分析的如国道的成型时间虽早于 2000 年，但其对经济的支撑、引领和促进作用长期存在，而且随着线路等级提升扩容等升级及技术迭代，从而提高了通行能力和可达性，使交通能级对经济能级的正向促进作用更明显。

（3）从图 6.13（c）来看，DEE 标准信息扰动对 DTE 的冲击较小，呈微弱正向响应。这点与 DEE 不是 DTE 的格兰杰因果一致，即成都的经济能级不能实现对成都交通能级的预测。早在 2000 年开始的西部大开发战略，中央高层就一直非常重视成渝经济区的发展及其在西部大开发中的带动作用，对之进行政策和资金的倾斜。2000~2022 年国家顶层战略政策及投资密集叠加，从 2004 年的蝌蚪型经济区到 2006 年的成渝经济区以及 2008 年金融危机，国家 4 万亿元计划中，汶川地震灾后重建约占总投资的 14%，重大基础设施建设包括公路、铁路等交通基础设施及水利工程，投资占据 23%；2011 年 4 月，国务院正式批复《成渝经济区区域规划》。2016 年 3 月，国务院常务会议通过《成渝城市群发展规划》，2021 年出台的《成渝地区双城经济圈建设规划纲要》等。这些国家层面的顶层设计及投资，尤其在交通基础设施领域的投资，成为促成成渝双核交通能级提升的重要外生变量，因此导致在区域内部经济能级对交通能级的影响和促进作用微弱。

（4）从图 6.13（d）来看，表示 DTE 对来自自身 DTE 一个标准单位新息扰动后的响应，成都交通能级对自身冲击有一个持续的正向响应，并随时间推移而逐渐递增，有一定的自我促进作用。

2. 重庆交通能级与经济能级脉冲响应分析

从图 6. 14 来看，abcd 的冲击响应与成都基本类似，因此本书将不再赘述。但需要特别说明以下两点：第一，图 6. 14（a）中重庆的交通能级的自我增强机制和自我促进作用也较成都要明显，两者之间的差异来源于重庆有天然的水运优势。但总体而言，交通能级的自我增强机制和自我促进作用具有相对长效机制。正如管楚度（2000）认为交通线路空间地理联系恒定，即交通线路走向恒定具有千年不变性。这正体现了交通能级自我影响和促进作用具有长效性。而交通线路采用何种运输方式，是茶马古道还是水、公、铁、空、管，与产业发展史同周期，具有百年不变特性。上述千年不变，百年不变两点特性，也正体现了交通能级自我影响和路径依赖具有大尺度的长效性。而交通线的线路等级、通行能力受经济需求量的影响而变化，一般情况下也是以几十年为尺度变化。正如第四章梳理出来的重庆内循环与国内省际交通的国道在 20 世纪 50 年代开始建设，70 年代基本已成型，四五十年过去了现在依然在为重庆与国内的省际交通做贡献，但其线路等级和通行能力等有迭代升级，从而带来的交通能级的提升。例如，完工于 1952 年的成渝铁路在 1987 年实现了电气化，年运输能力从 670 万吨提升到 1300 万吨，提高了 2 倍，其间 30 多年完成跃变。

第二，从图 6. 14（d）来看，虽然同样表明了重庆的经济能级对自身有长期正向促进作用，且作用不明显，但背后的逻辑与成都不太一致，重庆作为双核之一，在宏观层面存在中央政策和财政的倾斜这一重要外生变量外，自身驱动力不够（这点与成都一致）。但在微观机理上与成都有差别，在重庆的经济能级分解中，其外部经济联系水平占优势，尤其在内循环经济上优势明显，甚至超越北京处于第一的位置，但从内部综合发展水平（生产、生活、生态），如果单考虑传统评价的生产水平，重庆作为老工业基地，实力不差，但综合考虑生活、生态则劣势明显，说明在自身驱动力上，重庆存在顾此失彼，重生产轻生活与生态，导致高质量可持续发展的短板显现，无法形成自身促进增强机制。

（二）方差分解预测

脉冲响应 20 年预测对应的成渝双核交通能级与经济能级方差分解结果如

表 6. 8 所示。

表 6.8　预测 20 年成渝双核交通能级与经济能级方差分解

年	DEE		DTE		EE		TE	
	DEE	DTE	DEE	DTE	EE	TE	EE	TE
1	100. 00	0. 00	14. 40	85. 60	100. 00	0. 00	2. 81	97. 19
5	61. 74	38. 26	20. 58	79. 42	77. 23	22. 77	5. 27	94. 73
10	41. 53	58. 47	24. 62	75. 38	44. 83	55. 17	8. 18	91. 82
15	35. 04	64. 96	26. 56	73. 44	28. 90	71. 10	10. 40	89. 60
20	32. 30	67. 70	27. 56	72. 44	21. 52	78. 48	11. 90	88. 10

资料来源：根据 EViews 10 软件运行结果整理而得。

从表 6. 8 中可知，成渝双核交通能级与经济能级对自身的影响都呈现逐年下降的趋势，经济能级的下降速度比交通能级的要迅速，说明自身影响的长期累计效应经济能级较弱，与脉冲响应的分析一致。其次，从交互影响而言，经济能级对交通能级的影响，累计的贡献率要相对较小。例如到 20 期，成渝双核经济能级对交通能级累计的相对贡献率分别为 27. 56%（成都）、11. 9%（重庆），比较而言，与反向贡献率 67. 70%（成都）和 78. 48%（重庆）要小，这与经济能级不是交通能级的格兰杰因果，因此不能预测交通能级的结果一致。

第五节　本章小结

本章首先分析了交通能级与经济能级的耦合机理；其次，构建了从静态演化和动态预测的耦合关系模型；最后，对成渝双核的交通能级和经济能级分析进行了静态演化和动态预测耦合关系研究。从静态演化来看，重庆的各层级的耦合协调性都要优于成都，而且重庆在 3 个分层耦合上都已达到了优质协调，尤其在内

循环上甚至已达到双驱动的最优状态；而成都在总分层级上耦合协调性都比重庆低一个或更多层次，其中，最差强人意的在外循环和内循环的耦合协调性上。成都外循环为轻度失调阶段，处于初级蛮荒无序状态下，存在双向做大蛋糕的问题，主因在成都作为不临水的真正内陆，没有重庆直连长江黄金水道的天然优势，要成为内陆开放高地的难度系数较大。而成都的内循环也仅处于中级协调阶段，也需要重点优化。从动态预测来看，本书双重证明了交通能级与经济能级具有长期的均衡关系，符合本书研究实际；同时也双重证明了交通能级是经济能级的格兰杰因果，而经济能级不是交通能级的格兰杰因果，主要是因为成渝双核交通基础设施受到国家顶层战略的倾斜与投资这一重要外生变量的影响，故而经济能级不能预测未来的交通能级变化。通过给予变量一个标准变化的信息，表明交通能级信息对经济能级的正向影响长期持续存在且有缓慢增强趋势；而成渝双核交通能级自我促进作用明显，有较强的自我增强机制和路径依赖特征；但经济能级却相反，虽也有长效机制，但自我促进作用不明显，而且重庆的短板在生活和生态弱势，而成都的短板在外循环和内循环弱势，最终结果都呈现为成渝双核经济能级不能形成自我激励与促进，且较倚重国家宏观政策调控和支援。

第七章 总结、建议及展望

本书实现了对交通能级和经济能级的内涵阐释，根据该空间内部交通功能和经济功能的实力以及其对外部区域的辐射影响程度，从内部和外部双向角度构建交通能级和经济能级测度模型，完成成渝双核交通能级和经济能级测度及耦合关系实证研究等问题，旨在解决成渝地区双城经济圈交通能级和经济能级双向驱动提升的核心问题，本章将主要研究总结、政策建议及研究展望分述如下。

第一节 本书总结

一、区域交通能级的界定及测度模型

（一）界定

交通能级表征某地理空间的交通功能级别大小，可用该空间交通“移动性”“可达性”及其对外部地区的辐射影响程度来表达。

（二）测度模型

从“内部综合发展水平”+“外部联系水平”互相依存的双向角度，结合交通“双产品”理论，构建了从（微循环，内循环，外循环）×（移动性，可达

性）组成 3×2=6 个维度的区域交通能级测度模型。

二、区域经济能级的界定及测度模型

（一）界定

经济能级表征某地理空间的经济功能级别大小，可用该空间的“生产水平”“生活水平”“生态水平”及其对外部地区的辐射影响程度来表达。

（二）测度模型

从“内部综合发展水平”+“外部经济联系水平”互相依存的双向角度，综合梳理经济综合发展实力评价的相关文献，集成了内部综合发展水平、内循环、外循环三个层级的经济能级测度模型。作为从文献梳理中集成的综合测度模型，与交通能级不同，还需要对模型的信效度进行验证和优化。本书通过加入横向比较的城市北京和天津的指标数据，对模型进行了统计学和实证的双重检验和优化，从而得到最终的经济能级测度模型。

（三）成渝双核交通能级与经济能级测度

在实证上，本书利用区域交通能级与经济能级测度模型，并结合成渝地区双城经济圈呈成都—重庆都市圈双场核弱辐射的现状及特点，明确要提升整个区域的能级，需分阶段和分步骤实施，目前的关键环节和突破口在成渝双核的交通能级和经济能级的提升。因此对成渝地区双城经济圈交通能级和经济能级的研究，聚焦在对成渝双核的交通能级和经济能级的提升上。

（四）成渝双核交通能级测度结论

（1）从总层级而言，2000~2019 年成渝双核交通能级处于不断演进、积累或跃迁的向上攀升态。交通能级测评取值在［0，1］区间，结合增长率波峰突变阶段和量变引起质变的规律，双核的等级跃迁符合以 0.2 为等级间隔的划分，共分为 5 个等级。

从单城变迁来看，成都 20 年间经历了 1~4 级攀升，经历了 3 次跃迁，重庆经历了 2~5 级攀升，也实现了 3 次跃迁。成都和重庆跃迁的时点基本与国家的五年规划的起点或终点重合，这体现了交通作为投资规模巨大的公共产品，与国家、地方政策和财政的倾斜休戚相关。

从双城比较来看，重庆交通能级领先于成都，两者基本保持一个等级差的平行距离。重庆在交通能级上相对成都的优势得益于重庆与长江黄金水道直连，这一得天独厚的禀赋对重庆加持赋能的结果。

（2）从分层级而言，双核城市交通能级子系统差异最大的在外循环，重庆较成都的优势显著，依然得益于长江黄金水道通江达海的能力，以及海运在全球贸易中的高分担率（海运基本分担 90%的货运量），使内陆城市重庆的外循环在初期就具有极高赋能。成都也作为内陆城市，不沿边、不靠水，是真正意义上的内陆城市，导致其外循环的初始赋值极低。成都配置双国际机场，便是为了从空中寻求外循环的突破口，但空中航线解决的是人员和高技术高附加值产品的移动问题，在一般及低附加值的产品上成都依然处于天然劣势。

（五）成渝双核经济能级测度结论

（1）从总层级而言，2000~2019 年，成渝双核经济能级也处于不断演进、积累或跃迁的向上攀升态。经济能级测评取值在［0，1］区间，结合增长率波峰突变阶段和量变引起质变的规律，成都、重庆的经济能级也基本符合以 0.2 为间距的级别划分，共分为 5 个等级。

从单城变迁分析，成都 20 年间经历了 1~4 级的攀升，3 次跃迁阶段，重庆也经历了 1~4 级攀升及 3 次跃迁。这一等级划分与成都和重庆的工业发展阶段的时间划分基本重合，两者互相印证，说明其合理性。

从多城比较分析，2005 年以前成都的经济能级基本高于重庆一个等级，2005 年重庆跃迁到与成都同一等级，成渝双核开始完全同步，2011 年、2016 年，同步完成 2 进 3、3 进 4 的等级跃迁。这种完全同频共振现象符合西部双龙头的定位现实。同时，成渝双核的经济能级测度值一直低于北京的经济能级测度值，一方面可以实证测度模型的合理性，另一方面说明成渝双核的经济能级需要提升的事实。

（2）从分层级而言，成都和重庆可形成独特的层级错位互补，破解成渝双核因产业结构相似导致的“瑜亮情结”，从而形成合力提升经济能级。具体而

言，成都在内部综合发展水平上（PLE）有优势，而重庆在对外经济联系水平（OI）有优势，两者优势互补，可为成渝地区双城经济圈协同发展的契机。

三、成渝双核交通能级与经济能级耦合关系实证研究

（一）耦合关系静态演化

1. 总层级

成渝双核交通能级与经济能级之间耦合度具有共性和异性。共性在于：2000~2019 年双核交通能级与经济能级的耦合度都处于（0.9-1]，是一种高度耦合状态，说明 20 年间双核的交通能级和经济能级互相作用力都非常大，从而也实证了成渝双城交通和经济之间高度关联的状态；差异性在于：成都耦合度处于高位窄幅变动，较重庆要稳定，重庆呈“U”形小幅波动状态。

成渝双核交通能级与经济能级之间耦合协调度也具有共性与异性。共性在于：双核交通能级与经济能级之间耦合协调性具有向高水平演进的共性特征。差异性在于：第一，成都交通能级与经济能级的耦合协调性高水平演进的驱动因素有交错，存在交通能级与经济能级的交替推拉现象。以 2014 年为分水岭，前期为交通驱动型，后期为经济驱动型；第二，重庆的交通能级与经济能级之间的耦合协调度优于成都；第三，重庆交通能级与经济能级的耦合协调性高水平演进的驱动因素在于交通能级。

2. 分层级

成渝双核在 3 对分层级耦合度上也存在共性和异性。共性在于 20 年间双核整体耦合度即交通能级与经济能级子系统的相互作用力大小依次为微循环>内循环>外循环；而差异性在于：在外循环上，成渝双核耦合度分化最大。20 年间成都在外循环耦合度上长期处于无序、低度耦合阶段，到 2019 年成都还处于拮抗阶段（0.3~0.5）阶段，这说明在外循环上成都的交通能级和经济能级之间的互动问题最严重，存在脱钩现象。而重庆在 20 年间不断攀升，两者作用力越来越大，尤其在 2011 年中欧班列渝新欧打通陆上丝路，使外循环形成叠加之后，作用力达到了高度耦合阶段。

成渝双核在3对分层耦合协调度上也存在共性和异性。共性在于，在20年间双核在3个循环的耦合协调度处于不断攀升优化的状态。异性在于，首先，在三循环耦合协调性比较方面，双核存在差异：成都分层级耦合协调性表现依次为微循环>内循环>外循环，2019年成都微循环处于良好协调阶段，内循环处于中级协调阶段，外循环仅处于轻度失调阶段，而重庆表现为内循环>外循环>微循环，内循环最强达到了双驱动优质协调水平，微循环是三循环中最弱，说明重庆内部发展极端不均衡，符合重庆“大城市”+“大农村”的现实。其次，三个循环的驱动因素方面不尽相同：在外循环上20年间成都一直处于经济驱动型，而重庆一直处于交通驱动型；在内循环上20年间成都一直处于交通驱动型，而重庆早期处于交通驱动型，2016年之后基本处于交通与经济双向驱动的优良协调阶段，在微循环上，20年间成都一直属于经济驱动型，且2011年之后，经济能级的驱动能力越来越强，而重庆呈现交通能级与经济能级交替推拉现象，2006年之前属于经济驱动型，2006年之后属于交通驱动型。

（二）耦合关系动态预测

本书证明了成渝双核交通能级与经济能级具有长期的均衡关系，符合交通能级与经济能级耦合关系实际；同时证明了交通能级是经济能级的格兰杰因果，而经济能级不是交通能级的格兰杰因果，其不能预测未来的交通能级。而且交通能级信息对经济能级的正向影响长期持续存在且有缓慢增强趋势，但经济能级信息对交通能级为正向长期微弱影响；而成渝双核交通能级自我促进作用明显，有较强的自我增强机制和路径依赖特征；但经济能级却相反，虽也有长效机制，但自我促进作用不明显，而且重庆的短板在生活和生态弱势，而成都的短板在外循环交通能级和内循环经济能级弱势，最终结果都呈现为成渝双核经济能级不能自我激励与促进，且较倚重国家宏观政策调控和支援。

第二节　政策建议

成渝地区双城经济圈的双场核弱辐射的特点，决定成渝地区双城经济圈的交通能级与经济能级的提升需分步骤分阶段进行。目前的关键在成渝双核交通能级与经济能级的提升，从而在双核的辐射带动下，以点带面，提升“两圈四翼”成渝地区双城经济圈交通能级与经济能级。

（一）遵循交通能级与经济能级及其耦合关系演化规律及特征，优化“成渝双核”交通与经济发展规划

基于场论中内外扩散理论的异质性，并结合成渝地区双城经济圈内部扩散阶段与外部扩散阶段的异质性的实际，本书从“微循环”“内循环”和“外循环”三个不同层级，对从成渝双核的交通能级和经济能级的提升提出相关政策建议如下：

1. 从外循环视角，成都需对经济与交通双优化

成都在外循环交通上先天不足，与外循环经济极度不匹配，虽然 2021 年运营的天府国际机场在一定程度上化解了这一矛盾，但是，这只是一种远水。成都在外循环的突破有两条路：第一条回归经济，进行产业结构升级，发展空港产业园经济，用高科技赋能，积极融入全球创新链演进的大局，进而产生高价值要素流动需求，从而匹配成都双国际机场运营所带来的高质外循环的高端配置；第二条借近水，既然成都外循环交通上的劣势是不临水造成的先天性结构性失调，那么利用目前成渝地区双城经济圈的政策利好，通过铁路衔接泸州港或果园港，调用 300 千米外的近水—长江黄金水道，从而迈入外循环中海运一家独大的时空影响圈。

2. 从内循环视角，重庆需优化铁路路网，成都需提升省际互动经济

对重庆而言，由于在交通能级的梳理中，我们发现铁路运输呈现“质”增

"量"减，需求呈两极分化的规律特征，即普通货运需求递减，高质客运需求递增，而且重庆在内循环中与其他三大增长极之间还无 250 千米/时以上的高铁直达。而从分层级内循环耦合协调度上，虽然重庆已经达到了双驱动的优良协调水平，但未来面临经济高质量发展转型，产业结构升级，作为双驱，交通也需提前规划。从外部扩散理论来看，重庆的省际互动，处于点—轴辐射空间结构，因此对于作为点—轴辐射载体的省际主干道，尤其是高铁快速通道的建设也十分有必要。一方面，重庆应该加快高铁的建网和织网过程，如 2022 年 6 月 15 日才通车的郑万铁路，以及正在修建的渝昆高铁和渝湘高铁等便是建网和织网的印证；但另一方面，变网也是我们需要考虑的，这是一种更经济的角度，经本书测算重庆在普通货运通行能力上供给大量过剩，而在高质快速客运供给上严重不足，因此可利用现有的普通货运线路进行提速升级改造，提供更多的高质客运供给能力，实现普网到快网的转换，实现变网。

对成都而言，从分层级内循环耦合协调度上，仅处于中级协调阶段，且 20 年间的一直属于交通驱动型，因此，与外循环成都交通弱势不同，在内循环上，交通较经济有相对优势，但成都内循环省际互动经济需提升，进一步细化，无论从省际贸易量、人员互动还是从利用内资方面，较重庆都处于短板，都需要提升。

3. 从微循环视角，重庆、成都公路路网需要优化

对重庆而言，在微循环的耦合协调度上，已经达到了优良协调水平阶段，且在微循环演化上一直属于交通驱动型。以 2019 年重庆普通公路路网密度排名全国第 1 位便是印证，说明重庆微循环的交通路网已织成，但结合重庆内部扩散的实际，重庆内部扩散处于重庆都市圈空间网状面辐射的扩散阶段，但作为弱辐射，其辐射的范围有限，与渝东北、渝东南两翼之间缺少轴状结构中间过渡，说明内部要实现均衡一体化，从而促成内部优化向高等级演化，还存在断层问题，重庆"大城市"+"大农村"的不均衡性，在交通上依然存在。例如，部分农村偏远地区的公路路网存在"最后一公里"的路面硬化问题；重庆高速公路路网不足，尤其在交通能级微循环可达性的梳理中发现渝东北和渝东南的处于高速公

路路网洼地，需要补网或变网。

从成都而言，在微循环耦合协调性上，处于良性耦合阶段，有一定的优化空间，交通需要略有提升。但重点在公路，因为成都运输结构中公路占据约 3/4 的份额，说明内部公路网需要补网。而铁路在运输结构占比中，虽然也占据了 1/4 的份额，但与重庆一样，普通货运通行能力供给过剩，也存在货运改客运的变网转换。

（二）遵循交通能级与经济能级及其耦合关系演化规律及特征，优化“成渝地区双城经济圈”交通与经济发展规划

通过协整关系研究表明，成渝双核的交通能级和经济能级之间存在长期的均衡关系，同时交通能级不仅具有较强的自我增强机制和路径依赖特征，而且也是经济能级的格兰杰因果，可见，在未来对成渝双核的交通能级投资不仅可带来交通能级的自我增强机制和发展，还能促成经济能级的提升。此外，协整关系研究也表明经济能级不是交通能级的格兰杰因果，但主要因为交通投资属于巨额投资，受国家宏观政策和财政倾斜力度等外生变量的影响较大。而结合耦合关系静态演化规律研究结论，交通能级和经济能级实际存在交替推拉或双向驱动的现象规律。因此结合上述规律特征，从成渝地区双城经济圈整体的角度考虑，可见，全面优化成渝地区双城经济圈交通与经济发展战略规划，不仅需考虑交通能级，还需考虑经济能级，因此从交通能级和经济能级结合的视角，本书对成渝地区双城经济圈的交通和经济发展规划建议如下：

（1）成都经济圈，应利用成都经济驱动优势，借道川南翼铁路，进入水运时空圈，做好铁水联运，共享成渝地区双城经济圈水运外循环优势。

成都作为成都经济圈的场核，从公路网的可达性而言，对川东北翼和川南翼的辐射能力，较重庆都市圈，并无优势，甚至在川东北翼处于劣势，在川南翼与重庆都市圈打成平手，但若重庆都市圈叠加水路，则对泸州、宜宾等的影响有相对优势。而未来成都利用其经济驱动优势，推动交通发展，可在“借近水”上做好文章，打好组合拳，借道川南翼铁路，做好铁水联运，同时利用铁路叠加优势提高综合可达性，进入水运外循环的时空圈，从而共享成渝地区双城经济圈水

运外循环优势。

（2）重庆经济圈，应利用重庆交通驱动优势，打破行政局限，培育川东北翼经济腹地，承接重庆都市圈制造业辐射转移，促进成渝地区双城经济圈一体化。

重庆都市圈作为重庆经济圈的场核，在以往的行政辖区内缺腹地支撑，与渝东南和渝东北两翼存在断层，产业尤其第二产业辐射缺乏承接之地，因两翼自然禀赋特色适宜为重庆提供生态产品，而并非制造业。从本书测算的成都、重庆都市圈双场核到成渝地区双城经济圈其他研究对象的公路可达性而言，重庆对广安、达州的辐射影响力超过了成都，体现真实区位与行政划分不匹配，尤其重庆极锥渝中区到广安的可达性，仅 2.5 小时，属于强辐射。结合 EDSA 空间关联分析出的广安与重庆都市圈同频共振的真实区位，可打破川东北翼的行政阻隔，使之成为重庆都市圈的经济腹地，承接重庆制造业辐射，使川东北翼成为成渝双城经济圈一体化的前沿示范区，从而促成成渝地区双城经济圈一体化。2022 年 9 月 7 日，川渝两省市政府共同印发《重庆都市圈发展规划》，将广安划入重庆都市圈范围，便是这一政策建议的现实印证和初步启动。

第三节　研究展望

本书作为理论与实践交融的课题，挑战较大，虽然研究取得了一定的成果，但该论题还属于探索性研究，未来还可以在如下三个方面进行深入研究：

（1）在交通能级的多维效用合并模型中，如何更加科学设置三大循环权重系数问题。今后需要依据区域交通的微循环、内循环与外循环子系统的客观重要性，进一步论证和优化三循环的权重系数，以促使权重系数设置更符合客观规律与趋势。

（2）在全球“流空间”的大趋势下，正如 Castells（2010）所说，“空间流”

包括技术流、信息流、资金流、人员流动、物资流动。本书在经济能级测度模型的构建上对于内、外循环指标的选择上，只从人员、物资、资本流的角度考虑，并假设信息流和技术流附着于货物和人际流动。但这一假设存在一定的局限，尤其目前5G通信技术带来的大数级信息流，越来越成为衡量对外经济联系水平不可忽略和不能忽略的因素，未来的研究需进一步完善。

（3）由于时间、精力有限及数据资料的可得性，本书对成渝双核交通能级外循环子系统的量化上，类比古丝绸之路，仅仅聚焦了成渝双核与欧洲的互动，显然这只是成渝双核外循环的局部刻画，而且成渝双核作为西部内陆开放高地，不仅是对古丝绸之路的继承，更是对古丝绸之路的开拓，因此，外循环的互动区域不能仅考虑欧洲，还应考虑其他区域或地区，从而适应更高水平的开放。

参考文献

[1] Amali C, Jayaprakash D, Ramachandran B. Optimized network selection using aggregate utility function in heterogeneous wireless networks [J]. International Review on Computers & Software, 2014, 9 (7): 1293-1301.

[2] Aschauer D A. Is public expenditure productive? [J]. Journal of Monetary Economics, 1989, 23 (2): 177-200.

[3] Berechman J, Ozmen D, Ozbay K. Empirical analysis of transportation investment and economic development at state, county and municipality levels [J]. Transportation, 2006, 33 (6): 537-551.

[4] Berg C N, Deichmann U, Liu Y, et al. Transport policies and development [J]. The Journal of Development Studies, 2017, 53 (4): 465-480.

[5] Bohr N. The spectra of helium and hydrogen [J]. Nature, 1913, 92 (2295): 231-232.

[6] Bom P, Ligthart J E. What have we learned from three decades of research on the productivity of public capital? [J]. Journal of Economic Surveys, 2014, 28 (5): 889-916.

[7] Castells M. Globalisation, networking, urbanisation: Reflections on the spatial dynamics of the information age [J]. Urban Studies, 2010, 47 (13): 2737-2745.

[8] CGC - Commonwealth of Grants Commission of the Australian Government. Proposed Approach to Obtaining Consistent and Reliable Estimates of the Length of State Arterial Roads [Z]. Staff Discussion Paper, 2006.

[9] Dobranskyte-Niskota A, Perujo M, Pregl M. Indicators to Assess Sustainability of Transport Activities Part 1, Review of the Existing Transport Sustainability Indicator Initiatives and Development of an Indicator Set to Assess Transport Sustainability Performance [R]. Insititute for Environment and Sustainability, 2007.

[10] Elhorst J P. Spatial econometrics: From cross-sectional data to spatial panels [M]. Heidelberg: Springer, 2014.

[11] Fernald J G. Roads to prosperity? Assessing the link between public capital and productivity [J]. The American Economic Review, 1999, 89 (3): 619-638.

[12] Finn M. Is all government capital productive? [J]. Federal Reserve Bank of Richmond Economic Quarterly, 1993, 79 (4): 53-80.

[13] Ford L R, Fulkerson D R. Solving the transportation problem [J]. Management Science, 1956 (10): 24-32.

[14] Forslund U M, Johansson B. Assessing road investments: Accessibility changes, cost benefit and production effects [J]. The Annals of Regional Science, 1995, 29 (2): 155-174.

[15] Francois P. The concept of growth pole [J]. Applied of Economics, 1955 (8): 307-320.

[16] Government of India. Basic Road Statistics of India: 2008-09, 2009-10 & 2010-11 [Z]. Government of India, Ministry of Transport and Highways, New Delhi, India, 2012.

[17] Guo X D. On law-obeying promotion of the energy level in urban development of tourist economy [J]. Review of Economy and Management, 2015, 31 (3): 131-138.

[18] Gutierrez J. Location, economic potential and daily accessibility: An analy-

sis of the accessibility impact of the high-speed line Madird-Bacrelona-French boarder [J]. Journal of Transport Geography, 2001, 9 (4): 229-242.

[19] Hansen W G. How accessibility shapes land use [J]. Journal of the American Institute of Planners, 1959, 25 (2): 73-76.

[20] Hklay M, Weber P. Openstreetmap: User-generated street maps [J]. IEEE Pervasive Computing, 2008, 7 (4): 12-18.

[21] Holtz-Eakin D, Schwartz A E. Spatial productivity spillovers from public Infrastructure: Evidence from state highways [J]. International Tax and Public Finance, 1995, 2 (3): 459-468.

[22] Hulten C R, Schwab R M. Public capital formation and the growth of regional manufacturing industries [J]. National Tax Journal, 1991, 44 (4): 121-134.

[23] Ingram D R. The concept of accessibility: A search for an operational form [J]. Regional Studies, 1971, 5 (2): 101-107.

[24] Jackson D L, et al. Reporting practices in confirmatory factor analysis: An overview and some recommendations [J]. Psychological Methods, 2009, 14 (1): 6-23.

[25] Jianhua H E, Chun L I, Yaolin L I U, et al. A field source-strength method for interaction scenario in network space of Metropolitan [J]. Acta Geodaetica et Cartographica Sinica, 2015, 44 (7): 805.

[26] Kadar E E, Shaw R E. Toward an ecological field theory of perceptual control of locomotion [J]. Ecological Psychology, 2000, 12 (2): 141-180.

[27] Kaiser H. An index of factorial simplicity [J]. Psychometrika, 1974, 39 (1): 31-36.

[28] Losch A. The economics of location [J]. Economica, 1956 (23): 175.

[29] Lu X L, et al. Optimization of tourism spatial structure of Beijing -Tianjin-Hebei metropolitan based on the promotion of the urban tourism energy level [J]. Areal Research and Development, 2018, 37 (4): 98-103.

[30] Lutkepohl H. Applied time series econometrics [M]. London: Cambridge

University Press, 2004.

[31] Morris J M, Dumble P L, Wigan M R. Accessibility indicators for transport planning [J]. Transportation Research Part A: General, 1979, 13 (2): 91-109.

[32] Morton D C, Wu Q, Drake G W. Energy levels for the stable isotopes of atomic helium (4He I and 3He I) [J]. Canadian Journal of Physics, 2006, 84 (2): 83-105.

[33] Munnell A H. Why has productivity growth declined? Productivity and public investment [J]. New England Economic Review, 1990, 30 (6): 3-22.

[34] Murofushi T, Sugeno M. An interpretation of fuzzy measures and the Choquet integral as an integral with respect to a fuzzy measure [J]. Fuzzy Sets and Systems, 1989, 29 (2): 201-220.

[35] Nogal M, Honfi D. Assessment of road traffic resilience assuming stochastic user behavior [J]. Reliability Engineering and System Safety, 2019 (185): 72-83.

[36] OECD. Organization for Economic Cooperation and Development, Response to questionnaire for assessment of strategic plans and policy measures on investment and maintenance in transport infrastructure [R]. International Transport Forum Annual Summit, 2012.

[37] Peterson R A. A meta-analysis of Cronbach's coefficient alpha [J]. Journal of Consumer Research, 1994, 94 (2): 381-391.

[38] Poncet S. Measuring Chinese domestic and international integration [J]. China Economic Review, 2003, 14 (1): 1-22 .

[39] Roberts M, Melecky M, Bougna T, et al. Transport corridors and their wider economic benefits: A quantitative review of the literature [J]. Journal of Regional Science, 2020, 60 (2): 207-248.

[40] Schumacker R E, Lomax R G. A beginner's guide to structural equation modeling [J]. Technometrics, 2004 (47): 522-522.

[41] Seitz H. A Dual economic analysis of the benefits of the public road network

[J]. The Annals of Regional Science, 1993, 27 (3): 223-239.

[42] Taylor P J. World city network [M]. London and New York: Routledge, 2004.

[43] Transportation Research Board, National Research Council. NCHRP Report 399—Multimodal Corridor and Capacity Analysis Manual [M]. National Academy Press, Washington, D. C., 1998: 58-60.

[44] Wachs M, Kumagai T G. Physical accessibility as a social indicator [J]. Socio-Economics Planning Sciences, 1973, 7 (5): 437 - 456.

[45] Wang C F, Huang C F, Guan H C, et al. A comparative study on the strategic value of the international transport corridors about the silk road [J]. Discrete Dynamics in Nature and Society, 2020 (5): 1-15.

[46] Wang C F, Song L J, Lu H Q, et al. Assessing the economic energy level of the chengdu-chongqing economic circle: An integrative perspective of "field source" and "field" [J]. Sustainability, 2022, 14 (16): 9945.

[47] World Bank. Performance and impact indicators for transport [EB/OL]. http: //siteresources. worldbank. org/INTTRM/Resources/040227 - redis - transport. pdf, 2022-12-30.

[48] Wylie P J. Infrastructure and canada economic growth [J]. The Canadian Journal of Economics, 1996, 29: 350-356.

[49] Yang H, Bell G H, Meng Q. Modeling the capacity and level of service of urban transportation network [J]. Transportation Research Part B, 2000, 34 (4): 255-275.

[50] Zadeh D H. Atomic excited states and the related energy levels [J]. Journal of Molecular Modeling, 2022, 28 (9): 282.

[51] 艾伯特·赫希曼. 经济发展战略 [M]. 曹征海, 潘照东, 译. 北京: 经济科学出版社, 1991.

[52] 安徽交通运输跃上新能级 [EB/OL]. 中国交通新闻网, https: //

www. mot. gov. cn/jiaotongyaowen/202209/t20220914_ 3680065. html，2023-01-18.

［53］包维民．网运分离条件下的线路通过能力研究［D］. 成都：西南交通大学博士学位论文，2002.

［54］曹小曙，薛德升，阎小培．中国干线公路网络联结的城市通达性［J］. 地理学报，2005，60（6）：903- 910.

［55］陈博文，陆玉麒，柯文前，等．江苏交通可达性与区域经济发展水平关系测度——基于空间计量视角［J］. 地理研究，2015，34（12）：2283-2294.

［56］陈春妹，任福田，荣建．路网容量研究综述［J］. 公路交通科技，2002，19（3）：5.

［57］陈国权，周琦玮．量变式学习和质变式学习模型的研究［J］. 管理科学学报，2018，21（10）：32-46.

［58］陈佳贵，等．中国工业化进程报告［M］. 北京：中国社会科学出版社，2007.

［59］陈景华，陈姚，陈敏敏．中国经济高质量发展水平、区域差异及分布动态演进［J］. 数量经济技术经济研究，2020，37（12）：108-126.

［60］陈恺，张玮，李瀛．基于船舶交通流的内河航道通过能力研究［J］. 中国水运，2012，12（12）：38-40.

［61］陈诗一，陈登科．雾霾污染、政府治理与经济高质量发展［J］. 经济研究，2018（2）：20-34.

［62］陈震，赵映慧，陈琪．长江中游城市群网络联系能级研究——基于百度指数的探索［J］. 现代城市，2016，11（2）：34-39.

［63］辞海缩印本［M］. 上海：上海辞书出版社，1985.

［64］崔艳萍，廖浪．中欧班列运输通道能力提升与多元化对策研究［J］. 东北亚经济研究，2022，6（1）：56-66.

［65］崔艳萍，肖睿．铁路运输能力研究综述［J］. 铁道运输与经济，2015，37（6）：20-26.

［66］邓润飞，过秀成．基于场论的空间客运联系特性与建模分析［J］. 东

南大学学报（自然科学版），2015，45（1）：178-183.

［67］丁萌萌，曹卫东，张大鹏，等．安徽省公路交通与经济发展水平测度及协调性研究［J］．长江流域资源与环境，2018，27（3）：503-513.

［68］丁四保．“增长极”模式与不发达地区经济发展：意大利南部的教训及启示［J］．经济地理，1989，9（4）：297-301.

［69］丁耀华．管理场概论［J］．世界标准化与质量管理，1994（6）：13-17.

［70］丁正良，纪成君．基于VAR模型的中国进口、出口、实际汇率与经济增长的实证研究［J］．国际贸易问题，2014（12）：91-101.

［71］杜强，孙强，杨琦，冯新宇，杨健．中国交通运输业碳排放驱动因素的通径分析方法［J］．交通运输工程学报，2017，17（2）：143-150.

［72］段成荣，等．从乡土中国到迁徙中国：再论中国人口迁移转变［J］．人口研究，2020，44（1）：19-25.

［73］范如国，张宏娟．民生福祉评价模型及增进策略——基于信度、结构效度分析和结构方程模型［J］．经济管理，2012，34（9）：161-169.

［74］方大春，孙明月．长江经济带核心城市影响力研究［J］．经济地理，2015（1）：76-81.

［75］方应波，黄炜迦，朱慧．基于城市能级的珠三角城市群城市空间结构研究［J］．广州大学学报（自然科学版），2018，17（5）：67-73.

［76］高默．高速铁路通过能力计算理论与方法应用研究［D］．北京：北京交通大学博士学位论文，2017.

［77］高友才，汤凯．临空经济与区域经济阶段性耦合发展研究［J］．经济体制改革，2017（6）：66-72.

［78］辜雪菲．高速铁路列车运行图缓冲时间设置研究［D］．成都：西南交通大学博士学位论文，2020.

［79］管楚度．交通区位论及其应用［M］．北京：人民交通出版社，2000.

［80］郭晓黎，李红昌．交通基础设施对区域经济增长的空间溢出效应研究

［J］. 统计与决策，2017（4）：130-133.

［81］郭晓清. 单线铁路区段通过能力计算和系统开发［D］. 北京：北京交通大学博士学位论文，2015.

［82］郭子坚，王文渊，唐国磊，等. 基于港口服务水平的沿海港口航道通过能力［J］. 中国港湾建设，2010（10）：46-48.

［83］国务院关于印发"十四五"现代综合交通运输体系发展规划的通知（国发〔2021〕27 号）［A］. 中华人民共和国国务院公报，2022.

［84］韩彪. 交通运输发展理论［M］. 大连：大连海事大学出版社，1994.

［85］韩瑞玲，杨光，张晓燕，等. 石家庄市经济—交通—环境系统耦合协调研究［J］. 生态与农村环境学报，2019，35（12）：1541-1549.

［86］韩玉刚，曹贤忠. 皖江区域城市能级与生态环境协调度的测度和发展趋势研究［J］. 长江流域资源与环境，2015，6（24）：909-916.

［87］郝凤霞，张诗葭. 长三角城市群交通基础设施、经济联系和集聚——基于空间视角的分析［J］. 经济问题探索，2021（3）：80-91.

［88］何寿奎. 交通运输业高质量发展与环境保护融合动力机制及路径［J］. 企业经济，2020，39（1）：5-11+2.

［89］何甜，朱翔，郑亮. 基于运输通道场理论的长株潭城市群经济聚散效应分析［J］. 经济地理，2016，36（2）：27-35.

［90］侯德劭. 城市交通承载力研究［D］. 上海：同济大学博士学位论文，2008.

［91］侯玉巧，汪发元. 绿色创新与经济增长动态关系研究——基于 VAR 模型的实证分析［J］. 生态经济，2020，36（5）：44-49.

［92］胡思继. 综合运输工程［M］. 北京：北京交通大学出版社，2003.

［93］胡学勤. 经济辐射理论与我国经济发展战略构想［J］. 经济经纬，2003（6）：60-62.

［94］黄承锋，雷洋，吴园. 基于协整理论的内河航运发展与区域经济增长关系的实证分析［J］. 水运工程，2011（6）：106-111.

[95] 黄承锋．加强现代综合交通体系建设 提升交通辐射能级 [N]．光明日报，2020-04-20（07）．

[96] 黄承锋．运输通道合理运行及经济聚集作用研究 [D]．重庆：重庆大学博士学位论文，2001.

[97] 黄磊．供应商要素品牌价值形成的资源条件与作用机制研究 [D]．天津：南开大学博士学位论文，2015.

[98] 黄镇东．成渝地区双城经济圈水运高质量发展若干问题思考 [J]．重庆交通大学学报（自然科学版），2021，40（10）：1-6.

[99] 霍利斯·钱纳里，谢尔曼·鲁宾逊，摩西·赛尔奎因．工业化和经济增长的比较研究 [M]．吴奇，王松宝，等译．上海：格致出版社，2015.

[100] 戢晓峰，谢世坤．基于 SEM 的云南省 URTT 复合系统耦合协调机制研究 [J]．经理，2019，39（6）：46-57.

[101] 江若尘，陈昌东，郑宇晨，等．上海流量型经济能级指数对标分析及发展思路 [J]．科学发展，2022（5）：48-56.

[102] 江小涓，孟丽君．内循环为主、外循环赋能与更高水平双循环——国际经验与中国实践 [J]．管理世界，2021，37（1）：19.

[103] 金永红，奚玉芹．我国长江三角洲地区产业同构问题与产业能级提升对策 [J]．经济纵横，2006（10）：6-8.

[104] 雷天，许金良，单东辉，等．基于脉冲响应的公路运输需求与产业结构优化的协整分析 [J]．铁道科学与工程学报，2016，13（4）：783-790.

[105] 雷洋．时空演进视角下中巴伊土国际运输通道效能评估 [D]．重庆：重庆交通大学博士学位论文，2021.

[106] 李程骅，陈燕．我国门户型中心城市流强度比较分析及能级提升 [J]．上海经济研究，2012（9）：30-42.

[107] 李峰．关于我国公路网通行能力计算方法的研究 [J]．汽车运输研究，1995，14（2）：82-88.

[108] 李光龙．财政支出、科技创新与经济高质量发展——基于长江经济带

108 个城市的实证检验［J］. 上海经济研究，2019（10）：46-60.

［109］李金滟．中三角城市群多维能级梯度分析与绿色崛起路径研究［J］. 统计与决策，2012（9）：121-124.

［110］李力．用能级跃迁和涨落理论来论证中国特区经济的存在和发展［J］. 经济译文，1995（5）：20-22.

［111］李连成，等．交通运输 2030 需求分析 · 国际经验 · 供给思路［M］. 北京：中国市场出版社，2017：97-98.

［112］李连成．区域交通路网规模综合评价方法［J］. 北京交通大学学报（社会科学版），2010，9（3）：1-5.

［113］李平华，陆玉麒．可达性研究的回顾与展望［J］. 地理科学进展，2005，24（3）：69-77.

［114］李世轩，杨和财，王海燕．基于能级—联动下丹凤葡萄酒产业发展规划研究［J］. 中国酿造，2022，41（8）：252-256.

［115］李晓东，卢振波．本地化读者调查问卷的定量评价研究［J］. 大学图书馆，2007（6）：61-64.

［116］李晓丽，吴威，刘玮辰．基于国际公路运输链的"一带一路"区域公路通达性分析［J］. 地理研究，2020，39（11）：2552-2567.

［117］李新光，黄安民．高铁对县域经济增长溢出效应的影响研究——以福建省为例［J］. 地理科学，2018，38（2）：233-241.

［118］李燕，贺灿飞．新型城市分工下的城市经济联系研究［J］. 地理科学进展，2011，30（8）：986-994.

［119］李祯琪，欧国立，卯光宇．公路交通基础设施与区域经济发展空间关联研究［J］. 云南财经大学学报，2016，32（01）：50-61.

［120］廖重斌．环境与经济协调发展的定量评判及其分类体系：以珠江三角洲城市群为例［J］. 热带地理，1999，19（2）：171-177.

［121］林玲，娄湘红，陈义璇，等．能级对应护理人力资源管理模式下的绩效考核方案探讨［J］. 护理学杂志，2016，31（3）：64-66.

［122］刘秉镰，赵金涛．中国交通运输与区域经济发展因果关系的实证研究［J］．中国软科学，2005（6）：101-106.

［123］刘达禹，刘金全，张菀庭．财政、货币与世界经济冲击的时变特征检验——基于 TVP-VAR 模型的实证分析［J］．数量经济技术经济研究，2016，7（2）：66-86.

［124］刘华军，曲惠敏．中国城市创新力的空间格局及其演变［J］．财贸研究，2021，32（1）：14-25.

［125］刘江会，贾高清．上海离全球城市有多远？——基于城市网络联系能级的比较分析［J］．城市发展研究，2014，21（11）：30-38.

［126］刘勘，郭洋，潘演．基于多维效用合并的信息系统评价研究［J］．情报理论与实践，2012，35（3）：103-108.

［127］刘琳轲，梁流涛，高攀，等．黄河流域生态保护与高质量发展的耦合关系及交互响应［J］．自然资源学报，2021，36（1）：176-195.

［128］刘萍，李红星．“能量场理论”与公共行政民主治理的变革［J］．学术交流，2007（11）：52-54.

［129］刘赛龙，蒋璘晖．内河航道服务水平及通过能力研究［J］．水运工程，2014（3）：134-139.

［130］刘生龙，胡鞍钢．交通基础设施与经济增长：中国区域差距的视角［J］．中国工业经济，2010（4）：14-23.

［131］刘勇．交通基础设施投资、区域经济增长及空间溢出作用——基于公路、水运交通的面板数据分析［J］．中国工业经济，2010（12）：37-46.

［132］卢庆强，龙茂乾，钟奕纯．中国中心城市发展能级与辐射区域耦合关系研究［J］．区域经济评论，2023（1）：10.

［133］卢纹岱．SPSS for Windows 统计分析［M］．北京：电子工业出版社，2002.

［134］鲁渤，周祥军，宋东平，等．公路交通通达性与经济增长空间效应研究［J］．管理评论，2019，31（9）：3-17.

[135] 陆大道．关于“点—轴”空间结构系统的形成机理分析 [J]. 地理科学，2002，22（1）：1-6.

[136] 陆大道．中国区域发展的理论与实践 [M]. 北京：科学出版社，2003.

[137] 陆大道．中国区域发展的新因素与新格局 [J]. 地理研究，2003，22（3）：261-271.

[138] 吕拉昌，谢媛媛，黄茹．我国三大都市圈城市创新能级体系比较 [J]. 人文地理，2013，28（3）：91-95.

[139] 栾贵勤，等．区域经济学 [M]. 北京：清华大学出版社，2008.

[140] 马茹，罗晖，王宏伟，等．中国区域经济高质量发展评价指标体系及测度研究 [J]. 中国软科学，2019（7）：60-67.

[141] 毛润泽．会展业的发展与城市的能性、能级及能位 [J]. 城市问题，2010，177（4）：7-10.

[142] 孟德友，陆玉麒，樊新生，等．基于投影寻踪模型的河南县域交通与经济协调性评价 [J]. 地理研究，2013，32（11）：2092-2106.

[143] 彭劲松．成渝地区双城经济圈建设：阶段判识、战略意义及推进策略 [J]. 中国西部，2020（2）：13-23.

[144] 彭其渊，王慈光．铁路行车组织 [M]. 北京：中国铁道出版社，2007.

[145] 彭向明，韩增林．县域交通优势度与经济发展水平空间耦合——基于辽宁省 44 个农业县的定量分析 [J]. 资源开发与市场，2017，33（9）：1077-1083.

[146] 彭勇行．管理决策分析 [M]. 北京：科学出版社，2004.

[147] 乔桂明，张峰．人民币汇率与资本流动双向作用机制分析与实证 [J]. 苏州大学学报（哲学社会科学版），2019，40（1）：86-94.

[148] 任寿根．城市兼并、城市场与城市经济发展 [J]. 管理世界，2005（4）：28-34.

［149］荣朝和，等．综合交通运输体系研究——认知与构建［M］．北京：经济科学出版社，2013.

［150］荣朝和，林晓言，李红昌，等．运输经济学通论［M］．北京：经济科学出版社，2021.

［151］荣朝和．论运输化［M］．北京：中国社会科学出版社，1993.

［152］商勇．基于区域间投入产出表的中国省际贸易分析［J］．统计与决策，2017（21）：134-137.

［153］沈非，黄薇薇，李大伟，等．安徽省县域公路交通与经济发展空间格局及耦合研究［J］．长江流域资源与环境，2019，28（10）：2309-2318.

［154］沈惊宏，陆玉麒，兰小机．基于分形理论的公路交通网络与区域经济发展关系的研究［J］．地理科学，2012，32（6）：658-665.

［155］沈笑云，王添莹，张思远，等．航路点通行能力计算的置信区间方法［J］．信号处理，2022，38（8）：1684-1692.

［156］施祖辉．上海与国际中心城市的功能能级比较［J］．预测，1997，16（1）：29-31.

［157］石林，傅鹏，李柳勇．高铁促进区域经济一体化效应研究［J］．上海经济研究，2018（1）：53-62+83.

［158］石钦文．综合运输系统结构协调发展理论研究［D］．北京：北京交通大学博士学位论文，2010.

［159］史育龙，潘昭宇．成渝地区双城经济圈空间格局优化研究［J］．区域经济评论，2021（4）：127-134.

［160］宋洁，郭春秀，刘敏．高速公路演化下山西省经济联系格局演变特征［J］．地域研究与开发，2020，39（6）：42-46.

［161］孙金花，胡健，刘贞．一种 λ-模糊测度确定新准则及其应用［J］．计算机工程与应用，2014（19）：249-255.

［162］孙晚华．基于运量结构的铁路干线通过能力计算方法研究［J］．铁道学报，2016，38（12）：8-13.

［163］孙雅波，范厚明，刘益迎，等．基于信度和效度分析的海运强国评价指标体系构建［J］．上海海事大学学报，2014，35（4）：26-31.

［164］孙志刚．城市功能论［M］．北京：经济管理出版社，1998.

［165］孙志刚．论城市功能的叠加性发展规律［J］．经济评论，1999（1）：81-85.

［166］谭一洺，杨永春，冷炳荣，等．基于高级生产者服务业视角的成渝地区城市网络体系［J］．地理科学进展，2011，30（6）：724-732.

［167］汤银英．物流效应场模型及其空间分布［J］．物流技术，2007（6）：1-4.

［168］唐永超，王成新，王瑞莉，等．黄河流域区域交通与经济发展的空间关联研究［J/OL］．经济地理，1-14［2023-08-17］．http：//kns. cnki. net/kcms/detail/43. 1126. k. 20201014. 1342. 002. html.

［169］唐正霞．交通网络、城镇化对西南地区县域经济增长的空间效应研究［D］．北京：中央财经大学博士学位论文，2019.

［170］藤井弥平．海上交通工程学［M］．东京：海文堂，1981.

［171］田霖，李恒良，张露露，等．后疫情时代下河南省自贸试验能级提升与金融支持体系研究［J］．金融理论与实践，2021（4）：20-28.

［172］田野，罗静，孙建伟，等．区域可达性改善与交通联系网络结构演化——以湖北省为例［J］．经济地理，2018，38（3）：72-81.

［173］田野，罗静，孙建伟，等．区域可达性改善与交通联系网络结构演化——以湖北省为例［J］．经济地理，2018，38（3）：72-81.

［174］涂建军，况人瑞，毛凯，等．成渝城市群高质量发展水平评价［J］．经济地理，2021，41（7）：50-60.

［175］汪传旭．交通运输与经济发展协调程度的定量评价［J］．上海海运学院学报，1999，20（3）：96-102.

［176］汪德根，孙枫．长江经济带陆路交通可达性与城镇化空间耦合协调度［J］．地理科学，2018，38（7）：1089-1097.

［177］王殿海．交通流理论［M］．北京：人民交通出版社，2002.

［178］王菲，李善同．交通可达性对地区制造业专业化的影响——基于中国地级城市面板数据的实证研究［J］．管理评论，2019，31（8）：3-13.

［179］王建波，牛发阳，彭龙镖，等．基于熵权和模糊积分的城市轨道交通融资方案评价［J］．建筑技术，2018，49（12）：1342-1345.

［180］王娟．我国城市群旅游场能测度与能级提升策略研究［D］．青岛：中国海洋大学博士学位论文，2015.

［181］王林，李翔新，余昊，等．基于客流场的客运空间联系及空间效应研究［J］．城市交通，2018，16（2）：26-31.

［182］王敏，钱勇生，王守宝．基于虚拟顶点最大流的城市路网通行能力算法［J］．计算机工程与应用，2010，46（11）：243-245.

［183］王宁，李兆耀，田晓飞，等．基于 ESDA 方法的黄河流域水足迹强度及空间关联分析［J］．环境科学与技术，2021，44（2）：196-202.

［184］王庆云．交通运输与经济发展的内在关系［J］．综合运输，2003（7）：4-7.

［185］王淑佳，孔伟，任亮，等．国内耦合协调度模型的误区及修正［J］．自然资源学报，2021，36（3）：793-810.

［186］王鑫，刘元伟，徐海燕．基于多维效用并合法的经济环境协调度模型研究［J］．中国管理科学，2016（S1）：671-677.

［187］王毅．三线建设助推西南地区社会发展［N］．中国社会科学报，2022-07-04.

［188］王振华，李萌萌，江金启．交通可达性提升对城市经济增长的影响——基于 283 个城市 DMSP/OLS 夜间卫星灯光数据的空间计量分析［J］．中国经济问题，2020（5）：84-97.

［189］王志国．物流场论及其在经济分析中的应用［J］．地理学报，1990，45（1）：90-101.

［190］魏后凯．走向可持续协调发展［M］．广州：广东经济出版社，2001.

［191］吴威，曹有挥，曹卫东，等．开放条件下长江三角洲区域的综合交通可达性空间格局［J］．地理研究，2007，26（2）：391-402.

［192］吴威，曹有挥，张璐璐，等．基于供给侧的区域交通发展水平综合评价——以中国三大城市群为例［J］．地理科学，2018，38（4）：495-503.

［193］吴颖，卢毅，黄中祥．城市群综合路网运输通道仿真识别与优化［J］．长安大学学报（自然科学版），2015，35（5）：117-123.

［194］伍杰源．面向路网规划的普速铁路移动闭塞区间通过能力研究［J］．铁道运输与经济，2020，42（11）：37-43.

［195］项勇，李世杰，黄佳祯．四川省城市交通基础设施与区域经济相关耦合性研究［M］．北京：中国经济出版社，2018.

［196］肖国安．经济场简论［J］．经济学动态，1995（2）：29-34.

［197］闫海峰，鲁工圆，薛锋．铁路通过能力计算方法［M］成都：西南交通大学出版社，2019.

［198］阎福礼，邹艺昭，王世新，等．中国不同交通模式的可达性空间格局研究［J］．长江流域资源与环境，2017，26（6）：806-815.

［199］阎康年．法拉第原子论观点的转变与场概念的起源［J］．物理，1991，20（12）：750-755.

［200］杨晓光，赵靖，马万经，等．信号控制交叉口通行能力计算方法研究综述［J］．中国公路学报，2014，27（5）：148-157.

［201］杨宇，刘毅，齐元静．基于不同区域尺度的中国经济发展阶段判断［J］．经济问题探索，2012（12）：1-6.

［202］姚树洁，欧璟华，房景．“一带一路”框架下国际陆海贸易新通道与中蒙俄经济走廊建设——基于打造重庆内陆开放高地视角的研究［J］．渭南师范学院学报，2018，33（24）：5-18.

［203］姚永玲，董月，王韫涵．北京和首尔全球城市网络联系能级及其动力因素比较［J］．经济地理，2012，32（8）：36-42.

［204］姚永玲，唐彦哲．城市群首位城市的联系能级、中心度和控制力

[J]. 经济地理，2015，35（7）：66-71.

[205] 叶红芳，陈湘玉. 能级进阶模式的护士培训需求分析模型 [J]. 中华护理杂志，2011，46（4）：393-395.

[206] 叶南客，王聪. 长三角区域中心城市能级：内涵、测度与评价 [J]. 中共南京市委党校学报，2019（5）：1-8.

[207] 叶文辉，伍运春. 成渝城市群空间集聚效应、溢出效应和协同发展研究 [J]. 财经问题研究，2019（9）：88-94.

[208] 尹鹏，刘继生，陈才. 东北振兴以来吉林省四化发展的协调性研究 [J]. 地理科学，2015，35（9）：1101-1108.

[209] 游细斌，杨青生，付远方. 区域交通系统与城镇系统耦合发展研究——以潮州市域为例 [J]. 经济地理，2017，37（12）：96-102.

[210] 于波. 基于场论的中小型制造企业合作生成机制研究 [D]. 北京：北京交通大学博士学位论文，2021.

[211] 曾华霖. "场"的物理学定义的澄清 [J]. 地学前缘，2011，18（1）:231-235.

[212] 张丛，彭辉. 基于运输化理论的区域交通运输与社会经济发展耦合关系研究 [J]. 湖南大学学报（社会科学版），2012，26（2）：59-64.

[213] 张刚，张爱英，左大杰. 从经济物理学到城市场略论 [J]. 经济问题，2016（2）：18-23.

[214] 张颢瀚. 提升长江三角洲的经济能级 [J]. 社会科学，2003（4）：17-21.

[215] 张家华，岳巧红. 建立航道服务水平评价指标体系 [J]. 水运管理，2006（8）：19-21.

[216] 张天悦. 区域经济与区际交通耦合作用研究 [J]. 技术经济与管理研究，2014（4）：21-26.

[217] 张旺，周跃云，胡光伟. 超大城市"新三化"的时空耦合协调性分析：以中国十大城市为例 [J]. 地理科学，2013，33（5）：562-569.

［218］张玮，刘锦安，孙宏杰，等．长江深水航道通过能力研究［J］．中国港湾建设，2016，36（2）：5-10.

［219］张文尝，金凤君，樊杰．交通经济带［M］．北京：科学出版社，2002.

［220］张文尝，金凤君，荣朝和，等．空间运输联系——理论研究实证分析预测方法［M］．北京：中国铁道出版社，1992.

［221］张学良．中国交通基础设施促进了区域经济增长吗——兼论交通基础设施的空间溢出效应［J］．中国社会科学，2012（3）：60-77.

［222］张学良．中国交通基础设施与经济增长的区域比较分析［J］．财经研究，2007，32（1）：1-20.

［223］张铱莹．基于场论的运输通道聚散效应研究［D］．成都：西南交通大学博士学位论文，2010.

［224］张玉泽，韩银风，张硕．山东省绿色金融与生态文明耦合协调测度及交互响应［J］．生态经济，2023，39（4）：221-229.

［225］张振杰，杨山，孙敏．城乡耦合地域系统相互作用模型建构及应用［J］．人文地理，2007，22（4）：90-94.

［226］张芷若．科技金融与区域经济发展的耦合关系研究［D］．沈阳：东北师范大学博士学位论文，2019.

［227］赵冰．基于场论的物流生成及运行机理研究［D］．大连：大连海事大学博士学位论文，2011.

［228］赵全超，汪波，王举颖．环渤海经济圈城市群能级梯度分布结构与区域经济发展战略研究［J］．北京交通大学学报（社会科学版），2006，5（2）：28-32.

［229］赵文举，张曾莲．中国经济双循环耦合协调度分步动态、空间差异及收敛性研究［J］．数量经济技术经济研究，2022（2）：23-42.

［230］仲维庆．区域交通与区域经济的适应程度研究［M］．北京：经济科学出版社，2013.

［231］周博．交通优势度和经济发展的耦合协调关系研究——以广东省为例［J］．华南师范大学学报（自然科学版），2018，50（3）：85-93.

［232］周荣，喻登科．基于场态效应的产业网络演化模型——兼论传统产业升级和新兴产业培育模式［J］．科技进步与对策，2015，384（20）：68-74.

［233］周一星．主要经济联系方向论［J］．城市规划，1998（2）：22-25.

［234］周振华．论城市能级水平与现代服务业［J］．社会科学，2005（9）：11-18.

［235］朱文涛，顾乃华．高铁可达性、空间溢出效应与制造业集聚［J］．首都经济贸易大学学报，2020，22（5）：56-67.

［236］庄汝龙，宓科娜，赵彪，等．基于可达性的中心城市场能与经济关联格局——以浙江省为例［J］．经济地理，2016，36（9）：58-65.

附　录

附录A　成渝地区双城经济圈53个亚区域的第二产业产值明细

单位：亿元

年份 亚区域	2010	2015	2019	年份 亚区域	2010	2015	2019
成都市	2480.90	4723.49	5244.62	江津区	171.4105	357.4135	594.4983
德阳市	532.72	903.27	1184.39	合川区	110.2405	233.751	431.9665
绵阳市	468.27	858.93	1151.34	永川区	164.7967	326.3797	515.5042
遂宁市	254.69	514.32	615.29	南川区	72.8964	63.864	118.4668
乐山市	442.45	767.05	801.88	綦江区	76.1365	189.7574	315.4741
眉山市	303.31	578.14	527.13	大足区	71.8784	204.1767	357.9727
雅安市	157.83	280.92	227.20	璧山区	91.3855	273.6288	357.402
资阳市	348.40	702.93	237.65	铜梁区	83.0471	185.3444	344.1911
南充市	401.57	741.11	937.62	潼南区	42.4809	149.33	203.6007
广安市	259.25	520.19	410.98	荣昌区	90.4116	207.7734	342.8696
达州市	409.59	657.52	706.27	万州区	273.729	409.5865	263.9272
自贡市	370.84	664.42	572.70	开州区	64.6318	165.1438	210.5669

续表

亚区域＼年份	2010	2015	2019	亚区域＼年份	2010	2015	2019
泸州市	403.71	806.74	1021.86	梁平区	45.5343	131.7383	238.4295
内江市	419.53	717.78	489.88	城口县	12.2819	21.1211	9.5203
宜宾市	519.21	889.89	1308.92	丰都县	30.6984	71.2976	129.773
渝中区	28.6247	30.1541	122.2724	垫江县	53.4745	119.681	196.4339
大渡口区	121.9516	63.0745	98.5277	忠县	45.1816	112.7389	173.1899
江北区	154.9581	195.2296	285.3264	云阳县	26.0018	81.5159	159.3931
沙坪坝区	215.372	327.9803	314.1375	奉节县	36.1279	77.0759	118.7691
九龙坡区	292.4487	442.3208	512.5041	巫山县	18.6986	28.6457	50.8254
南岸区	216.7848	402.3919	294.4977	巫溪县	13.1354	28.0753	26.4465
北碚区	147.0654	280.7236	309.9792	黔江区	53.558	111.7704	75.7785
渝北区	338.5053	699.2035	562.3435	武隆区	26.6951	52.6798	78.5386
巴南区	160.5832	262.054	347.1993	石柱土家族自治县	26.3532	64.5281	44.5312
涪陵区	256.2028	493.2925	650.8583	秀山土家族苗族自治县	38.9837	66.012	123.4022
长寿区	124.8875	230.0969	402.8239	酉阳土家族苗族自治县	22.7479	51.3631	35.1287
				彭水苗族土家族自治县	26.4881	48.8742	78.8599

资料来源：重庆、四川统计年鉴。

附录B　成渝双核微循环公路路网等级指标细目

年份	成都微循环公路网等级指标							重庆微循环公路网等级指标						
	公路里程（万千米）	等级公路里程（万千米）	高速等级公路里程（万千米）	一级等级公路里程（万千米）	二级等级公路里程（万千米）	三四级公路里程（万千米）	等外公路里程（万千米）	公路里程（万千米）	等级公路里程（万千米）	高速等级公路里程（万千米）	一级等级公路里程（万千米）	二级等级公路里程（万千米）	三四级公路里程（万千米）	等外公路里程（万千米）
2000	1.00	0.94	0.01	0.02	0.13	0.78	0.06	3.04	2.17	0.023	0.01	0.30	1.84	0.75

续表

年份	成都微循环公路网等级指标							重庆微循环公路网等级指标						
	公路里程（万千米）	等级公路里程（万千米）	高速等级公路里程（万千米）	一级等级公路里程（万千米）	二级等级公路里程（万千米）	三四级公路里程（万千米）	等外公路里程（万千米）	公路里程（万千米）	等级公路里程（万千米）	高速等级公路里程（万千米）	一级等级公路里程（万千米）	二级等级公路里程（万千米）	三四级公路里程（万千米）	等外公路里程（万千米）
2001	1.10	1.01	0.11	0.04	0.13	0.73	0.09	3.07	2.14	0.032	0.01	0.31	1.79	0.92
2002	1.14	1.06	0.11	0.04	0.14	0.77	0.08	3.11	2.19	0.043	0.02	0.34	1.79	0.91
2003	1.17	1.10	0.01	0.04	0.15	0.90	0.06	3.14	2.26	0.058	0.02	0.36	1.82	0.88
2004	1.18	1.11	0.019	0.036	0.148	0.91	0.06	3.23	2.40	0.071	0.02	0.42	1.89	0.83
2005	1.67	1.44	0.044	0.042	0.158	1.19	0.230	3.82	3.08	0.075	0.03	0.47	2.51	0.74
2006	1.81	1.54	0.044	0.054	0.167	1.27	0.270	10.03	4.19	0.078	0.04	0.59	3.48	5.84
2007	1.90	1.60	0.044	0.064	0.170	1.32	0.299	10.47	5.00	0.105	0.04	0.63	4.23	5.47
2008	1.95	1.65	0.044	0.073	0.174	1.36	0.297	10.86	5.90	0.117	0.04	0.66	5.08	4.97
2009	1.98	1.70	0.044	0.081	0.203	1.37	0.281	11.10	7.04	0.158	0.05	0.75	6.08	4.05
2010	2.08	1.85	0.050	0.104	0.189	1.50	0.239	11.69	7.72	0.186	0.06	0.75	6.72	3.98
2011	2.31	2.08	0.050	0.115	0.192	1.73	0.226	11.86	8.36	0.186	0.06	0.75	7.37	3.49
2012	2.21	2.01	0.059	0.130	0.198	1.63	0.195	12.07	8.68	0.191	0.06	0.76	7.67	3.39
2013	2.25	2.07	0.059	0.132	0.201	1.67	0.185	12.28	9.04	0.231	0.06	0.77	7.98	3.25
2014	2.28	2.10	0.068	0.134	0.204	1.69	0.183	12.74	9.87	0.240	0.07	0.78	8.78	2.87
2015	2.30	2.12	0.075	0.135	0.204	1.70	0.180	14.06	11.29	0.253	0.07	0.79	10.18	2.77
2016	2.60	2.43	0.093	0.149	0.214	1.97	0.176	14.29	11.60	0.282	0.09	0.79	10.44	2.68
2017	2.63	2.54	0.096	0.150	0.214	2.08	0.092	14.79	12.28	0.302	0.09	0.84	11.04	2.51
2018	2.77	2.71	0.096	0.155	0.202	2.25	0.066	15.75	13.39	0.310	0.10	0.86	12.12	2.35
2019	2.83	2.81	0.106	0.158	0.217	2.33	0.013	17.43	15.52	0.323	0.10	0.88	14.22	1.91

资料来源：根据四川、重庆交通统计年鉴整理而得。

附录C 成渝双核微循环公路网通行能力演化

年份	成都微循环公路网通行能力					重庆微循环公路网通行能力				
	高速 C_0 10^4pcu/小时	一级 C_1 10^4pcu/小时	二级 C_2 10^4pcu/小时	三、四级 C_3 10^4pcu/小时	总通行能力 $\sum_{n=0}^{3} C_n$（10^4pcu/小时）	高速 C_0 10^4pcu/小时	一级 C_1 10^4pcu/小时	二级 C_2 10^4pcu/小时	三、四级 C_3 10^4pcu/小时	总通行能力 $\sum_{n=0}^{3} C_n$（10^4pcu/小时）
2000	0. 76	3. 93	14. 71	83. 17	102. 57	2. 11	0. 89	21. 00	36. 74	60. 74
2001	12. 50	6. 85	15. 20	78. 28	112. 83	2. 91	0. 89	21. 70	35. 76	61. 26
2002	12. 62	7. 15	16. 00	82. 14	117. 92	3. 91	1. 78	23. 80	35. 74	65. 23
2003	1. 25	7. 31	16. 49	96. 34	121. 39	5. 28	1. 78	25. 20	36. 44	68. 70
2004	2. 27	6. 33	16. 74	97. 27	122. 61	6. 49	1. 78	29. 40	37. 77	75. 45
2005	5. 20	7. 41	17. 94	127. 23	157. 79	6. 80	2. 67	32. 90	50. 10	92. 48
2006	5. 20	9. 48	18. 95	135. 93	169. 55	7. 08	3. 56	41. 30	69. 64	121. 58
2007	5. 23	11. 14	19. 24	141. 03	176. 64	9. 54	3. 56	44. 10	84. 50	141. 71
2008	5. 23	12. 81	19. 73	144. 94	182. 71	10. 60	3. 56	46. 20	101. 67	162. 03
2009	5. 23	14. 18	22. 97	146. 45	188. 83	14. 34	4. 46	52. 50	121. 65	192. 94
2010	5. 99	18. 11	21. 36	160. 32	205. 78	16. 93	5. 35	52. 50	134. 48	209. 25
2011	5. 98	20. 13	21. 76	184. 19	232. 07	16. 93	5. 03	52. 65	147. 33	221. 95
2012	7. 05	22. 78	22. 41	173. 45	225. 69	17. 36	5. 16	53. 25	153. 43	229. 20
2013	7. 05	23. 12	22. 80	178. 49	231. 46	21. 03	5. 35	53. 90	159. 58	239. 85
2014	8. 06	23. 48	23. 09	180. 28	234. 90	21. 84	6. 24	54. 60	175. 60	258. 27
2015	8. 94	23. 59	23. 13	181. 66	237. 31	22. 97	6. 24	55. 30	203. 55	288. 05
2016	11. 01	26. 00	24. 29	210. 33	271. 62	25. 63	7. 64	55. 43	208. 81	297. 51
2017	11. 41	26. 14	24. 29	221. 60	283. 44	27. 50	8. 25	58. 61	220. 87	315. 23
2018	11. 41	27. 13	22. 93	240. 41	301. 88	28. 16	8. 91	60. 20	242. 41	339. 68
2019	12. 56	27. 67	24. 62	248. 76	313. 61	29. 41	8. 49	61. 44	284. 45	383. 78

附录D 成渝双核内循环对外公路干线通行能力梳理汇总

城市	公路代码	公路（区段）名称	出入口段	技术等级	n_1	设计速度（千米/小时）	通车时间	DHV（pcu/小时）	$k_{1小时}$ %	C_{1d}（万 pcu/年）
成都	1：G5 西南段	京昆高速（成雅）	蒲江—名山	高速公路	4	100	2000	1600	9	2596
	2：S8	成名（成温邛）	大邑—名山	高速公路	4	80	2010	1500	9	2433
	3：G4217	荣昌高速（都印 s9）	都江堰—映秀	高速公路	4	80	2009	1500	9	2433
	4：S1	成绵复线高速（成彭）	彭州—绵阳	高速公路	4	100	2012	1600	9	2596
	5：G5 东北	京昆高速（德简）（扩容）	绵阳—成都	高速公路	4	100	1998	1600	9	2596
				高速公路	6	120	2020	1650	9	4015
	6：S2	成巴高速（成德南）	成都—德阳	高速公路	4	80	2012	1500	9	2433
	7：G42 东段	成南高速公路	十里店—兰家沟	高速公路	4	80	2002	1500	9	2433
	8：G5013 东段	渝蓉高速公路（成安渝）	资阳—简阳	高速公路	6	120	2017	1650	9	4015
	9：G76/G85	厦蓉/银昆高速（成渝）	内江—荣昌	高速公路	4	80	1995	1500	9	2433
	10：G4215	荣遵高速	成都—仁寿	高速公路	4	80	2012	1500	9	2433
	11：G5012	成乐高速	新津—彭山	高速公路	4	100	1999	1600	9	2596
	12：SA3 东段	成都经济环线高速（简蒲）	简阳—彭山	高速公路	6	100	2017	1600	9	3893
	13：SA3（西段）	成都经济环线高速（简蒲）	彭山—蒲江	高速公路	6	100	2017	1500	9	3650
	14：G108（南）	京昆线国道	广汉—青白江	一级公路	2	60	2000	1100	9	892

续表

城市	公路代码	公路（区段）名称	出入口段	技术等级	n_1	设计速度（千米/小时）	通车时间	DHV（pcu/小时）	$k_{1小时}$%	C_{1d}（万pcu/年）
成都	15：G213西北段	策磨线国道	汶川—都江堰	一级公路	2	80	1954	1250	9	1014
成都	16：G108东南段	京昆线国道	蒲江—雅安	一级公路	4	80	2000	1250	9	2028
成都	17：G318东段	沪聂线国道	梁平—大竹	二级公路	2	40	1996	450	9	365
成都	18：G213南段	策磨线国道	双流—眉山	二级公路	4	60	1954	650	9	1054
重庆	1：G85	成渝高速	内江—荣昌	高速公路	4	100	1995	1600	9	2596
重庆	2：G5013	渝蓉高速（成安渝）	成洛—观音桥	高速公路	6	120	2017	1650	9	4015
重庆	3：G9北段	遂渝高速	罗家湾—双龙庙	高速公路	4	80	2007	1500	9	2433
重庆	3：G9北段	成渝地区环线高速	遂宁—潼南	高速公路	4	100	2013	1600	9	2596
重庆	4：G75北段	兰海高速（南渝）	南充—合川	高速公路	4	80	2008	1500	9	2433
重庆	5：G8北段	银昆高速（渝广巴）	渝北—广安	高速公路	6	100	2017	1600	9	3893
重庆	6：G65东北段	包茂高速（渝邻）	重庆—邻水	高速公路	4	80	2004	1500	9	2433
重庆	7：G42东段	沪蓉高速公路（垫邻）	垫江—邻水	高速公路	4	80	2009	1500	9	2433
重庆	8：G50东段	沪渝高速公路（石忠）	恩施—忠县	高速公路	4	80	2009	1500	8.75	2503
重庆	9：G65东南段	包茂高速（渝湘）	秀山—花垣	高速公路	4	80	2010	1500	8.75	2503
重庆	10：G75南段	兰海高速（渝黔）	綦江—桐梓	高速公路	6	100	2005	1600	9	3893
重庆	11：S21	江习高速	江津—习水	高速公路	4	80	2017	1500	9	2433
重庆	12：G93南段	成渝地区环线高速（渝泸）	江津—合江	高速公路	4	100	2013	1600	9	2596
重庆	13：G5012	恩广高速公路	开州—达州	高速公路	4	80	2017	1500	9	2433
重庆	14：G5515	二广高速（南大梁）	南充—梁平	高速公路	4	80	2017	1500	9	2433
重庆	15：G8515	广泸高速（荣泸）	荣昌—泸州	高速公路	4	100	2019	1600	9	2596
重庆	16：G319西段	高成线国道	乐至—潼南	一级公路	2	60	1988	1100	10.5	765

续表

城市	公路代码	公路（区段）名称	出入口段	技术等级	n_1	设计速度（千米/小时）	通车时间	DHV（pcu/小时）	$k_{1小时}$ %	C_{1d}（万 pcu/年）
重庆	17：G212 北段	兰龙线（兰渝）国道	广安—合川	一级公路	2	60	NA①	1100	10.5	765
	18：G210 北段	包南线国道	邻水—渝北	一级公路	2	80	1930	1250	10.5	869
	19：G319 东段	高成线国道	花垣—彭水	二级公路	2	40	1988	450	10.3	319
	20：G326	秀河线国道	酉阳—松桃	三级公路	2	30	1936	400	10.5	278
	21：G210 南段	包南线国道	綦江—桐梓	二级公路	2	40	1930	450	10.5	313
	22：G318 东段	沪聂线国道	利川—万州	二级公路	2	40	1996	450	10.3	319
	23：G318 西段	沪聂线国道	梁平—大竹	一级公路	2	80	1996	1250	10.5	869

资料来源：笔者根据重庆、四川 2001~2020 年交通年鉴梳理线路，并结合公路通行能力计算公式整理而得。

附录 E 重庆内循环内河航道对外通道通行能力梳理汇总

指标取值	长江主干道（宜宾—重庆段）	长江主干道（重庆—宜昌段）	嘉陵江（昭化肖家河—黄帽沱）	乌江（思南—涪陵段）	渠江（香梨湾—丹溪口段）	涪江（潼南—遂宁段）
通航级别	三级	二级	四级	四级	七级②	七级

① G212 兰州到广西线路，目前兰州到重庆区段线路已贯通，但具体通车时间不详，而重庆—广西区段线路还未贯通。根据 2000 年的 Arcgis 地图的国道线梳理，发现兰渝区段的线路已存，故而推断其兰渝区段通车时间早于 2000 年。

② 渠江（香梨湾—丹溪口段）水运航道是四级—七级，由于线路通行能力受到其间的某一点或某一区段的最小通行能力制约或决定，所以此段通行能力计算时选择第七级。

续表

指标取值	长江主干道（宜宾—重庆段）	长江主干道（重庆—宜昌段）	嘉陵江（昭化肖家河—黄帽沱）	乌江（思南—涪陵段）	渠江（香梨湾—丹溪口段）	涪江（潼南—遂宁段）
船舶吨位①	1000	2000	500	500	50	50
船长 L（米）	85.0	90.0	67.5	67.5	32.5	32.5
船宽 B（米）	10.8	14.8	10.8	10.8	5.5	5.5
v_f（千米/小时）	10	10	10	10	10	10
α	6	6	6	6	6	6
β	0.5	0.5	0.5	0.5	0.5	0.5
k_s	1.96	1.85	2.46	2.46	5.12	5.12
k_j	7.84	7.40	9.87	9.87	20.51	20.51
k_m	3.92	3.70	4.93	4.93	10.26	10.26
Q_{max}	26.13	24.89	32.87	32.87	68.33	68.33
$C_{2(万吨/小时)}$	2.6130	4.9780	1.6435	1.6435	0.3417	0.3417
k_{2h}	0.14	0.14	0.14	0.14	0.14	0.14
n_2	1	1	1	1	1	1
服务水平	二级	二级	三级	三级	三级	三级
v/c	0.75	0.75	0.83	0.83	0.90	0.90
$C_{2d(万吨/年)}$	6812.46	12978.00	4284.80	4284.80	890.90	890.90
重要变迁梳理	2000 年四级航道，2010 年升级为三级航道，全年昼夜通航	2003 年三峡大坝开始蓄水，双向设计通过能力 1 亿吨	2019 年 6 月 29 日嘉陵江全江通航	2003 年修水电站航道中断，2020 年 6 月 28 日复航	2021 年 11 月通航	2020 年通航

① 通航船舶的吨位采用《内河通航标准》（GB 50139-2014）而定。

附录 F 成渝双核内循环对外铁路干线通行能力梳理汇总

附录 F-1 铁路客运快线通行能力汇总

铁路名称		交界区段	速度（千米/小时）	ρ	N_d（对/天）	通车时间	C_{3d1}（万人/年）	远景设计通行能力数据查阅
成都客运快线	成渝高铁	成都—内江	350	560	132	2015 年	5396	6000
	遂成快铁	成都—遂宁	200	560	130	2009 年	5314	NA
	西成高铁	江油—成都	300	1226①	132	2017 年	11813	14000②
	成贵高铁	成都—乐山	250	613③	132	2014 年	5906.5	NA
重庆客运快线	成渝高铁	重庆—内江	350	560	132	2015 年	5396	6000

①② 资料来源：西成高铁开通后首个周末成都始发车几乎趟趟满员［N/OL］．四川日报，https：//www.sc.gov.cn/10462/12771/2017/12/11/10440356.shtml.

③ 中国动车组数据，https：//www.china-emu.cn。

附录 F-2　铁路货运、客货共线铁路干线通行能力汇总

铁路名称		交界区段	速度（千米/小时）	单双线	闭塞类型	$\varepsilon_{客}$	N_d（对/天）	通车时间	设计能力（对/天）①		牵引质量（吨）	C_{3d1}（万人/年）②	C_{3d2}（万吨/年）
									客	货			
成都对外铁路干线	成渝	成都—重庆	80	单	半	1.3	35	1952	1	34	2600	0	2006
	宝成	成都—德阳（牵引力升级）	80	单	半	1.3	35	1958	3	31	2800	0	2172
			80	单	半	1.3	35	2008	3	31	3500	0	2340
	达成	龙潭寺—遂宁（电气化扩能）	80	单	半	1.3	35	1997	0	35	NA	0	2000
			80	单	半	1.3	35	2009	0	35	NA	0	3860③
	成昆	成都—眉山	120	单	半	1.3	35	2018	0	35	4000	0	3019
	成雅	成都—雅安	160	双	自动	2.0	120	2018	47	26	2700	0	7300
重庆对外铁路干线	成渝	重庆—内江	80	单	半	1.3	35	1952	1	34④	2600	0	2006
	遂渝	遂宁—重庆（单/双线扩能）	160	单	半	1.3	35	2006	20	9	3500	0	2679
			200	双	自动	2.0	120	2013	47	26	3500	1921	1962

① 此处的设计能力是结合查阅的中铁二院等的线路运行现状数据及部分远景年限设计数据，对现有货运数据在保持对数不变的情况下，将多余通过能力全部折算成客运能力。因为铁路未来主要需满足高质量快交通需求，而这一供给能力现阶段是欠缺的。

② 针对速度在 200 千米/小时的 5 条铁路干线，遂渝为成渝内部出口，采用的 ρ 为 560 座次，其他的兰渝、渝利、黔张常、渝贵四线为省际出口采用的 ρ 为 613 座次进行估算。

③ 资料来源：3 年后坐火车 2. 5 小时到成都［N/OL］. 重庆时报，https：//news. sina. com. cn/c/2005-02-23/12005180434s. shtml.

④ 35-1. 3=33. 7，四舍五入，开行的货运对数 34 对/天。

续表

铁路名称		交界区段	速度（千米/小时）	单双线	闭塞类型	$\varepsilon_{客}$	N_d（对/天）	通车时间	设计能力（对/天）		牵引质量（吨）	C_{3d1}（万人/年）	C_{3d2}（万吨/年）
									客	货			
重庆对外铁路干线	兰渝	广元—重庆	200	双	自动	2.0	120	2016	50	20	4000	2237	1725
	襄渝	三汇镇—达州	160	双	自动	2.0	120	1979	46	28	4000	0	7015
	渝利	重庆—利川	200	双	自动	1.8	120	2013	58	16	3500	2595	1207
	黔张常	黔江—张家界	200	双	自动	2	120	2019	43	35	4000	1924	3019
	渝怀	涪陵—怀化	120	单	半	1.3	35	2007	17	13	4000	0	2821
	渝贵	重庆—遵义	200	双	自动	2	120	2018	40	40	4000	1789	3450
	渝黔	赶水—贵阳	80	单	半	1.3	35	1965	1	34	2200	0	1713
	达万	达州—万州（内燃机/电气化）	NA	单	NA	NA	35	2004	8	NA	NA	0	1461
			100	单	半	1.3	35	2010	5	29	NA	0	2000
	宜万	凉雾—万州	120	单	半	1.3	35	2010	1	34	3500	0	2666

附录G　成渝双核内循环航空对外通行能力梳理汇总

机场名称		飞行区等级	航站楼	航站楼面积（平方米）	旅客吞吐量（万人/年）	货邮吞吐量（万吨/年）	投用日期
成都机场对外通行能力	成都双流国际机场	4F	T1（混合）	138000	1000	10	1995年
			T2（国内）	350000	3800	40	2012年
	成都天府国际机场	4F	T1（国内）	337200	**3372**	49	2021年
			T2（国际）	332200	**2768**	21	2021年
重庆机场对外通行能力	重庆江北机场	4F	T1（混合）	18000	**180**	18	1990~2017年
			T2B（国内）	84000	700	11	2004年
			T2A（国内）	86000	3000	45	2010年
			T3A（国际）	530000	4500	46	2017年
	武隆仙女山机场	4C	NA	6000	60	0.15	2021年
	黔江武陵山机场	4C	NA	2900	29	0.315	2010年
	万州五桥机场	4C	T1	5780	**57.8**	0.12	2003年
			T2	26000	260	1.8	在建
	重庆巫山机场	4C	NA	3500	28	0.12	2019年

资料来源：根据百度百科、360百科等网站查询而得，而加粗字体是根据式（4.32）计算得出。

附录H 成渝双核内循环管道对外通行能力梳理汇总

管道名称	经由地区	长度（千米）	投产时间	交界城市	管径（毫米）	设计能力
兰成渝成品油管道	兰州—江油—成都—重庆	1251	2002年	江油—成都	457	650万吨/年
				成都—重庆	324	325万吨/年
贵渝成品油管道	贵州—重庆	498	2016年	重庆—贵州	NA	580万吨/年
兰成原油管道	兰州—陕西—成都	882	2014年	陕西—成都	NA	1000万吨/年
中贵天然气管道	宁夏中卫—成都—重庆—贵阳	1898	2013年	宁夏中卫—成都	NA	150亿方/年
				成都—重庆	NA	150亿方/年
川气东送管道	达州普光气田—四川—重庆—湖北—安徽—浙江—江苏—上海	2170	2007	达州—成都	1016	120亿方/年
				达州—重庆		120亿方/年

资料来源：根据各管道网站相关资料整理而得。

附录Ⅰ 成渝双核内循环公路可达性细目

单位：小时

成都到国内省际		2019年	2015年	2005年	2000年	重庆到国内省际		2019年	2015年	2005年	2000年
1	成都市—成都市	0	0	0	0	1	重庆市—重庆市	0	0	0	0
2	成都市—重庆市	3.3	4.2	5.9	4.1	2	重庆市—成都市	3.3	4.24	5.89	4.15
3	成都市—贵阳市	7.4	7.5	8.6	16.7	3	重庆市—贵阳市	4.2	4.60	4.43	15.72
4	成都市—西安市	8.6	8.6	12.4	11.2	4	重庆市—西安市	7.9	7.90	11.15	13.03
5	成都市—昆明市	9.0	9.8	11.9	13.3	5	重庆市—武汉市	9.9	10.25	15.72	25.16
6	成都市—兰州市	10.2	11.5	17.3	14.0	6	重庆市—昆明市	9.6	10.29	10.28	12.37
7	成都市—武汉市	12.5	13.5	21.3	23.3	7	重庆市—长沙市	9.5	10.44	11.17	29.56
8	成都市—南宁市	13.2	13.8	16.5	23.2	8	重庆市—南宁市	10.9	10.94	12.29	22.26
9	成都市—长沙市	13.0	14.2	16.8	27.7	9	重庆市—兰州市	12.1	12.85	15.99	16.43
10	成都市—南京市	18.1	20.1	25.5	27.9	10	重庆市—南京市	16.8	18.80	22.30	27.70
11	成都市—西宁市	12.5	14.3	19.8	16.9	11	重庆市—郑州市	12.6	13.69	17.31	19.37
12	成都市—郑州市	13.6	14.5	18.6	17.5	12	重庆市—南昌市	14.0	14.10	15.92	30.33
13	成都市—太原市	14.9	16.2	20.2	23.2	13	重庆市—合肥市	13.7	14.53	20.51	27.20
14	成都市—银川市	13.2	16.9	21.3	21.6	14	重庆市—太原市	14.0	15.35	18.95	25.08

续表

成都到国内省际		2019 年	2015 年	2005 年	2000 年	重庆到国内省际		2019 年	2015 年	2005 年	2000 年
15	成都市—南昌市	15.7	17.4	21.5	28.5	15	重庆市—西宁市	14.9	15.63	18.54	19.35
16	成都市—合肥市	16.0	17.8	23.6	25.4	16	重庆市—广州市	15.3	16.29	18.77	30.62
17	成都市—石家庄市	17.4	18.8	22.8	22.1	17	重庆市—银川市	14.2	17.03	20.03	23.98
18	成都市—广州市	17.4	19.2	23.0	31.6	18	重庆市—石家庄市	16.6	17.94	21.48	23.94
19	成都市—济南市	17.7	19.6	23.7	22.8	19	重庆市—济南市	16.5	18.40	22.50	24.60
20	成都市—呼和浩特市	18.8	21.0	25.6	26.6	20	重庆市—杭州市	17.3	18.80	22.10	33.30
21	成都市—杭州市	19.5	22.0	27.7	31.4	21	重庆市—上海市	18.0	19.70	24.70	31.30
22	成都市—北京市	20.5	22.4	26.8	25.9	22	重庆市—呼和浩特市	18.0	20.40	24.30	28.50
23	成都市—天津市	19.9	22.6	26.9	26.0	23	重庆市—福州市	18.1	20.50	23.00	38.50
24	成都市—上海市	20.2	23.0	29.8	29.4	24	重庆市—北京市	19.8	21.50	25.50	27.70
25	成都市—福州市	21.0	23.7	28.7	36.6	25	重庆市—天津市	19.3	21.70	25.60	27.90
26	成都市—拉萨市	33.9	29.6	48.7	46.0	26	重庆市—沈阳市	25.7	30.40	34.50	38.40
27	成都市—沈阳市	26.4	31.2	37.1	37.1	27	重庆市—拉萨市	35.9	33.80	47.40	48.40
28	成都市—长春市	29.3	35.1	40.1	39.2	28	重庆市—长春市	28.4	34.30	38.80	41.10
29	成都市—乌鲁木齐市	28.3	36.8	45.8	53.2	29	重庆市—哈尔滨市	30.8	37.90	42.40	45.40
30	成都市—哈尔滨市	31.6	38.8	43.7	43.7	30	重庆市—乌鲁木齐市	29.6	38.20	44.50	55.60
31	成都市—海口市	NA	NA	NA	NA	31	重庆市—海口市	NA	NA	NA	NA
成都到其他省际平均		17.3	19.4	24.5	26.4	重庆到其他省际平均		16.4	18.3	21.9	27.8

资料来源：笔者利用 Arcgis10.8 软件通过四个时间截面的中国公路网矢量数据计算而得。

附录J　成渝双核内循环铁路可达性细目

单位：小时

成都—国内省际	2005 年	2010 年	2014 年	2019 年	重庆—国内省际	2005 年	2010 年	2014 年	2019 年
成都市—重庆市	8.8	2.0	2.0	1.3	重庆—成都	8.8	2.0	2.0	1.0
成都市—贵阳市	17.9	17.9	12.5	3.0	重庆—贵阳	10.5	8.5	8.4	2.0
成都市—西安市	12.8	12.8	12.8	3.2	重庆—西安	13.8	12.5	10.3	4.8
成都市—昆明市	18.6	18.2	18.2	5.4	重庆—昆明	19.0	18.8	18.8	4.5
成都市—兰州市	16.7	16.7	16.3	7.2	重庆—兰州	19.0	17.4	17.7	7.0
成都市—武汉市	17.9	16.9	12.5	9.0	重庆—武汉	15.4	14.7	6.7	6.3
成都市—南宁市	35.1	30.5	11.5	9.1	重庆—南宁	26.0	21.0	22.5	7.2
成都市—长沙市	22.5	19.4	21.0	7.1	重庆—长沙	26.7	15.6	15.5	5.6
成都市—西宁市	22.5	24.7	24.5	10.2	重庆—西宁	20.5	20.1	20.7	9.5
成都市—郑州市	22.8	22.8	10.5	5.2	重庆—郑州	18.2	20.7	10.7	7.7
成都市—太原市	25.4	26.3	26.5	7.6	重庆—太原	26.0	22.4	21.6	9.6
成都市—银川市	29.8	29.8	31.2	6.8	重庆—银川	46.0	43.0	21.6	9.3
成都市—南昌市	22.4	23.2	20.8	8.7	重庆—南昌	28.3	24.9	10.8	7.3

续表

成都—国内省际	2005 年	2010 年	2014 年	2019 年	重庆—国内省际	2005 年	2010 年	2014 年	2019 年
成都市—合肥市	32.3	23.1	21.3	9.8	重庆—合肥	29.1	28.0	28.0	7.7
成都市—济南市	34.9	35.4	34.0	10.5	重庆—济南	29.4	29.1	27.3	11.8
成都市—广州市	30.8	30.8	28.6	7.9	重庆—广州	30.9	21.9	22.0	6.6
成都市—南京市	30.0	25.6	26.0	9.9	重庆—南京	30.9	30.9	10.5	8.6
成都市—呼和浩特市	39.3	38.9	38.5	14.3	重庆—呼和浩特	42.2	42.0	23.5	19.8
成都市—杭州市	40.8	34.2	15.0	12.0	重庆—杭州	39.2	33.6	12.5	10.4
成都市—北京市	25.5	25.2	24.0	7.8	重庆—北京	24.9	24.0	20.8	11.4
成都市—天津市	33.6	31.5	26.5	9.8	重庆—天津	27.7	26.0	23.0	11.8
成都市—上海市	35.7	34.7	15.0	12.1	重庆—上海	42.3	28.0	13.1	10.5
成都市—福州市	43.7	41.7	15.8	12.0	重庆—福州	41.1	35.0	13.5	10.4
成都市—拉萨市	48.1	44.6	43.7	36.6	重庆—拉萨	47.0	44.8	43	34.3
成都市—沈阳市	42.7	40.3	41.0	14.5	重庆—沈阳	41.6	30.4	43	22.2
成都市—长春市	42.0	35.0	37.0	19.6	重庆—长春	43.7	45.5	43.9	21.8
成都市—乌鲁木齐市	52.1	49.1	47.3	26.6	重庆—乌鲁木齐	55.0	46.3	46.8	26.9
成都市—哈尔滨市	44.0	34.5	33.5	22.5	重庆—哈尔滨	49.0	48.3	48.4	27.5
成都市—石家庄市	22.5	22.5	22.5	6.6	重庆—石家庄	22.2	22.2	22.0	9.7
成都市—海口市	NA	NA	NA	NA	重庆市—海口市	NA	NA	NA	NA
成都到省际平均	30.0	27.87	23.79	10.91	重庆到省际平均	30.15	26.81	21.68	11.48

资料来源：笔者通过 12306 铁路网及当年的火车时刻表查询整理而得。

附录K　成渝双核内循环航空可达性细目

单位：小时

成都—国内省际	2005年	2006年	2010年	2014年	2019年	重庆—国内省际	2005年	2006年	2010年	2014年	2019年
成都市—重庆市	NA	NA	NA	NA	NA	重庆市—成都市	NA	NA	NA	NA	NA
成都市—贵阳市	1.0	1.0	1.0	1.0	1.3	重庆市—贵阳市	0.8	0.8	0.8	0.8	0.8
成都市—西安市	1.2	1.2	1.2	1.0	1.4	重庆市—西安市	1.1	1.1	1.1	1.1	1.3
成都市—昆明市	1.2	1.2	1.2	1.1	1.5	重庆市—昆明市	1.1	1.1	1.1	1.1	1.1
成都市—兰州市	1.2	1.2	1.2	1.3	1.4	重庆市—兰州市	1.6	1.6	1.6	1.8	1.8
成都市—武汉市	1.4	1.4	1.4	1.7	1.9	重庆市—武汉市	1.4	1.4	1.4	1.2	1.5
成都市—南宁市	1.7	1.7	1.7	1.7	1.9	重庆市—南宁市	1.4	1.4	1.4	1.4	1.7
成都市—长沙市	1.8	1.8	1.8	1.7	1.8	重庆市—长沙市	1.0	1.0	1.0	1.1	1.1
成都市—西宁市	1.7	1.7	1.7	1.7	1.6	重庆市—西宁市	1.7	3.0	1.7	1.9	2.1
成都市—郑州市	1.7	1.7	1.7	1.5	1.9	重庆市—郑州市	1.4	1.4	1.4	1.5	1.7
成都市—太原市	2.0	2.0	1.8	2.0	2.1	重庆市—太原市	1.8	1.8	1.9	1.9	1.9
成都市—银川市	1.6	1.6	1.6	1.8	1.8	重庆市—银川市	2.8	2.8	1.6	1.9	2.1
成都市—南昌市	2.2	2.2	2.2	2.1	2.1	重庆市—南昌市	1.3	1.3	1.3	1.4	1.7
成都市—合肥市	2.0	2.0	2.0	2.0	2.1	重庆市—合肥市	1.7	1.7	1.7	1.7	1.7

续表

成都—国内省际	2005 年	2006 年	2010 年	2014 年	2019 年	重庆—国内省际	2005 年	2006 年	2010 年	2014 年	2019 年
成都市—济南市	2.0	2.0	2.0	2.1	2.3	重庆市—济南市	1.8	1.8	1.8	2.1	2.0
成都市—广州市	1.8	1.8	1.8	2.2	2.3	重庆市—广州市	1.7	1.7	1.7	1.8	2.0
成都市—南京市	2.5	2.5	2.2	2.3	2.3	重庆市—南京市	1.7	1.7	1.7	2.3	2.0
成都市—呼和浩特市	2.2	2.2	2.2	2.5	2.3	重庆市—呼和浩特市	3.3	3.3	3.3	2.3	2.2
成都市—杭州市	2.1	2.1	2.6	2.6	2.6	重庆市—杭州市	2.0	2.0	2.0	2.0	2.2
成都市—北京市	2.2	2.2	2.5	2.4	2.4	重庆市—北京市	2.5	2.5	2.5	2.5	2.4
成都市—天津市	2.7	2.7	2.3	2.4	2.4	重庆市—天津市	2.2	2.2	2.2	2.4	2.4
成都市—上海市	2.5	2.5	2.5	2.5	2.7	重庆市—上海市	2.2	2.2	2.2	2.2	2.3
成都市—福州市	2.4	2.4	2.4	2.6	2.6	重庆市—福州市	2.3	2.3	2.3	2.2	2.4
成都市—拉萨市	2.4	2.4	2.4	2.2	2.2	重庆市—拉萨市	2.4	2.4	2.4	2.3	2.7
成都市—沈阳市	3.0	3.0	3.1	3.1	3.0	重庆市—沈阳市	3.0	3.0	3.0	3.5	3.1
成都市—长春市	3.2	3.2	3.2	3.7	3.4	重庆市—长春市	3.8	3.8	3.8	4.9	3.5
成都市—乌鲁木齐市	3.4	3.4	3.4	3.4	3.5	重庆市—乌鲁木齐市	3.5	3.5	3.5	3.5	3.8
成都市—哈尔滨市	3.6	3.6	3.6	3.6	3.6	重庆市—哈尔滨市	4.7	4.7	4.7	4.5	3.8
成都市—石家庄市	2.1	2.1	2.1	2.2	2.2	重庆市—石家庄市	1.9	1.9	1.9	2.0	2.0
成都市—海口	2.2	2.2	2.2	2.2	2.2	重庆市—海口	2.0	2.0	2.0	2.0	2.0
成都—国内省际平均值	2.1	2.1	2.1	2.2	2.2	重庆—国内省际平均值	2.1	2.1	2.0	2.1	2.1

资料来源：笔者根据航空时刻表及航班管家等 App 查询的数据整理而得。

附录L 四城（80样本）29个指标处理数据

成都	O_{i1}	O_{i2}	O_{i3}	I_{i1}	I_{i2}	I_{i3}	P_{s1}	P_{s2}	P_{s3}	P_{s4}	P_{q1}	P_{q2}	P_{d1}	P_{d2}	P_{d3}	L_s	L_{q1}	L_{q2}	L_{q3}	L_{q4}	L_{b1}	L_{b2}	L_{b3}	E_i	E_{q1}	E_{q2}	E_{p1}	E_{p2}	E_{p3}
2000	0.0026	0.0064	0.0026	0.0036	0.0113	0.0014	0.0091	0.0410	0.0489	0.0051	0.0475	0.0477	0.0115	0.0095	0.0420	0.0096	0.0170	0.0142	0.0461	0.0411	0.0453	0.0478	0.0415	0.0558	0.0501	0.0512	0.0029	0.0302	0.0116
2001	0.0033	0.0094	0.0030	0.0049	0.0124	0.0016	0.0102	0.0418	0.0489	0.0063	0.0475	0.0484	0.0124	0.0107	0.0428	0.0110	0.0181	0.0154	0.0478	0.0428	0.0463	0.0418	0.0422	0.0014	0.0501	0.0512	0.0033	0.0280	0.0109
2002	0.0036	0.0129	0.0039	0.0061	0.0135	0.0017	0.0114	0.0427	0.0489	0.0076	0.0469	0.0493	0.0135	0.0119	0.0437	0.0122	0.0199	0.0164	0.0457	0.0455	0.0446	0.0418	0.0428	0.0215	0.0501	0.0512	0.0037	0.0284	0.0119
2003	0.0043	0.0070	0.0052	0.0070	0.0136	0.0021	0.0129	0.0433	0.0489	0.0093	0.0473	0.0494	0.0152	0.0136	0.0443	0.0132	0.0214	0.0177	0.0467	0.0453	0.0449	0.0338	0.0444	0.0323	0.0641	0.0873	0.0044	0.0294	0.0133
2004	0.0058	0.0132	0.0032	0.0078	0.0154	0.0035	0.0151	0.0440	0.0489	0.0112	0.0485	0.0485	0.0175	0.0159	0.0451	0.0151	0.0231	0.0198	0.0505	0.0448	0.0464	0.0288	0.0449	0.1416	0.0630	0.0723	0.0051	0.0313	0.0136
2005	0.0078	0.0171	0.0054	0.0087	0.0174	0.0064	0.0174	0.0451	0.0489	0.0156	0.0536	0.0456	0.0198	0.0182	0.0461	0.0173	0.0252	0.0218	0.0506	0.0452	0.0468	0.0338	0.0462	0.0386	0.0571	0.0663	0.0059	0.0322	0.0152
2006	0.0120	0.0200	0.0074	0.0228	0.0192	0.0114	0.0206	0.0461	0.0489	0.0204	0.0546	0.0448	0.0230	0.0216	0.0472	0.0200	0.0284	0.0238	0.0527	0.0466	0.0454	0.0353	0.0475	0.0687	0.0601	0.0482	0.0075	0.0306	0.0123
2007	0.0164	0.0261	0.0112	0.0370	0.0204	0.0190	0.0255	0.0464	0.0489	0.0257	0.0543	0.0453	0.0281	0.0268	0.0475	0.0237	0.0330	0.0274	0.0457	0.0454	0.0450	0.0335	0.0484	0.0403	0.0667	0.0241	0.0116	0.0214	0.0149
2008	0.0264	0.0170	0.0220	0.0410	0.0197	0.0245	0.0308	0.0469	0.0478	0.0322	0.0559	0.0453	0.0338	0.0331	0.0491	0.0289	0.0376	0.0315	0.0478	0.0508	0.0453	0.0334	0.0491	0.0558	0.0667	0.0602	0.0164	0.0371	0.0157
2009	0.0308	0.0220	0.0274	0.0450	0.0264	0.0331	0.0347	0.0475	0.0478	0.0432	0.0576	0.0447	0.0377	0.0373	0.0497	0.0345	0.0414	0.0346	0.0477	0.0515	0.0453	0.0327	0.0501	0.1202	0.0653	0.0361	0.0156	0.0416	0.0223
2010	0.0424	0.0272	0.0475	0.0490	0.0327	0.0442	0.0432	0.0518	0.0478	0.0458	0.0575	0.0453	0.0449	0.0464	0.0542	0.0412	0.0463	0.0398	0.0483	0.0502	0.0466	0.0492	0.0508	0.0000	0.0656	0.0542	0.0389	0.0464	0.0311
2011	0.0653	0.0450	0.0641	0.0527	0.0458	0.0587	0.0538	0.0519	0.0478	0.0538	0.0577	0.0459	0.0542	0.0578	0.0543	0.0499	0.0531	0.0480	0.0483	0.0501	0.0490	0.0286	0.0518	0.0000	0.0679	0.0542	0.0463	0.0455	0.0385
2012	0.0819	0.0586	0.0841	0.0563	0.0580	0.0732	0.0632	0.0523	0.0478	0.0634	0.0574	0.0466	0.0633	0.0678	0.0547	0.0581	0.0604	0.0558	0.0505	0.0512	0.0501	0.0368	0.0529	0.0086	0.0571	0.0482	0.0592	0.0508	0.0399
2013	0.0872	0.0648	0.1098	0.0555	0.0736	0.0771	0.0693	0.0527	0.0478	0.0700	0.0535	0.0498	0.0690	0.0744	0.0552	0.0663	0.0666	0.0630	0.0509	0.0521	0.0513	0.0365	0.0536	0.1149	0.0000	0.0512	0.0727	0.0285	0.0481

续表

成都	O_{i1}	O_{i2}	O_{i3}	I_{i1}	I_{i2}	I_{i3}	P_{s1}	P_{s2}	P_{s3}	P_{s4}	P_{q1}	P_{q2}	P_{d1}	P_{d2}	P_{d3}	L_s	L_{q1}	L_{q2}	L_{q3}	L_{q4}	L_{b1}	L_{b2}	L_{b3}	E_i	E_{q1}	E_{q2}	E_{p1}	E_{p2}	E_{p3}
2014	0.0961	0.0733	0.0980	0.0547	0.0884	0.0781	0.0760	0.0532	0.0478	0.0712	0.0503	0.0520	0.0751	0.0816	0.0557	0.0754	0.0725	0.0703	0.0514	0.0528	0.0525	0.0392	0.0544	0.0748	0.0286	0.0512	0.0834	0.0743	0.0621
2015	0.0677	0.0865	0.0736	0.0539	0.0907	0.0820	0.0781	0.0541	0.0478	0.0754	0.0491	0.0529	0.0763	0.0839	0.0566	0.0840	0.0743	0.0859	0.0524	0.0548	0.0626	0.0867	0.0552	0.0432	0.0278	0.0572	0.0753	0.1092	0.0987
2016	0.0706	0.1027	0.0843	0.0817	0.0948	0.1075	0.0870	0.0587	0.0566	0.0901	0.0441	0.0564	0.0838	0.0790	0.0520	0.0933	0.0797	0.0903	0.0523	0.0556	0.0614	0.0913	0.0546	0.0421	0.0278	0.0000	0.1037	0.0989	0.1089
2017	0.1005	0.1131	0.0983	0.1096	0.0993	0.1101	0.1021	0.0592	0.0566	0.1012	0.0402	0.0595	0.0973	0.0927	0.0524	0.1045	0.0864	0.0985	0.0530	0.0564	0.0618	0.0968	0.0555	0.0477	0.0356	0.0482	0.1355	0.0633	0.1449
2018	0.1299	0.1289	0.1201	0.1374	0.1150	0.1315	0.1150	0.0602	0.0566	0.1203	0.0383	0.0612	0.1082	0.1045	0.0533	0.1153	0.0936	0.1075	0.0542	0.0575	0.0622	0.0876	0.0565	0.0467	0.0415	0.0361	0.1606	0.1056	0.1443
2019	0.1454	0.1488	0.1289	0.1653	0.1326	0.1328	0.1247	0.0612	0.0566	0.1323	0.0383	0.0613	0.1153	0.1132	0.0541	0.1267	0.1019	0.1182	0.0407	0.0402	0.0654	0.0846	0.0575	0.0458	0.0549	0.0512	0.1482	0.0673	0.1418
重庆	O_{i1}	O_{i2}	O_{i3}	I_{i1}	I_{i2}	I_{i3}	P_{s1}	P_{s2}	P_{s3}	P_{s4}	P_{q1}	P_{q2}	P_{d1}	P_{d2}	P_{d3}	L_s	L_{q1}	L_{q2}	L_{q3}	L_{q4}	L_{b1}	L_{b2}	L_{b3}	E_i	E_{q1}	E_{q2}	E_{p1}	E_{p2}	E_{p3}
2000	0.0027	0.0087	0.0030	0.0033	0.0067	0.0006	0.0094	0.0489	0.0500	0.0049	0.0479	0.0457	0.0098	0.0094	0.0489	0.0086	0.0170	0.0139	0.0440	0.0443	0.0472	0.0385	0.0341	0.0344	0.0500	0.0502	0.0034	0.0396	0.0176
2001	0.0027	0.0098	0.0037	0.0043	0.0086	0.0006	0.0104	0.0485	0.0500	0.0041	0.0481	0.0466	0.0109	0.0104	0.0485	0.0094	0.0181	0.0148	0.0459	0.0442	0.0472	0.0386	0.0359	0.0260	0.0500	0.0502	0.0039	0.0450	0.0195
2002	0.0027	0.0140	0.0040	0.0053	0.0101	0.0007	0.0118	0.0483	0.0500	0.0064	0.0484	0.0470	0.0124	0.0118	0.0483	0.0103	0.0193	0.0159	0.0498	0.0432	0.0472	0.0362	0.0383	0.0143	0.0500	0.0502	0.0044	0.0477	0.0213
2003	0.0039	0.0082	0.0050	0.0062	0.0093	0.0007	0.0135	0.0481	0.0500	0.0082	0.0501	0.0465	0.0143	0.0135	0.0481	0.0114	0.0215	0.0176	0.0506	0.0465	0.0472	0.0342	0.0402	0.0117	0.0340	0.0488	0.0050	0.0476	0.0247
2004	0.0057	0.0152	0.0060	0.0072	0.0114	0.0011	0.0158	0.0479	0.0500	0.0109	0.0512	0.0443	0.0168	0.0158	0.0479	0.0132	0.0243	0.0199	0.0517	0.0437	0.0472	0.0357	0.0417	0.0409	0.0444	0.0402	0.0057	0.0358	0.0259
2005	0.0064	0.0188	0.0062	0.0069	0.0130	0.0026	0.0178	0.0480	0.0500	0.0137	0.0509	0.0452	0.0190	0.0178	0.0480	0.0153	0.0268	0.0220	0.0541	0.0470	0.0472	0.0382	0.0433	0.0287	0.0361	0.0430	0.0063	0.0391	0.0245
2006	0.0081	0.0219	0.0077	0.0066	0.0148	0.0038	0.0202	0.0482	0.0500	0.0171	0.0541	0.0459	0.0214	0.0202	0.0482	0.0180	0.0300	0.0247	0.0548	0.0477	0.0472	0.0361	0.0448	0.0382	0.0514	0.0459	0.0070	0.0319	0.0271
2007	0.0111	0.0280	0.0107	0.0038	0.0175	0.0055	0.0247	0.0483	0.0500	0.0222	0.0528	0.0470	0.0261	0.0247	0.0483	0.0216	0.0325	0.0266	0.0540	0.0458	0.0472	0.0393	0.0463	0.0382	0.0520	0.0402	0.0108	0.0260	0.0288
2008	0.0142	0.0334	0.0251	0.0060	0.0218	0.0108	0.0305	0.0487	0.0500	0.0283	0.0506	0.0496	0.0321	0.0305	0.0487	0.0274	0.0368	0.0302	0.0514	0.0474	0.0472	0.0398	0.0479	0.1089	0.0548	0.0459	0.0137	0.0333	0.0322
2009	0.0115	0.0381	0.0368	0.0082	0.0266	0.0188	0.0344	0.0491	0.0500	0.0370	0.0511	0.0498	0.0360	0.0344	0.0490	0.0323	0.0401	0.0329	0.0544	0.0524	0.0472	0.0398	0.0495	0.0778	0.0569	0.0445	0.0158	0.0219	0.0328
2010	0.0185	0.0467	0.0559	0.0104	0.0350	0.0337	0.0417	0.0495	0.0500	0.0475	0.0506	0.0510	0.0433	0.0417	0.0495	0.0394	0.0443	0.0363	0.0555	0.0543	0.0472	0.0418	0.0508	0.0857	0.0597	0.0402	0.0278	0.0305	0.0354
2011	0.0435	0.0596	0.0928	0.0126	0.0480	0.0629	0.0526	0.0501	0.0500	0.0531	0.0507	0.0513	0.0539	0.0526	0.0501	0.0492	0.0511	0.0420	0.0530	0.0561	0.0472	0.0462	0.0527	0.0529	0.0642	0.0402	0.0466	0.0462	0.0383
2012	0.0792	0.0686	0.0928	0.0148	0.0628	0.0756	0.0600	0.0505	0.0500	0.0620	0.0516	0.0506	0.0609	0.0600	0.0505	0.0576	0.0580	0.0476	0.0498	0.0598	0.0472	0.0465	0.0546	0.0399	0.0697	0.0531	0.0589	0.0575	0.0462

续表

重庆	O_{i1}	O_{i2}	O_{i3}	I_{i1}	I_{i2}	I_{i3}	P_{s1}	P_{s2}	P_{s3}	P_{s4}	P_{q1}	P_{q2}	P_{d1}	P_{d2}	P_{d3}	L_s	L_{q1}	L_{q2}	L_{q3}	L_{q4}	L_{b1}	L_{b2}	L_{b3}	E_i	E_{q1}	E_{q2}	E_{p1}	E_{p2}	E_{p3}
2013	0.1022	0.0727	0.0930	0.0233	0.0668	0.0768	0.0674	0.0510	0.0500	0.0741	0.0518	0.0508	0.0679	0.0674	0.0509	0.0667	0.0637	0.0682	0.0522	0.0611	0.0616	0.0517	0.0559	0.0873	0.0236	0.0502	0.0606	0.0566	0.0512
2014	0.1420	0.0758	0.0933	0.0317	0.0756	0.0927	0.0757	0.0513	0.0500	0.0872	0.0521	0.0509	0.0756	0.0756	0.0513	0.0758	0.0695	0.0762	0.0530	0.0576	0.0631	0.0671	0.0571	0.0539	0.0371	0.0617	0.0651	0.0652	0.0594
2015	0.1108	0.0848	0.0945	0.0402	0.0848	0.1091	0.0830	0.0518	0.0500	0.1019	0.0506	0.0526	0.0823	0.0830	0.0517	0.0860	0.0752	0.0844	0.0545	0.0583	0.0645	0.0696	0.0584	0.0651	0.0531	0.0516	0.0703	0.0670	0.0715
2016	0.0934	0.0936	0.0995	0.1269	0.0977	0.1195	0.0933	0.0523	0.0500	0.1139	0.0485	0.0543	0.0916	0.0932	0.0523	0.0979	0.0818	0.0928	0.0559	0.0602	0.0653	0.0727	0.0600	0.0386	0.0520	0.0531	0.1084	0.0614	0.0947
2017	0.0991	0.0977	0.0894	0.2135	0.1175	0.1238	0.1038	0.0528	0.0500	0.1245	0.0474	0.0559	0.1010	0.1038	0.0528	0.1095	0.0889	0.1015	0.0570	0.0638	0.0657	0.0738	0.0614	0.0661	0.0479	0.0603	0.1618	0.0867	0.1262
2018	0.1176	0.0989	0.0902	0.2274	0.1295	0.1281	0.1117	0.0532	0.0500	0.0908	0.0462	0.0571	0.1077	0.1118	0.0533	0.1200	0.0964	0.1107	0.0582	0.0667	0.0661	0.0762	0.0628	0.0525	0.0541	0.0545	0.1617	0.0782	0.1080
2019	0.1249	0.1055	0.0905	0.2413	0.1425	0.1325	0.1221	0.0536	0.0500	0.0922	0.0453	0.0578	0.1168	0.1223	0.0537	0.1304	0.1048	0.1216	0.0574	0.0603	0.0472	0.0781	0.0640	0.0390	0.0590	0.0760	0.1631	0.0829	0.1149
北京	O_{i1}	O_{i2}	O_{i3}	I_{i1}	I_{i2}	I_{i3}	P_{s1}	P_{s2}	P_{s3}	P_{s4}	P_{q1}	P_{q2}	P_{d1}	P_{d2}	P_{d3}	L_s	L_{q1}	L_{q2}	L_{q3}	L_{q4}	L_{b1}	L_{b2}	L_{b3}	E_i	E_{q1}	E_{q2}	E_{p1}	E_{p2}	E_{p3}
2000	0.0099	0.0359	0.0156	0.0029	0.0266	0.0012	0.0103	0.0370	0.0500	0.0129	0.0698	0.0433	0.0155	0.0103	0.0362	0.0118	0.0151	0.0167	0.0371	0.0386	0.0456	0.0443	0.0461	0.0450	0.0213	0.0493	0.0738	0.0133	0.0075
2001	0.0103	0.0361	0.0112	0.0044	0.0288	0.0013	0.0121	0.0376	0.0500	0.0152	0.0653	0.0448	0.0174	0.0121	0.0368	0.0131	0.0170	0.0182	0.0374	0.0421	0.0492	0.0474	0.0464	0.0363	0.0258	0.0493	0.0321	0.0167	0.0089
2002	0.0105	0.0401	0.0114	0.0059	0.0301	0.0014	0.0142	0.0386	0.0500	0.0180	0.0611	0.0462	0.0199	0.0142	0.0378	0.0145	0.0184	0.0194	0.0412	0.0436	0.0440	0.0447	0.0467	0.0411	0.0359	0.0493	0.0184	0.0128	0.0112
2003	0.0138	0.0230	0.0136	0.0067	0.0227	0.0021	0.0165	0.0395	0.0500	0.0214	0.0620	0.0462	0.0226	0.0165	0.0387	0.0167	0.0207	0.0200	0.0444	0.0477	0.0410	0.0458	0.0470	0.0499	0.0477	0.0423	0.0141	0.0230	0.0116
2004	0.0190	0.0404	0.0196	0.0076	0.0312	0.0039	0.0196	0.0405	0.0500	0.0251	0.0635	0.0459	0.0262	0.0196	0.0406	0.0193	0.0235	0.0220	0.0445	0.0476	0.0397	0.0438	0.0473	0.0365	0.0505	0.0458	0.0125	0.0257	0.0134
2005	0.0252	0.0469	0.0224	0.0084	0.0327	0.0064	0.0224	0.0417	0.0500	0.0281	0.0597	0.0470	0.0291	0.0224	0.0418	0.0216	0.0267	0.0260	0.0452	0.0478	0.0440	0.0455	0.0497	0.0871	0.0533	0.0493	0.0141	0.0266	0.0150
2006	0.0317	0.0510	0.0289	0.0112	0.0345	0.0094	0.0263	0.0434	0.0500	0.0335	0.0553	0.0485	0.0330	0.0263	0.0436	0.0246	0.0305	0.0291	0.0477	0.0479	0.0440	0.0447	0.0502	0.0809	0.0572	0.0423	0.0208	0.0254	0.0161
2007	0.0388	0.0576	0.0322	0.0139	0.0373	0.0143	0.0326	0.0454	0.0500	0.0394	0.0517	0.0495	0.0393	0.0326	0.0456	0.0288	0.0338	0.0330	0.0464	0.0482	0.0473	0.0487	0.0503	0.0641	0.0600	0.0352	0.0288	0.0266	0.0213
2008	0.0546	0.0506	0.0386	0.0175	0.0371	0.0210	0.0370	0.0480	0.0500	0.0382	0.0479	0.0507	0.0423	0.0370	0.0482	0.0352	0.0383	0.0371	0.0449	0.0482	0.0492	0.0509	0.0505	0.0618	0.0757	0.0528	0.0356	0.0359	0.0266
2009	0.0431	0.0517	0.0389	0.0210	0.0425	0.0298	0.0404	0.0504	0.0500	0.0482	0.0474	0.0508	0.0439	0.0404	0.0506	0.0411	0.0417	0.0404	0.0460	0.0545	0.0513	0.0559	0.0506	0.0253	0.0819	0.0387	0.0374	0.0384	0.0271
2010	0.0606	0.0635	0.0404	0.0246	0.0468	0.0424	0.0469	0.0532	0.0500	0.0545	0.0483	0.0506	0.0484	0.0469	0.0534	0.0487	0.0457	0.0456	0.0495	0.0545	0.0513	0.0554	0.0511	0.0127	0.0824	0.0317	0.0461	0.0413	0.0307
2011	0.0783	0.0674	0.0448	0.0392	0.0546	0.0614	0.0538	0.0549	0.0500	0.0518	0.0463	0.0512	0.0533	0.0538	0.0551	0.0558	0.0517	0.0507	0.0531	0.0555	0.0473	0.0551	0.0513	0.0058	0.0824	0.0458	0.0503	0.0461	0.0398

续表

北京	O_{i1}	O_{i2}	O_{i3}	I_{i1}	I_{i2}	I_{i3}	P_{s1}	P_{s2}	P_{s3}	P_{s4}	P_{q1}	P_{q2}	P_{d1}	P_{d2}	P_{d3}	L_s	L_{q1}	L_{q2}	L_{q3}	L_{q4}	L_{b1}	L_{b2}	L_{b3}	E_i	E_{q1}	E_{q2}	E_{p1}	E_{p2}	E_{p3}
2012	0.0820	0.0654	0.0511	0.0537	0.0592	0.0757	0.0596	0.0563	0.0500	0.0587	0.0454	0.0515	0.0573	0.0596	0.0565	0.0632	0.0573	0.0567	0.0539	0.0539	0.0473	0.0540	0.0513	0.0239	0.0796	0.0599	0.0531	0.0765	0.0449
2013	0.0864	0.0584	0.0541	0.0682	0.0647	0.0826	0.0662	0.0576	0.0500	0.0642	0.0441	0.0519	0.0621	0.0662	0.0578	0.0695	0.0634	0.0631	0.0559	0.0519	0.0535	0.0564	0.0514	0.0322	0.0157	0.0634	0.0563	0.0691	0.0527
2014	0.0835	0.0551	0.0574	0.0828	0.0672	0.0882	0.0718	0.0589	0.0500	0.0698	0.0432	0.0522	0.0659	0.0718	0.0591	0.0760	0.0690	0.0696	0.0559	0.0520	0.0560	0.0567	0.0514	0.0595	0.0163	0.0634	0.0631	0.0646	0.0585
2015	0.0642	0.0539	0.0825	0.0973	0.0702	0.1043	0.0776	0.0593	0.0500	0.0751	0.0398	0.0532	0.0702	0.0776	0.0595	0.0821	0.0752	0.0759	0.0600	0.0523	0.0560	0.0472	0.0516	0.0797	0.0264	0.0563	0.0697	0.0861	0.0909
2016	0.0567	0.0534	0.0827	0.1119	0.0735	0.1212	0.0847	0.0595	0.0500	0.0793	0.0387	0.0537	0.0762	0.0847	0.0597	0.0879	0.0815	0.0823	0.0629	0.0538	0.0560	0.0495	0.0516	0.0787	0.0331	0.0563	0.0802	0.0884	0.1120
2017	0.0650	0.0500	0.1545	0.1264	0.0767	0.1030	0.0936	0.0595	0.0500	0.0840	0.0378	0.0539	0.0841	0.0936	0.0597	0.0932	0.0888	0.0895	0.0670	0.0586	0.0560	0.0510	0.0517	0.1268	0.0488	0.0563	0.0889	0.0842	0.1236
2018	0.0828	0.0512	0.1099	0.1409	0.0802	0.1132	0.1037	0.0594	0.0500	0.0888	0.0369	0.0542	0.0933	0.1037	0.0597	0.0965	0.0967	0.0978	0.0664	0.0609	0.0560	0.0514	0.0518	0.0500	0.0494	0.0669	0.0987	0.0953	0.1229
2019	0.0836	0.0483	0.0902	0.1555	0.0832	0.1173	0.1110	0.0594	0.0500	0.0937	0.0358	0.0546	0.0999	0.1110	0.0596	0.1008	0.1051	0.1068	0.0816	0.0663	0.0441	0.0516	0.0520	0.0027	0.0566	0.0458	0.1059	0.1042	0.1653
天津	O_{i1}	O_{i2}	O_{i3}	I_{i1}	I_{i2}	I_{i3}	P_{s1}	P_{s2}	P_{s3}	P_{s4}	P_{q1}	P_{q2}	P_{d1}	P_{d2}	P_{d3}	L_s	L_{q1}	L_{q2}	L_{q3}	L_{q4}	L_{b1}	L_{b2}	L_{b3}	E_i	E_{q1}	E_{q2}	E_{p1}	E_{p2}	E_{p3}
2000	0.0108	0.0103	0.0196	0.0063	0.0200	0.0015	0.0089	0.0392	0.0500	0.0050	0.0510	0.0466	0.0124	0.0089	0.0353	0.0029	0.0174	0.0155	0.0417	0.0394	0.0438	0.0389	0.0461	0.0171	0.0499	0.0500	0.0097	0.0354	0.0277
2001	0.0115	0.0122	0.0198	0.0118	0.0202	0.0017	0.0101	0.0393	0.0500	0.0058	0.0502	0.0476	0.0140	0.0101	0.0395	0.0055	0.0190	0.0169	0.0426	0.0414	0.0458	0.0367	0.0464	0.0052	0.0499	0.0500	0.0091	0.0244	0.0256
2002	0.0144	0.0147	0.0248	0.0174	0.0204	0.0018	0.0113	0.0395	0.0500	0.0067	0.0499	0.0481	0.0156	0.0113	0.0396	0.0057	0.0196	0.0183	0.0435	0.0439	0.0445	0.0381	0.0468	0.0223	0.0499	0.0500	0.0098	0.0213	0.0256
2003	0.0185	0.0145	0.0150	0.0167	0.0206	0.0034	0.0135	0.0396	0.0500	0.0086	0.0521	0.0463	0.0186	0.0135	0.0398	0.0075	0.0215	0.0194	0.0427	0.0438	0.0443	0.0378	0.0471	0.0195	0.0508	0.0421	0.0120	0.0215	0.0307
2004	0.0265	0.0181	0.0239	0.0159	0.0250	0.0072	0.0165	0.0401	0.0500	0.0104	0.0546	0.0439	0.0224	0.0165	0.0402	0.0143	0.0237	0.0213	0.0418	0.0436	0.0449	0.0391	0.0475	0.0311	0.0650	0.0452	0.0139	0.0374	0.0274
2005	0.0337	0.0219	0.0313	0.0152	0.0282	0.0102	0.0207	0.0409	0.0500	0.0125	0.0551	0.0439	0.0277	0.0207	0.0410	0.0170	0.0259	0.0236	0.0429	0.0438	0.0446	0.0416	0.0478	0.0427	0.0646	0.0452	0.0132	0.0312	0.0269
2006	0.0407	0.0255	0.0346	0.0289	0.0308	0.0130	0.0237	0.0421	0.0500	0.0152	0.0555	0.0440	0.0307	0.0237	0.0423	0.0201	0.0290	0.0263	0.0451	0.0441	0.0441	0.0425	0.0482	0.0341	0.0674	0.0597	0.0198	0.0379	0.0268
2007	0.0451	0.0309	0.0492	0.0427	0.0335	0.0184	0.0279	0.0437	0.0500	0.0196	0.0556	0.0443	0.0349	0.0279	0.0439	0.0239	0.0330	0.0296	0.0446	0.0431	0.0422	0.0400	0.0486	0.0363	0.0735	0.0499	0.0249	0.0352	0.0291
2008	0.0508	0.0367	0.0566	0.0496	0.0384	0.0277	0.0358	0.0461	0.0500	0.0280	0.0557	0.0444	0.0423	0.0358	0.0463	0.0402	0.0388	0.0333	0.0422	0.0420	0.0423	0.0393	0.0492	0.0385	0.0743	0.0483	0.0335	0.0413	0.0353
2009	0.0403	0.0425	0.0591	0.0392	0.0424	0.0374	0.0400	0.0481	0.0500	0.0412	0.0536	0.0468	0.0453	0.0400	0.0483	0.0382	0.0424	0.0365	0.0432	0.0425	0.0435	0.0404	0.0497	0.4204	0.0682	0.0499	0.0394	0.0879	0.0385
2010	0.0518	0.0500	0.0653	0.0357	0.0466	0.0491	0.0491	0.0509	0.0500	0.0536	0.0531	0.0475	0.0526	0.0491	0.0511	0.0114	0.0477	0.0422	0.0439	0.0430	0.0480	0.0423	0.0506	0.0376	0.0686	0.0514	0.0477	0.0443	0.0384

续表

天津	0_{i1}	0_{i2}	0_{i3}	I_{i1}	I_{i2}	I_{i3}	P_{s1}	P_{s2}	P_{s3}	P_{s4}	P_{q1}	P_{q2}	P_{d1}	P_{d2}	P_{d3}	L_s	L_{q1}	L_{q2}	L_{q3}	L_{q4}	L_{b1}	L_{b2}	L_{b3}	E_i	E_{q1}	E_{q2}	E_{p1}	E_{p2}	E_{p3}
2011	0. 0652	0. 0601	0. 0719	0. 0565	0. 0524	0. 0627	0. 0602	0. 0531	0. 0500	0. 0618	0. 0531	0. 0476	0. 0619	0. 0602	0. 0533	0. 0733	0. 0528	0. 0516	0. 0435	0. 0443	0. 0497	0. 0518	0. 0512	0. 0348	0. 0735	0. 0530	0. 0607	0. 0606	0. 0501
2012	0. 0729	0. 0705	0. 0794	0. 0773	0. 0579	0. 0782	0. 0688	0. 0554	0. 0500	0. 0730	0. 0524	0. 0484	0. 0677	0. 0688	0. 0556	0. 0916	0. 0582	0. 0587	0. 0429	0. 0463	0. 0514	0. 0591	0. 0519	0. 0285	0. 0674	0. 0468	0. 0708	0. 0528	0. 0551
2013	0. 0810	0. 0802	0. 0886	0. 0789	0. 0657	0. 0939	0. 0770	0. 0577	0. 0500	0. 0832	0. 0511	0. 0498	0. 0728	0. 0770	0. 0579	0. 1131	0. 0634	0. 0663	0. 0491	0. 0507	0. 0524	0. 0664	0. 0522	0. 0338	0. 0024	0. 0514	0. 0788	0. 0660	0. 0705
2014	0. 0844	0. 0903	0. 0975	0. 0804	0. 0744	0. 0939	0. 0839	0. 0594	0. 0500	0. 0958	0. 0499	0. 0512	0. 0769	0. 0839	0. 0597	0. 1283	0. 0689	0. 0735	0. 0482	0. 0496	0. 0526	0. 0670	0. 0524	0. 0508	0. 0146	0. 0530	0. 0843	0. 0661	0. 0705
2015	0. 0721	0. 0946	0. 1339	0. 0820	0. 0938	0. 1218	0. 0882	0. 0606	0. 0500	0. 1074	0. 0473	0. 0538	0. 0794	0. 0882	0. 0608	0. 1305	0. 0746	0. 0798	0. 0475	0. 0507	0. 0525	0. 0666	0. 0526	0. 0553	0. 0313	0. 0499	0. 0889	0. 0732	0. 0832
2016	0. 0647	0. 1021	0. 0431	0. 0834	0. 1034	0. 1364	0. 0937	0. 0612	0. 0500	0. 0923	0. 0426	0. 0588	0. 0835	0. 0937	0. 0614	0. 0222	0. 0812	0. 0867	0. 0515	0. 0536	0. 0525	0. 0665	0. 0528	0. 0233	0. 0353	0. 0468	0. 0994	0. 0802	0. 0917
2017	0. 0712	0. 1052	0. 0453	0. 0847	0. 0726	0. 0752	0. 0975	0. 0610	0. 0500	0. 0927	0. 0411	0. 0603	0. 0871	0. 0975	0. 0612	0. 0225	0. 0881	0. 0939	0. 0505	0. 0567	0. 0521	0. 0641	0. 0528	0. 0174	0. 0284	0. 0499	0. 1029	0. 0739	0. 0951
2018	0. 0772	0. 0615	0. 0207	0. 0874	0. 0757	0. 0799	0. 0988	0. 0611	0. 0500	0. 0875	0. 0407	0. 0608	0. 0882	0. 0988	0. 0613	0. 1109	0. 0940	0. 0996	0. 0546	0. 0568	0. 0522	0. 0612	0. 0529	0. 0230	0. 0325	0. 0561	0. 1038	0. 0665	0. 0899
2019	0. 0672	0. 0580	0. 0202	0. 0901	0. 0782	0. 0867	0. 0741	0. 0612	0. 0500	0. 0997	0. 0353	0. 0659	0. 0660	0. 0741	0. 0614	0. 1208	0. 1009	0. 1071	0. 0564	0. 0544	0. 0522	0. 0607	0. 0531	0. 0285	0. 0325	0. 0514	0. 0775	0. 0430	0. 0618

附录 M 区域交通能级、经济能级评价指标体系主观权重专家评分表（双表）

因课题研究构建了区域经济能级和区域交通能级评价指标体系，现需收集各位专家的评分，请您根据各级指标重要性的判断在括号内分配相应的权重分值。每一级指标对应的总权重都是 100%，其中在三级指标中因部分指标只包含一个指标（如用第三产业占比表征经济密度），已被直接赋值 100%。评分仅用于研究，感谢！敬请赐教！

目标层	准则层权重构成		评分（%）	一级指标权重构成		评分（%）	二级指标权重构成		评分（%）	三级指标权重构成（%）		评分（%）
区域经济能级	100	内部综合发展水平	（ ）	100%	生产水平	（ ）	100	经济规模	（ ）	100	GDP	（ ）
											常住人口	（ ）
											全社会固定资产投资总额	（ ）
								经济质量	（ ）	100	第三产业占比	100
								经济密度	（ ）	100	人均 GDP	100
					生活水平	（ ）	100	民生规模	（ ）	100	社会消费品零售总额	100
								民生质量	（ ）	100	农村居民恩格尔系数	100
								民生均衡	（ ）	100	城乡消费支出占比	（ ）
											城镇化率	（ ）
					生态水平	（ ）	100	生态污染	（ ）	100	单位 GDP 工业废水排放	（ ）
											单位 GDP 工业废气排放	（ ）
											单位 GDP 工业固体废物	（ ）

续表

目标层	准则层权重构成		评分（%）	一级指标权重构成		评分（%）	二级指标权重构成		评分（%）	三级指标权重构成（%）		评分（%）
区域经济能级	100	对外经济联系	（ ）	100%	外循环	（ ）	100	物资互动	（ ）	100	进出口贸易额	100
								人员互动	（ ）	100	入境游客人次	100
								资金互动	（ ）	100	实际利用外资	100
					内循环	（ ）	100	物资互动	（ ）	100	国内省际“贸易”额	100
								人员互动	（ ）	100	国内旅游人次	100
								资金互动	（ ）	100	实际利用内资	100

目标层	准则层权重构成		评分（%）	一级指标权重构成（%）		评分（%）
区域交通能级	100	内部综合发展水平	（ ）	100	微循环	（100）
		对外联系水平	（ ）	100	外循环	（ ）
					内循环	（ ）

附录 N　Choquet 模糊积分综合评价代码（以天津的生态水平计算代码为例）

```
clear all
tt=([0.023 0.022 0.023 0.028 0.033 0.031 0.047 0.059 0.079
0.093 0.113 0.144 0.168 0.187 0.200 0.211 0.236 0.244 0.247
0.184 0.123 0.085 0.074 0.074 0.129 0.108 0.131 0.122 0.143
0.304 0.153 0.209 0.182 0.228 0.228 0.253 0.277 0.256 0.230
0.149 0.057 0.053 0.053 0.063 0.056 0.055 0.055 0.060 0.073
0.079 0.079 0.103 0.113 0.145 0.145 0.171 0.189 0.196 0.185
0.127])
T=[0.325
    0.326
    0.349];
g=T'
[m,n]=size(g);
r=-0.5
for i=1:20
    f=tt(:,i)
    for j=1:n
        i1=find(f==max(f));
        x(j)=i1(1);
        f1(j,:)=f(i1(1,1),:);
        f(i1(1,1))=0;
```

```
end
f1
x

if n==2
    G(1)=g(x(1));
    G(2)=(prod(1+r*g(:,[x(1) x(2)])')'-1)/r;
    G
    G=G./G(n)
    e(i)=(f1(1)-f1(2))*G(1)+f1(2)*G(2)
    e'
end

if n==3
    G(1)=g(x(1));
    G(2)=(prod(1+r*g(:,[x(1) x(2)])')'-1)/r;
    G(3)=(prod(1+r*g(:,[x(1) x(2) x(3)])')'-1)/r;
    G
    G=G./G(n)
    e(i)=(f1(1)-f1(2))*G(1)+(f1(2)-f1(3))*G(2)+f1(3)*G(3)
    e'
end

if n==4
    G(1)=g(x(1));
    G(2)=(prod(1+r*g(:,[x(1) x(2)])')'-1)/r;
    G(3)=(prod(1+r*g(:,[x(1) x(2) x(3)])')'-1)/r;
```

```
    G(4)=(prod(1+r*g(:,[x(1) x(2) x(3) x(4)])')'-1)/r;
    G
    G=G./G(n)
    e(i)=(f1(1)-f1(2))*G(1)+(f1(2)-f1(3))*G(2)+(f1(3)-f1
(4))*G(3)+f1(4)*G(4)
    e'
end

if n==5
    G(1)=g(x(1));
    G(2)=(prod(1+r*g(:,[x(1) x(2)])')'-1)/r;
    G(3)=(prod(1+r*g(:,[x(1) x(2) x(3)])')'-1)/r;
    G(4)=(prod(1+r*g(:,[x(1) x(2) x(3) x(4)])')'-1)/r;
    G(5)=(prod(1+r*g(:,[x(1) x(2) x(3) x(4) x(5)])')'-1)/r;
    G
    G=G./G(n)
    e(i)=(f1(1)-f1(2))*G(1)+(f1(2)-f1(3))*G(2)+(f1(3)-f1
(4))*G(3)+(f1(4)-f1(5))*G(4)+f1(5)*G(5)
    e'
end

if n==6
    G(1)=g(x(1));
    G(2)=(prod(1+r*g(:,[x(1) x(2)])')'-1)/r;
    G(3)=(prod(1+r*g(:,[x(1) x(2) x(3)])')'-1)/r;
    G(4)=(prod(1+r*g(:,[x(1) x(2) x(3) x(4)])')'-1)/r;
    G(5)=(prod(1+r*g(:,[x(1) x(2) x(3) x(4) x(5)])')'-1)/r;
```

```
    G(6)=(prod(1+r*g(:,[x(1) x(2) x(3) x(4) x(5) x(6)])')'-1)/r;
    G
    G=G./G(n)
    e(i)=(f1(1)-f1(2))*G(1)+(f1(2)-f1(3))*G(2)+(f1(3)-f1(4))*G(3)+(f1(4)-f1(5))*G(4)+(f1(5)-f1(6))*G(5)+f1(6)*G(6)
    e'
end

if n==7
    G(1)=g(x(1));
    G(2)=(prod(1+r*g(:,[x(1) x(2)])')'-1)/r;
    G(3)=(prod(1+r*g(:,[x(1) x(2) x(3)])')'-1)/r;
    G(4)=(prod(1+r*g(:,[x(1) x(2) x(3) x(4)])')'-1)/r;
    G(5)=(prod(1+r*g(:,[x(1) x(2) x(3) x(4) x(5)])')'-1)/r;
    G(6)=(prod(1+r*g(:,[x(1) x(2) x(3) x(4) x(5) x(6)])')'-1)/r;
    G(7)=(prod(1+r*g(:,[x(1) x(2) x(3) x(4) x(5) x(6) x(7)])')'-1)/r;
    G
    G=G./G(n)
    e(i)=(f1(1)-f1(2))*G(1)+(f1(2)-f1(3))*G(2)+(f1(3)-f1(4))*G(3)+(f1(4)-f1(5))*G(4)+(f1(5)-f1(6))*G(5)+(f1(6)-f1(7))*G(6)+f1(7)*G(7)
    e'
end

if n==8
    G(1)=g(x(1));
    G(2)=(prod(1+r*g(:,[x(1) x(2)])')'-1)/r;
```

```
G(3)=(prod(1+r*g(:,[x(1) x(2) x(3)])')'-1)/r;
G(4)=(prod(1+r*g(:,[x(1) x(2) x(3) x(4)])')'-1)/r;
G(5)=(prod(1+r*g(:,[x(1) x(2) x(3) x(4) x(5)])')'-1)/r;
G(6)=(prod(1+r*g(:,[x(1) x(2) x(3) x(4) x(5) x(6)])')'-1)/r;
G(7)=(prod(1+r*g(:,[x(1) x(2) x(3) x(4) x(5) x(6) x(7)])')'-1)/r;
G(8)=(prod(1+r*g(:,[x(1) x(2) x(3) x(4) x(5) x(6) x(7) x(8)])')'-1)/r;
G
G=G./G(n)
e(i)=(f1(1)-f1(2))*G(1)+(f1(2)-f1(3))*G(2)+(f1(3)-f1(4))*G(3)+(f1(4)-f1(5))*G(4)+(f1(5)-f1(6))*G(5)+(f1(6)-f1(7))*G(6)+(f1(7)-f1(8))*G(7)+f1(8)*G(8)
e'
end

if n==9
G(1)=g(x(1));
G(2)=(prod(1+r*g(:,[x(1) x(2)])')'-1)/r;
G(3)=(prod(1+r*g(:,[x(1) x(2) x(3)])')'-1)/r;
G(4)=(prod(1+r*g(:,[x(1) x(2) x(3) x(4)])')'-1)/r;
G(5)=(prod(1+r*g(:,[x(1) x(2) x(3) x(4) x(5)])')'-1)/r;
G(6)=(prod(1+r*g(:,[x(1) x(2) x(3) x(4) x(5) x(6)])')'-1)/r;
G(7)=(prod(1+r*g(:,[x(1) x(2) x(3) x(4) x(5) x(6) x(7)])')'-1)/r;
G(8)=(prod(1+r*g(:,[x(1) x(2) x(3) x(4) x(5) x(6) x(7) x(8)])')'-1)/r;
G(9)=(prod(1+r*g(:,[x(1) x(2) x(3) x(4) x(5) x(6) x(7) x(8) x(9)])')'-1)/r;
```

```
G
G=G./G(n)
e(i)=(f1(1)-f1(2))*G(1)+(f1(2)-f1(3))*G(2)+(f1(3)-f1(4))*G(3)+(f1(4)-f1(5))*G(4)+(f1(5)-f1(6))*G(5)+(f1(6)-f1(7))*G(6)+(f1(7)-f1(8))*G(7)+f1(8)*G(8)
e'
end


if n==10
G(1)=g(x(1));
G(2)=(prod(1+r*g(:,[x(1) x(2)])')'-1)/r;
G(3)=(prod(1+r*g(:,[x(1) x(2) x(3)])')'-1)/r;
G(4)=(prod(1+r*g(:,[x(1) x(2) x(3) x(4)])')'-1)/r;
G(5)=(prod(1+r*g(:,[x(1) x(2) x(3) x(4) x(5)])')'-1)/r;
G(6)=(prod(1+r*g(:,[x(1) x(2) x(3) x(4) x(5) x(6)])')'-1)/r;
G(7)=(prod(1+r*g(:,[x(1) x(2) x(3) x(4) x(5) x(6) x(7)])')'-1)/r;
G(8)=(prod(1+r*g(:,[x(1) x(2) x(3) x(4) x(5) x(6) x(7) x(8)])')'-1)/r;
G(9)=(prod(1+r*g(:,[x(1) x(2) x(3) x(4) x(5) x(6) x(7) x(8) x(9)])')'-1)/r;
G(10)=(prod(1+r*g(:,[x(1) x(2) x(3) x(4) x(5) x(6) x(7) x(8) x(9) x(10)])')'-1)/r;
G
G=G./G(n)
e(i)=(f1(1)-f1(2))*G(1)+(f1(2)-f1(3))*G(2)+(f1(3)-f1(4))*G(3)+(f1(4)-f1(5))*G(4)+(f1(5)-f1(6))*G(5)+(f1(6)-f1(7))*G(6)+(f1(7)-f1(8))*G(7)+f1(8)*G(8)
```

```
e'
end

if n==11
G(1)=g(x(1));
G(2)=(prod(1+r*g(:,[x(1) x(2)])')'-1)/r;
G(3)=(prod(1+r*g(:,[x(1) x(2) x(3)])')'-1)/r;
G(4)=(prod(1+r*g(:,[x(1) x(2) x(3) x(4)])')'-1)/r;
G(5)=(prod(1+r*g(:,[x(1) x(2) x(3) x(4) x(5)])')'-1)/r;
G(6)=(prod(1+r*g(:,[x(1) x(2) x(3) x(4) x(5) x(6)])')'-1)/r;
G(7)=(prod(1+r*g(:,[x(1) x(2) x(3) x(4) x(5) x(6) x(7)])')'-1)/r;
G(8)=(prod(1+r*g(:,[x(1) x(2) x(3) x(4) x(5) x(6) x(7) x(8)])')'-1)/r;
G(9)=(prod(1+r*g(:,[x(1) x(2) x(3) x(4) x(5) x(6) x(7) x(8) x(9)])')'-1)/r;
G(10)=(prod(1+r*g(:,[x(1) x(2) x(3) x(4) x(5) x(6) x(7) x(8) x(9) x(10)])')'-1)/r;
G(11)=(prod(1+r*g(:,[x(1) x(2) x(3) x(4) x(5) x(6) x(7) x(8) x(9) x(10) x(11)])')'-1)/r;
G
G=G./G(n)
e(i)=(f1(1)-f1(2))*G(1)+(f1(2)-f1(3))*G(2)+(f1(3)-f1(4))*G(3)+(f1(4)-f1(5))*G(4)+(f1(5)-f1(6))*G(5)+(f1(6)-f1(7))*G(6)+(f1(7)-f1(8))*G(7)+f1(8)*G(8)
e'
end
```

```
if n==12
G(1)=g(x(1));
G(2)=(prod(1+r*g(:,[x(1) x(2)])')'-1)/r;
G(3)=(prod(1+r*g(:,[x(1) x(2) x(3)])')'-1)/r;
G(4)=(prod(1+r*g(:,[x(1) x(2) x(3) x(4)])')'-1)/r;
G(5)=(prod(1+r*g(:,[x(1) x(2) x(3) x(4) x(5)])')'-1)/r;
G(6)=(prod(1+r*g(:,[x(1) x(2) x(3) x(4) x(5) x(6)])')'-1)/r;
G(7)=(prod(1+r*g(:,[x(1) x(2) x(3) x(4) x(5) x(6) x(7)])')'-1)/r;
G(8)=(prod(1+r*g(:,[x(1) x(2) x(3) x(4) x(5) x(6) x(7) x(8)])')'-1)/r;
G(9)=(prod(1+r*g(:,[x(1) x(2) x(3) x(4) x(5) x(6) x(7) x(8) x(9)])')'-1)/r;
G(10)=(prod(1+r*g(:,[x(1) x(2) x(3) x(4) x(5) x(6) x(7) x(8) x(9) x(10)])')'-1)/r;
G(11)=(prod(1+r*g(:,[x(1) x(2) x(3) x(4) x(5) x(6) x(7) x(8) x(9) x(10) x(11)])')'-1)/r;
G(12)=(prod(1+r*g(:,[x(1) x(2) x(3) x(4) x(5) x(6) x(7) x(8) x(9) x(10) x(11) x(12)])')'-1)/r;
G
G=G./G(n)
e(i)=(f1(1)-f1(2))*G(1)+(f1(2)-f1(3))*G(2)+(f1(3)-f1(4))*G(3)+(f1(4)-f1(5))*G(4)+(f1(5)-f1(6))*G(5)+(f1(6)-f1(7))*G(6)+(f1(7)-f1(8))*G(7)+f1(8)*G(8)
e'
end

if n==13
```

```
G(1)=g(x(1));
G(2)=(prod(1+r*g(:,[x(1) x(2)])')'-1)/r;
G(3)=(prod(1+r*g(:,[x(1) x(2) x(3)])')'-1)/r;
G(4)=(prod(1+r*g(:,[x(1) x(2) x(3) x(4)])')'-1)/r;
G(5)=(prod(1+r*g(:,[x(1) x(2) x(3) x(4) x(5)])')'-1)/r;
G(6)=(prod(1+r*g(:,[x(1) x(2) x(3) x(4) x(5) x(6)])')'-1)/r;
G(7)=(prod(1+r*g(:,[x(1) x(2) x(3) x(4) x(5) x(6) x(7)])')'-1)/r;
G(8)=(prod(1+r*g(:,[x(1) x(2) x(3) x(4) x(5) x(6) x(7) x(8)])')'-1)/r;
G(9)=(prod(1+r*g(:,[x(1) x(2) x(3) x(4) x(5) x(6) x(7) x(8) x(9)])')'-1)/r;
G(10)=(prod(1+r*g(:,[x(1) x(2) x(3) x(4) x(5) x(6) x(7) x(8) x(9) x(10)])')'-1)/r;
G(11)=(prod(1+r*g(:,[x(1) x(2) x(3) x(4) x(5) x(6) x(7) x(8) x(9) x(10) x(11)])')'-1)/r;
G(12)=(prod(1+r*g(:,[x(1) x(2) x(3) x(4) x(5) x(6) x(7) x(8) x(9) x(10) x(11) x(12)])')'-1)/r;
G(13)=(prod(1+r*g(:,[x(1) x(2) x(3) x(4) x(5) x(6) x(7) x(8) x(9) x(10) x(11) x(12) x(13)])')'-1)/r;
G
G=G./G(n)
e(i)=(f1(1)-f1(2))*G(1)+(f1(2)-f1(3))*G(2)+(f1(3)-f1(4))*G(3)+(f1(4)-f1(5))*G(4)+(f1(5)-f1(6))*G(5)+(f1(6)-f1(7))*G(6)+(f1(7)-f1(8))*G(7)+f1(8)*G(8)
e'
end
if n==14
```

```
G(1)=g(x(1));
G(2)=(prod(1+r*g(:,[x(1) x(2)])')'-1)/r;
G(3)=(prod(1+r*g(:,[x(1) x(2) x(3)])')'-1)/r;
G(4)=(prod(1+r*g(:,[x(1) x(2) x(3) x(4)])')'-1)/r;
G(5)=(prod(1+r*g(:,[x(1) x(2) x(3) x(4) x(5)])')'-1)/r;
G(6)=(prod(1+r*g(:,[x(1) x(2) x(3) x(4) x(5) x(6)])')'-1)/r;
G(7)=(prod(1+r*g(:,[x(1) x(2) x(3) x(4) x(5) x(6) x(7)])')'-1)/r;
G(8)=(prod(1+r*g(:,[x(1) x(2) x(3) x(4) x(5) x(6) x(7) x(8)])')'-1)/r;
G(9)=(prod(1+r*g(:,[x(1) x(2) x(3) x(4) x(5) x(6) x(7) x(8) x(9)])')'-1)/r;
G(10)=(prod(1+r*g(:,[x(1) x(2) x(3) x(4) x(5) x(6) x(7) x(8) x(9) x(10)])')'-1)/r;
G(11)=(prod(1+r*g(:,[x(1) x(2) x(3) x(4) x(5) x(6) x(7) x(8) x(9) x(10) x(11)])')'-1)/r;
G(12)=(prod(1+r*g(:,[x(1) x(2) x(3) x(4) x(5) x(6) x(7) x(8) x(9) x(10) x(11) x(12)])')'-1)/r;
G(13)=(prod(1+r*g(:,[x(1) x(2) x(3) x(4) x(5) x(6) x(7) x(8) x(9) x(10) x(11) x(12) x(13)])')'-1)/r;
G(14)=(prod(1+r*g(:,[x(1) x(2) x(3) x(4) x(5) x(6) x(7) x(8) x(9) x(10) x(11) x(12) x(13) x(14)])')'-1)/r;
G
G=G./G(n)
e(i)=(f1(1)-f1(2))*G(1)+(f1(2)-f1(3))*G(2)+(f1(3)-f1(4))*G(3)+(f1(4)-f1(5))*G(4)+(f1(5)-f1(6))*G(5)+(f1(6)-f1(7))*G(6)+(f1(7)-f1(8))*G(7)+f1(8)*G(8)
e'
```

```
end
if n==15
G(1)=g(x(1));
G(2)=(prod(1+r*g(:,[x(1) x(2)])')'-1)/r;
G(3)=(prod(1+r*g(:,[x(1) x(2) x(3)])')'-1)/r;
G(4)=(prod(1+r*g(:,[x(1) x(2) x(3) x(4)])')'-1)/r;
G(5)=(prod(1+r*g(:,[x(1) x(2) x(3) x(4) x(5)])')'-1)/r;
G(6)=(prod(1+r*g(:,[x(1) x(2) x(3) x(4) x(5) x(6)])')'-1)/r;
G(7)=(prod(1+r*g(:,[x(1) x(2) x(3) x(4) x(5) x(6) x(7)])')'-1)/r;
G(8)=(prod(1+r*g(:,[x(1) x(2) x(3) x(4) x(5) x(6) x(7) x(8)])')'-1)/r;
G(9)=(prod(1+r*g(:,[x(1) x(2) x(3) x(4) x(5) x(6) x(7) x(8) x(9)])')'-1)/r;
G(10)=(prod(1+r*g(:,[x(1) x(2) x(3) x(4) x(5) x(6) x(7) x(8) x(9) x(10)])')'-1)/r;
G(11)=(prod(1+r*g(:,[x(1) x(2) x(3) x(4) x(5) x(6) x(7) x(8) x(9) x(10) x(11)])')'-1)/r;
G(12)=(prod(1+r*g(:,[x(1) x(2) x(3) x(4) x(5) x(6) x(7) x(8) x(9) x(10) x(11) x(12)])')'-1)/r;
G(13)=(prod(1+r*g(:,[x(1) x(2) x(3) x(4) x(5) x(6) x(7) x(8) x(9) x(10) x(11) x(12) x(13)])')'-1)/r;
G(14)=(prod(1+r*g(:,[x(1) x(2) x(3) x(4) x(5) x(6) x(7) x(8) x(9) x(10) x(11) x(12) x(13) x(14)])')'-1)/r;
G(15)=(prod(1+r*g(:,[x(1) x(2) x(3) x(4) x(5) x(6) x(7) x(8) x(9) x(10) x(11) x(12) x(13) x(14) x(15)])')'-1)/r;
G
G=G./G(n)
```

```
e(i)=(f1(1)-f1(2))*G(1)+(f1(2)-f1(3))*G(2)+(f1(3)-f1(4))*G(3)+(f1(4)-f1(5))*G(4)+(f1(5)-f1(6))*G(5)+(f1(6)-f1(7))*G(6)+(f1(7)-f1(8))*G(7)+f1(8)*G(8)
e'
end
if n==16
G(1)=g(x(1));
G(2)=(prod(1+r*g(:,[x(1) x(2)])')'-1)/r;
G(3)=(prod(1+r*g(:,[x(1) x(2) x(3)])')'-1)/r;
G(4)=(prod(1+r*g(:,[x(1) x(2) x(3) x(4)])')'-1)/r;
G(5)=(prod(1+r*g(:,[x(1) x(2) x(3) x(4) x(5)])')'-1)/r;
G(6)=(prod(1+r*g(:,[x(1) x(2) x(3) x(4) x(5) x(6)])')'-1)/r;
G(7)=(prod(1+r*g(:,[x(1) x(2) x(3) x(4) x(5) x(6) x(7)])')'-1)/r;
G(8)=(prod(1+r*g(:,[x(1) x(2) x(3) x(4) x(5) x(6) x(7) x(8)])')'-1)/r;
G(9)=(prod(1+r*g(:,[x(1) x(2) x(3) x(4) x(5) x(6) x(7) x(8) x(9)])')'-1)/r;
G(10)=(prod(1+r*g(:,[x(1) x(2) x(3) x(4) x(5) x(6) x(7) x(8) x(9) x(10)])')'-1)/r;
G(11)=(prod(1+r*g(:,[x(1) x(2) x(3) x(4) x(5) x(6) x(7) x(8) x(9) x(10) x(11)])')'-1)/r;
G(12)=(prod(1+r*g(:,[x(1) x(2) x(3) x(4) x(5) x(6) x(7) x(8) x(9) x(10) x(11) x(12)])')'-1)/r;
G(13)=(prod(1+r*g(:,[x(1) x(2) x(3) x(4) x(5) x(6) x(7) x(8) x(9) x(10) x(11) x(12) x(13)])')'-1)/r;
G(14)=(prod(1+r*g(:,[x(1) x(2) x(3) x(4) x(5) x(6) x(7) x(8) x(9) x(10) x(11) x(12) x(13) x(14)])')'-1)/r;
G(15)=(prod(1+r*g(:,[x(1) x(2) x(3) x(4) x(5) x(6) x(7) x(8) x
```

```
(9) x(10) x(11) x(12) x(13) x(14) x(15)])')'-1)/r;
    G(16)=(prod(1+r*g(:,[x(1) x(2) x(3) x(4) x(5) x(6) x(7) x(8) x
(9) x(10) x(11) x(12) x(13) x(14) x(15) x(16)])')'-1)/r;
    G
    G=G./G(n)
    e(i)=(f1(1)-f1(2))*G(1)+(f1(2)-f1(3))*G(2)+(f1(3)-f1
(4))*G(3)+(f1(4)-f1(5))*G(4)+(f1(5)-f1(6))*G(5)+(f1(6)-f1
(7))*G(6)+(f1(7)-f1(8))*G(7)+f1(8)*G(8)
    e'
    end
    if n==17
    G(1)=g(x(1));
    G(2)=(prod(1+r*g(:,[x(1) x(2)])')'-1)/r;
    G(3)=(prod(1+r*g(:,[x(1) x(2) x(3)])')'-1)/r;
    G(4)=(prod(1+r*g(:,[x(1) x(2) x(3) x(4)])')'-1)/r;
    G(5)=(prod(1+r*g(:,[x(1) x(2) x(3) x(4) x(5)])')'-1)/r;
    G(6)=(prod(1+r*g(:,[x(1) x(2) x(3) x(4) x(5) x(6)])')'-1)/r;
    G(7)=(prod(1+r*g(:,[x(1) x(2) x(3) x(4) x(5) x(6) x(7)])')'-1)/r;
    G(8)=(prod(1+r*g(:,[x(1) x(2) x(3) x(4) x(5) x(6) x(7) x
(8)])')'-1)/r;
    G(9)=(prod(1+r*g(:,[x(1) x(2) x(3) x(4) x(5) x(6) x(7) x(8) x
(9)])')'-1)/r;
    G(10)=(prod(1+r*g(:,[x(1) x(2) x(3) x(4) x(5) x(6) x(7) x(8) x
(9) x(10)])')'-1)/r;
    G(11)=(prod(1+r*g(:,[x(1) x(2) x(3) x(4) x(5) x(6) x(7) x(8) x
(9) x(10) x(11)])')'-1)/r;
    G(12)=(prod(1+r*g(:,[x(1) x(2) x(3) x(4) x(5) x(6) x(7) x(8) x
```

```
(9) x(10) x(11) x(12)])')'-1)/r;
    G(13)=(prod(1+r*g(:,[x(1) x(2) x(3) x(4) x(5) x(6) x(7) x(8) x(9) x(10) x(11) x(12) x(13)])')'-1)/r;
    G(14)=(prod(1+r*g(:,[x(1) x(2) x(3) x(4) x(5) x(6) x(7) x(8) x(9) x(10) x(11) x(12) x(13) x(14)])')'-1)/r;
    G(15)=(prod(1+r*g(:,[x(1) x(2) x(3) x(4) x(5) x(6) x(7) x(8) x(9) x(10) x(11) x(12) x(13) x(14) x(15)])')'-1)/r;
    G(16)=(prod(1+r*g(:,[x(1) x(2) x(3) x(4) x(5) x(6) x(7) x(8) x(9) x(10) x(11) x(12) x(13) x(14) x(15) x(16)])')'-1)/r;
    G(17)=(prod(1+r*g(:,[x(1) x(2) x(3) x(4) x(5) x(6) x(7) x(8) x(9) x(10) x(11) x(12) x(13) x(14) x(15) x(16) x(17)])')'-1)/r;
    G
    G=G./G(n)
    e(i)=(f1(1)-f1(2))*G(1)+(f1(2)-f1(3))*G(2)+(f1(3)-f1(4))*G(3)+(f1(4)-f1(5))*G(4)+(f1(5)-f1(6))*G(5)+(f1(6)-f1(7))*G(6)+(f1(7)-f1(8))*G(7)+f1(8)*G(8)
    e'
    end
    if n==18
    G(1)=g(x(1));
    G(2)=(prod(1+r*g(:,[x(1) x(2)])')'-1)/r;
    G(3)=(prod(1+r*g(:,[x(1) x(2) x(3)])')'-1)/r;
    G(4)=(prod(1+r*g(:,[x(1) x(2) x(3) x(4)])')'-1)/r;
    G(5)=(prod(1+r*g(:,[x(1) x(2) x(3) x(4) x(5)])')'-1)/r;
    G(6)=(prod(1+r*g(:,[x(1) x(2) x(3) x(4) x(5) x(6)])')'-1)/r;
    G(7)=(prod(1+r*g(:,[x(1) x(2) x(3) x(4) x(5) x(6) x(7)])')'-1)/r;
    G(8)=(prod(1+r*g(:,[x(1) x(2) x(3) x(4) x(5) x(6) x(7) x
```

```
(8)])')'-1)/r;
        G(9)=(prod(1+r*g(:,[x(1) x(2) x(3) x(4) x(5) x(6) x(7) x(8) x
(9)])')'-1)/r;
        G(10)=(prod(1+r*g(:,[x(1) x(2) x(3) x(4) x(5) x(6) x(7) x(8) x
(9) x(10)])')'-1)/r;
        G(11)=(prod(1+r*g(:,[x(1) x(2) x(3) x(4) x(5) x(6) x(7) x(8) x
(9) x(10) x(11)])')'-1)/r;
        G(12)=(prod(1+r*g(:,[x(1) x(2) x(3) x(4) x(5) x(6) x(7) x(8) x
(9) x(10) x(11) x(12)])')'-1)/r;
        G(13)=(prod(1+r*g(:,[x(1) x(2) x(3) x(4) x(5) x(6) x(7) x(8) x
(9) x(10) x(11) x(12) x(13)])')'-1)/r;
        G(14)=(prod(1+r*g(:,[x(1) x(2) x(3) x(4) x(5) x(6) x(7) x(8) x
(9) x(10) x(11) x(12) x(13) x(14)])')'-1)/r;
        G(15)=(prod(1+r*g(:,[x(1) x(2) x(3) x(4) x(5) x(6) x(7) x(8) x
(9) x(10) x(11) x(12) x(13) x(14) x(15)])')'-1)/r;
        G(16)=(prod(1+r*g(:,[x(1) x(2) x(3) x(4) x(5) x(6) x(7) x(8) x
(9) x(10) x(11) x(12) x(13) x(14) x(15) x(16)])')'-1)/r;
        G(17)=(prod(1+r*g(:,[x(1) x(2) x(3) x(4) x(5) x(6) x(7) x(8) x
(9) x(10) x(11) x(12) x(13) x(14) x(15) x(16) x(17)])')'-1)/r;
        G(18)=(prod(1+r*g(:,[x(1) x(2) x(3) x(4) x(5) x(6) x(7) x(8) x
(9) x(10) x(11) x(12) x(13) x(14) x(15) x(16) x(17) x(18)])')'-1)/r;
        G
        G=G./G(n)
        e(i)=(f1(1)-f1(2))*G(1)+(f1(2)-f1(3))*G(2)+(f1(3)-f1
(4))*G(3)+(f1(4)-f1(5))*G(4)+(f1(5)-f1(6))*G(5)+(f1(6)-f1
(7))*G(6)+(f1(7)-f1(8))*G(7)+f1(8)*G(8)
        e'
```

```
end
if n==19
G(1)=g(x(1));
G(2)=(prod(1+r*g(:,[x(1) x(2)])')'-1)/r;
G(3)=(prod(1+r*g(:,[x(1) x(2) x(3)])')'-1)/r;
G(4)=(prod(1+r*g(:,[x(1) x(2) x(3) x(4)])')'-1)/r;
G(5)=(prod(1+r*g(:,[x(1) x(2) x(3) x(4) x(5)])')'-1)/r;
G(6)=(prod(1+r*g(:,[x(1) x(2) x(3) x(4) x(5) x(6)])')'-1)/r;
G(7)=(prod(1+r*g(:,[x(1) x(2) x(3) x(4) x(5) x(6) x(7)])')'-1)/r;
G(8)=(prod(1+r*g(:,[x(1) x(2) x(3) x(4) x(5) x(6) x(7) x(8)])')'-1)/r;
G(9)=(prod(1+r*g(:,[x(1) x(2) x(3) x(4) x(5) x(6) x(7) x(8) x(9)])')'-1)/r;
G(10)=(prod(1+r*g(:,[x(1) x(2) x(3) x(4) x(5) x(6) x(7) x(8) x(9) x(10)])')'-1)/r;
G(11)=(prod(1+r*g(:,[x(1) x(2) x(3) x(4) x(5) x(6) x(7) x(8) x(9) x(10) x(11)])')'-1)/r;
G(12)=(prod(1+r*g(:,[x(1) x(2) x(3) x(4) x(5) x(6) x(7) x(8) x(9) x(10) x(11) x(12)])')'-1)/r;
G(13)=(prod(1+r*g(:,[x(1) x(2) x(3) x(4) x(5) x(6) x(7) x(8) x(9) x(10) x(11) x(12) x(13)])')'-1)/r;
G(14)=(prod(1+r*g(:,[x(1) x(2) x(3) x(4) x(5) x(6) x(7) x(8) x(9) x(10) x(11) x(12) x(13) x(14)])')'-1)/r;
G(15)=(prod(1+r*g(:,[x(1) x(2) x(3) x(4) x(5) x(6) x(7) x(8) x(9) x(10) x(11) x(12) x(13) x(14) x(15)])')'-1)/r;
G(16)=(prod(1+r*g(:,[x(1) x(2) x(3) x(4) x(5) x(6) x(7) x(8) x(9) x(10) x(11) x(12) x(13) x(14) x(15) x(16)])')'-1)/r;
```

```
G(17)=(prod(1+r*g(:,[x(1) x(2) x(3) x(4) x(5) x(6) x(7) x(8) x(9) x(10) x(11) x(12) x(13) x(14) x(15) x(16) x(17)])')'-1)/r;
G(18)=(prod(1+r*g(:,[x(1) x(2) x(3) x(4) x(5) x(6) x(7) x(8) x(9) x(10) x(11) x(12) x(13) x(14) x(15) x(16) x(17) x(18)])')'-1)/r;
G(19)=(prod(1+r*g(:,[x(1) x(2) x(3) x(4) x(5) x(6) x(7) x(8) x(9) x(10) x(11) x(12) x(13) x(14) x(15) x(16) x(17) x(18) x(19)])')'-1)/r;
G
G=G./G(n)
e(i)=(f1(1)-f1(2))*G(1)+(f1(2)-f1(3))*G(2)+(f1(3)-f1(4))*G(3)+(f1(4)-f1(5))*G(4)+(f1(5)-f1(6))*G(5)+(f1(6)-f1(7))*G(6)+(f1(7)-f1(8))*G(7)+f1(8)*G(8)
e'
end
if n==20
G(1)=g(x(1));
G(2)=(prod(1+r*g(:,[x(1) x(2)])')'-1)/r;
G(3)=(prod(1+r*g(:,[x(1) x(2) x(3)])')'-1)/r;
G(4)=(prod(1+r*g(:,[x(1) x(2) x(3) x(4)])')'-1)/r;
G(5)=(prod(1+r*g(:,[x(1) x(2) x(3) x(4) x(5)])')'-1)/r;
G(6)=(prod(1+r*g(:,[x(1) x(2) x(3) x(4) x(5) x(6)])')'-1)/r;
G(7)=(prod(1+r*g(:,[x(1) x(2) x(3) x(4) x(5) x(6) x(7)])')'-1)/r;
G(8)=(prod(1+r*g(:,[x(1) x(2) x(3) x(4) x(5) x(6) x(7) x(8)])')'-1)/r;
G(9)=(prod(1+r*g(:,[x(1) x(2) x(3) x(4) x(5) x(6) x(7) x(8) x(9)])')'-1)/r;
G(10)=(prod(1+r*g(:,[x(1) x(2) x(3) x(4) x(5) x(6) x(7) x(8) x(9) x(10)])')'-1)/r;
```

```
G(11)=(prod(1+r*g(:,[x(1) x(2) x(3) x(4) x(5) x(6) x(7) x(8) x(9) x(10) x(11)])')'-1)/r;
G(12)=(prod(1+r*g(:,[x(1) x(2) x(3) x(4) x(5) x(6) x(7) x(8) x(9) x(10) x(11) x(12)])')'-1)/r;
G(13)=(prod(1+r*g(:,[x(1) x(2) x(3) x(4) x(5) x(6) x(7) x(8) x(9) x(10) x(11) x(12) x(13)])')'-1)/r;
G(14)=(prod(1+r*g(:,[x(1) x(2) x(3) x(4) x(5) x(6) x(7) x(8) x(9) x(10) x(11) x(12) x(13) x(14)])')'-1)/r;
G(15)=(prod(1+r*g(:,[x(1) x(2) x(3) x(4) x(5) x(6) x(7) x(8) x(9) x(10) x(11) x(12) x(13) x(14) x(15)])')'-1)/r;
G(16)=(prod(1+r*g(:,[x(1) x(2) x(3) x(4) x(5) x(6) x(7) x(8) x(9) x(10) x(11) x(12) x(13) x(14) x(15) x(16)])')'-1)/r;
G(17)=(prod(1+r*g(:,[x(1) x(2) x(3) x(4) x(5) x(6) x(7) x(8) x(9) x(10) x(11) x(12) x(13) x(14) x(15) x(16) x(17)])')'-1)/r;
G(18)=(prod(1+r*g(:,[x(1) x(2) x(3) x(4) x(5) x(6) x(7) x(8) x(9) x(10) x(11) x(12) x(13) x(14) x(15) x(16) x(17) x(18)])')'-1)/r;
G(19)=(prod(1+r*g(:,[x(1) x(2) x(3) x(4) x(5) x(6) x(7) x(8) x(9) x(10) x(11) x(12) x(13) x(14) x(15) x(16) x(17) x(18) x(19)])')'-1)/r;
G(20)=(prod(1+r*g(:,[x(1) x(2) x(3) x(4) x(5) x(6) x(7) x(8) x(9) x(10) x(11) x(12) x(13) x(14) x(15) x(16) x(17) x(18) x(19) x(20)])')'-1)/r;
G
G=G./G(n)
e(i)=(f1(1)-f1(2))*G(1)+(f1(2)-f1(3))*G(2)+(f1(3)-f1(4))*G(3)+(f1(4)-f1(5))*G(4)+(f1(5)-f1(6))*G(5)+(f1(6)-f1(7))*G(6)+(f1(7)-f1(8))*G(7)+f1(8)*G(8)
e'
end
```